KB179884

오해하지 않는 연습,
오해받지 않을 권리

오해하지 않는 연습,
오해받지 않을 권리

초판 1쇄 발행 2018년 9월 28일
초판 11쇄 발행 2021년 9월 1일

지은이 김보광
펴낸이 권미경
편집 곽지희
마케팅 심지훈, 강소연, 김재영
디자인 어나더페이퍼
펴낸곳 ㈜웨일북
출판등록 2015년 10월 12일 제2015-000316호
주소 서울시 서초구 강남대로95길 9-10, 웨일빌딩 201호
인스타그램 instagram.com/whalebooks
전화 02-322-7187 **팩스** 02-337-8187
메일 sea@whalebook.co.kr

ⓒ 김보광, 2018
ISBN 979-11-88248-31-5 03180

소중한 원고를 보내주세요.
좋은 저자에게서 좋은 책이 나온다는 믿음으로, 항상 진심을 다해 구하겠습니다.

「이 도서의 국립중앙도서관 출판예정도서목록(CIP)은
서지정보유통지원시스템 홈페이지(http://seoji.nl.go.kr)와
국가자료공동목록시스템(http://www.nl.go.kr/kolisnet)에서 이용하실 수 있습니다.
(CIP제어번호: CIP2018030047)」

타인이라는 감옥에서
나를 지키는 힘

김보광 지음

오해하지 않는 연습,
오해받지 않을 권리

whale books

안전한 관계가 행복을 만든다

몇 년 전 어느 날이었다.

하루 종일 표정이 무겁던 남편이 잠자리에 누워서도 쉬이 잠을 이루지 못했다. 뭔가 불만이 있을 때와는 다른 분위기였다. 뭐 때문에 그러느냐 물어도 대답이 없다가 한참 만에 그가 입을 열었다.

"사랑받고 살기가 이렇게 어려운가 싶어서. 나는 원하는 게 있고 받고 싶은 마음이 있는데, 세상은 무조건적으로 주는 게 없이 꼭 내가 베푼 만큼만 주는 것 같아. 내가 뭔가를 줘야만 받는다는 사실이 참으로 야박하게 느껴져서 서글프네."

남편의 진지한 말투와 참담한 표정이 나를 가슴 아프게 했다. 받고 싶은 마음 때문에 주지 않을 수 없다는 그의 서글픔이 온전히 내게 전달되었기 때문이다. 더는 그를 슬프게 하고 싶지 않았다.

'그에게 사랑받는다는 느낌이 들게 해줘야겠다. 섬세하고 민감한 엄마의 마음으로 그를 보살펴야겠어. 그를 돌보고 지키려면 내가 더 강해져야 해. 내 부족함을 탓하면서 미룰 시간이 없다.'

'상처 치유'라는 말을 듣기 전까지 우리는 서로에 대해 거의 몰랐다. 함께 학생운동을 하고 참선 수행의 길을 걷는 동안 어느 부부보다 많은 대화를 나눴다고 자부했지만, 그 내용이란 대개 일상을 공유하고 자신의 생각을 던지듯 내놓는 것이어서 상대방을 제대로 알아가는 대화라고는 할 수 없었다. 더 정확히 말하자면, 스스로도 자신이 어떤 사람인지를 몰라 자기 감정이나 욕구를 드러내지 않았으니 상대방이 그 마음을 알아줄 리 만무했다.

겉은 멀쩡하지만 속으로는 막막한 기분을 한 움큼 쥐고 살았다. 도대체 나는 왜 사는 게 맨날 이 모양이고, 또 사람들은 왜 그런 행동을 하는 건지 알 수 없어 답답하고 불편하고 힘겨웠다. 내 삶을 해명할 수 있다면 후련하련만, 내 마음을 내가 아는 것이 왜 그리도 어려운 일이었는지.

얼마 전, 서둘러 외출할 일이 있어 남편과 함께 욕실을 사용할 때 일어난 일이다.

샤워를 하려다 말고 남편이 갑자기 소리쳤다. "당신은 왜 항상 샤워기를 뒤에다 꽂아? 앞쪽에도 자리가 있는데."

남편의 말을 듣고 벽에 부착된 샤워기 걸이를 보니, 미세한 차이지만 기울기가 다른 두 개의 구멍이 보였다.

"아, 물이 멀리 가는구나. 나는 샤워기 걸이 구멍이 두 개인지 몰랐어."

"아니, 당신도 샤워기를 앞쪽에 꽂고 써야 물이 몸 쪽으로 떨어지지, 이렇게 뒤쪽으로 꽂아 세우면 물이 멀리 튀었을 거 아냐. 나보다 키도 작은 사람이."

"나는 샤워할 때 걸어두지 않고 손으로 잡고 쓰는데. 맨날 보고도 그걸 몰랐단 말이야?"

잠시 남편이 주춤하자 나는 기세를 몰아 항변했다.

"난 잘 걸어두려고 뒤쪽으로 바짝 밀어서 걸었던 거야. 당신이 샤워기 쓰는 내 습관을 몰랐다니 되레 서운하네."

남편 입장에서는 나도 샤워기를 사용하니까 걸이 사용법을 당연히 알 거라 생각했고, 꽂아 두고 쓰지 않는 내 입장에서는 그걸 모르는 게 당연했다.

"대화하길 잘했네. 옛날 같았으면 당신은 당신대로 짜증내고 나는 또 그것에 속상해서 말문을 닫아버렸을 텐데."

함께 살아온 세월이 아무리 길어도, 우리는 모두 제 입장에서 생각하므로 상대방을 오해하게 마련이다. 사정을 모를 때는 오해하지만 대화를 하다 보면 그 사람의 입장을 이해하게 되고, 갈등이 해소되면 마음이 편안해진다.

나는 우리 부부가 어떤 과정을 거쳐 이런 결과를 얻었는지를 공유하고자 이 책을 썼다. 이 책은 진화생물학에 철학적 기반을 두고, 애착 이론과 이마고 이론을 응용해 사람들의 성격을 분류하고 그 특성을 설명한다. 또한 보이는 행동 이면에 숨겨진 무의식적 동기를 추적함으로써 자신을 더 깊이 이해하도록 한다. 이런 시도는 우리 자신을 분석하고 치유하는 것에서 나아가 관계의 문제를 진단하고 갈등을 해소하는 과정에 실질적인 도움을 주리라 믿는다.

기질과 애착 성향에서 비롯된 기본적인 특성을 알고 있으면 자신과 다른 상대방을 어떻게 이해하고 다룰 수 있는지 알게 된다. 상대방의 의도를 알 수 없을 때는 답답하고 두려워 화가 나지만, 그들의 의도와 입장을 짐작할 수 있으면 그로 인한 분노가 조금은 누그러지고 달리 생각할 여지가 생긴다.

무엇보다 중요한 것은 자신을 올바로 파악하고 돌보는 마음이다. 그런데 자신을 있는 그대로 보는 것이 행복의 출발점이고 열쇠임은 분명하지만, 독립된 개인으로서 '나는 누구인가'를 고민하는 것은 실질적으로 의미가 있지 않다. 즉, 내가 무엇을 얻을 수 있고 무엇을 할 것인가는 관계 속에서 실현되며 관계를 통해야 가치가 있다. 그래서 자신을 알고 돌보는 마음은 상대를 알고 돌보려는 마음과 더불어 성장한다. 바로 여기에 안전한 관계의 중요성이 있다. 상호작용이라는 관점에서 자신을 돌아보고 상대방을 관찰하면 현실은 새로운 각도에서 획기적으로 달라질 수 있다고 확신한다.

독자분들이 자신의 행복을 위해 진정 중요한 것은 무엇인지를 발견하는 데 이 책이 많은 도움이 되기를 소망한다. 변화를 앞둔 당신의 새로운 시도를 힘껏 응원한다.

햇살에 익어가는 푸른 들녘을 보며
김보광

7

CONTENTS

PART 1

우리는 왜 서로를 오해하는 걸까

: 기질과 애착 성향이 불러오는 갈등들 :

PART 3

당신의 감정과 내 감정이 친해질 수 있을까
: 서로의 마음을 있는 그대로 받아들이는 힘 :

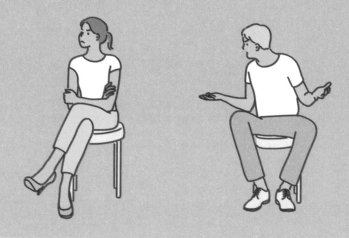

우리는 왜 서로를 오해하는 걸까

: 기질과 애착 성향이 불러오는 갈등들 :

1

거침없는 너 vs 조심스러운 나

기질을 아는 것은 왜 중요한가

사람들의 얼굴 생김생김이 천차만별이듯, 우리의 삶도 그 모양과 색깔이 제각각 다르다. 그러나 그 많은 생각과 다양한 취향의 거미줄을 헤치고 들어가 내면을 살펴볼 때, 그것들을 있게 한 기본적인 감정은 의외로 단순하다. 나는 이 지점에서 출발하여 다양한 삶의 공통점과 차이점을 설명하고자 한다. 하나의 심장과 하나의 뇌를 갖고 100년을 전후로 살다 가는 인간이라는 생물체의 삶을, '적응'이라는 관점에서 가능한 한 단순하고 분명하게 접근하고자 한다.

제각각인 듯 보이는 삶의 형태에도 그 무늬를 가름하는 몇 가지 근본적인 조건들이 존재하는데, 이를 근거로 나는 인간의 성격 유형을 크게 네 가지로 나누었다. '기질'과 '애착 성향'이라는 두 가지 기준에서 각각 두 부류로 나뉜다. 기질적으로 '확대하는 유형'인가 '축소하는 유형'인가, 그리고 애착 성향이 '회피하는 유형'인가 '저항하는 유형'인가로 분류하고, 기질과 애착 성향은 각각 짝을 이루어 조합된다. 즉, 확대 회피형, 확대 저항형, 축소 회피형, 축소 저항형이 있으며 여기에 '남'과 '여'라는 성별의 특성을 결합하면 총 여덟 가지 유형으로 나뉜다고 정리할 수 있다.

개인에게 성性이 무시할 수 없는 생리적 특성을 갖는 것과 같이, 기질과 애착 성향도 한 사람의 성격적 특성을 형성하는 데 중요한 영향력을 끼친다. 확대형은 확대형으로의 일반적인 특성이 있고, 축소형은 축소형으로서의 공통적인 모습이 있다. 또한 회피형은 회피형으로, 저항형은 저항형으로 묶을 수 있는 그들만의 공통점이 있다. 기질과 애착 성향의 결합으로 만들어진 네 가지 유형은 각각 독특한 형태의 구조를 띠며 그것에 따라 조금 다른 형태로 방어기제를 나타낸다. 그래서 개개인마다 구체적인 생활 조건이 다름에도 불구하고 네 가지 유형은 나름의 고유한 공통점을 갖는다.

이 책에서는 먼저 확대형과 축소형의 기질적인 공통점을 살펴보고, 그다음으로 애착 성향의 특성으로 분류한 회피형과 저항형의 일반적인 모습을 다룰 것이다. 그리고 뒤에 가서 네 가지 유형이 관계 속에서 드러내는 특성을 더 구체적으로 논의할 생각이다.

세상에 많고 많은 사람을 성별, 기질, 애착 성향이라는 세 가지 관점으로 분류한다니, 그래서야 충분한 설명이 될까 의심이 들 수 있다. 우선, 이 시도가 모든 사람의 행동과 의도를 '완벽하게' 설명하기에는 부족함을 인정한다. 그러나 이에 대한 연구는 내 몫이 아니다. 내가 이 책을 쓰는 취지는 행복한 삶의 전제 조건인 '안전한 관계'의 중요성을 알리는 것이다. 그것을 위해 가장 먼저 '나는 어떤 성격적 특성을 가지고 있는지', '나와 관계하는 배우자, 자녀, 부모, 친구, 직장 동료는 어떤 유형인지'를 정확히 아는 것이 필요했다. 자신과 상대방에 대한 정보가 파악돼야 어떻게 접근할 것인지 방법을 찾고, 서로 다른 견해 차이로 발생하는 갈등을 해소할 여지가 생기기 때문이다.

아마 이 책을 읽으며 당신은 '나는 남편과의 관계에서는 축소형이지만 아이들과 있을 때는 확대형인데?', '나는 회피형의 마음도 있고 저항형의 마음도 있네'라고 생각될 것이다. 남자라고 해서 남성 호르몬만 있는 게 아닌 것처럼, 확대형은 확대적으로 발현될 유전적 요인을 더 많이 갖고 있을 뿐 축소적인 유전적 요인들이 없는 것이 아니다. 기질, 애착 성향은 같은 유형이라도 양육 환경에 따라 조금은 다른 양상으로 형성될 수 있으며, 더욱이 상대적이라는 관계의 특성상 드러내는 모습에 차이를 보일 수 있다.

정반대의 기질이 만났을 때 일어나는 일

'기질'이란 개인이 태어날 때부터 지닌 신체적·생리적 속성에서 기인한 것으로서 정서 및 사고와 행동의 바탕을 이루는 성질이다. 기질에 관한 분류 방법은 분야별로 학자마다 다양하다. 나는 진화적 관점에서 확대형과 축소형으로 분류했다. 오랜 세월에 걸쳐 생물체는 자신의 에너지를 어떻게 쓰는 것이 효과적일까를 두고 고민했을 것이고, 여기서 두 가지 적응 형태가 나왔으리라 생각한다.

확대형은 필요한 때 에너지를 순간적으로 몰아 쓰고, 축소형은 에너지를 조금씩 꾸준히 쓴다. 그래서 확대형은 반응이 크고 빠르며 강하기에 거칠다. 마치 굵은 실로 짠 성긴 그물 같아서 큰 고기를 낚는 용도에 적합하다. 반면 축소형은 가늘고 촘촘한 그물이라 작고 섬세한 부분에 반응하고 그 영향이 느린 대신 오래간다. 이 경향성은 생각하고 느끼고 원하고 행동하는 일상의 모든 부분에 작용하여 지속적으로 재연된다. 경험은 온몸에 기록되어 표정, 눈빛, 목소리, 태도 등 전방위로 표현된다. 특히 신변에 닥친 돌발 상황이나 부부 싸움처럼 불리하고 위험하다고 느껴지는 상황에서 자신을 지키기 위해 어떻게 대처하는가를 보면 그가 확대형인지 축소형인지를 더 분명하게 판가름할 수 있다. 그렇다면 기질의 차이는 일상에서 어떤 형태로 나타날까?

축소형 남자 A가 자신의 어린 시절 일화를 들려주었다.
어느 날 A와 형은 참고서를 사려고 아버지에게서 만 원씩을 받았다. A는 책 사고 남은 돈 3,000원을 아버지께 갖다 드렸고, 남은 돈을 모두 오락실에서 쓴 형은 아버지께 책값이 만 원이더라고 말씀드렸다. A는 거짓말한 형은 꾸중을 듣고 정직한 자신은 칭찬을 들으리라 기대했다. 그러나 결과는 달랐다. 아버지는 흐뭇한 얼굴로 "사람은 요령이 있어야 한다"라며 형을 두둔했고, 곧이곧대로 행동한 A에게는 "융통성이 없어 답답하다"라고 했다. 이 일이 얼마나 황당하고 억울했으면 30년이 지난 지금까지 서운함으로 남아 있을까? 그런데 이건 특수한 경우가 아닌 일반적인 현상이다.

부부 사이는 물론 부모 자식 간에도 기질이 다른 경우가 많다. 가족끼리라도 확대형은 확대형을 이해하기 쉽고 자신과 기질이 다른 축소형을 이해하기는 어렵다. 이를테면 엄마와 딸이 같은 확대형인 경우, 자기주장이 강한 탓에 부딪치면 조율하느라 힘을 빼지만 죽이 잘 맞으면 이보다 좋은 궁합이 없다. 의사 표시가 빠르고 분명해서 무슨 일이든 척척 진행되니 많은 일을 함께 하는 재미가 난다.

하지만 축소형과 확대형이 만나면 얘기가 달라진다. 어느 축소형 엄마는 확대형 딸이 살림에 보탬이 되어 든든하다고 말했다. 지난번에는 딸이 엄마 여행 갈 때 필요한 물건을 사러 함께 가주었기에 사이가 좋은 줄만 알았더니 그것도 아닌 모양이었다. 자신이 필요할 때 갑자기 와서 아이를 맡기고는 노느라 정신이 팔렸는지 한동안 연락이 안 돼 애를 먹였다. 또 걸핏하면 엄마 물건을 제멋대로 들추며 "엄마, 나 이거 가져가도 돼?" 묻는다. 엄마 입장에서는 딸이 필요하다니 줘야 할 것 같지만, 한편으로는 '왜 내 걸 마음대로 가져가?' 하는 불쾌한 마음도 든다. 본능적인 모성애와 '내 것을 나의 주도로 결정하고 싶은' 본성 사이에서 혼란스럽다. 어쩔 수 없이 상황에 끌려가다 보면 자신의 존재감이 위협받는다고 느껴 스스로 인식하든 인식하지 못하든 불쾌감을 느끼게 마련이다.

또 아버지가 축소형이고 아들이 확대형인 경우, 어릴 때는 차분하고 자상한 아버지의 돌봄이 아들의 놀이를 뒷받침하는 데 큰 무리가 없지만 사춘기를 바라볼 즈음이 되면 서로의 차이는 극명하게 드러나기 시작한다. 그들의 영역을 운동장이라고 비유할 때, 그 안에서 함께 뛰고 자전거 타는 것까지는 가능하다. 하지만 아이가 자동차를 타기 원한다면 운동장을 벗어나 고속도로로 나와야 하는데, 아이가 움직이는 폭에 맞춰 아버지가 품을 넓히는 것이 쉽지 않다. 커가면서 다른 경험을 필요로 하는 아들 입장에서는 운동장을 벗어나려 할 테고, 아버지는 자신이 그려놓은 한계선 안에서 아들이 놀기를 바란다. 축소형으로서는 부득이한 일이다. 그런데 이것이 자신의 기질적 특성에서 비롯된 갈등임을 아느냐 모르느냐에 따라 결과는 확연히 다르다. 함께할 수 없는 상황이 와서 아들이 자기 뜻과 달리 행동할 때, 이것을 자신을 무시한 행동이라는 자격지심으로 받아들이면 아버지는 아들에게서 마음이 멀어진다. "나는 할 만큼 했는데 네가 싫다니 어쩔 수 없다. 기어이 하고 싶으면 너 알아서 해라"라면서 갈등의 책임을 아들에게 돌려버린다. 아들은 아들대로 아버지 영향권으로 다시 들어가기가 답답하고, 확대형인 엄마는 아들을 대하는 남편의 태도가 마음에 들지 않으니 부자간의 갈등은 새로운 양상으로 변질된다. 확대형인 엄마와 아들이 한편이 되고 축소형인 아버지는 따돌림당하는 처지에 놓여 문제는 회복할 수 없는 지경에 이르기도 한다.

마찬가지로 확대형 아버지와 축소형 아들, 확대형 엄마와 축소형 딸의 경우에도 어려움이 있다. 확대형인 부모는 자녀의 소심하고 느리고 유약한 태도가 마땅찮은데, 그렇다고 다그칠 수도, 마냥 기다릴 수도 없어 힘들다고 하소연한다.

확대형과 축소형 부부

부부의 경우 한 사람이 확대형이면 다른 한 사람은 축소형이다. 생활 속에서 어떤 문제를 발생시키는지 간단한 예를 들어보자.

바다에 가기로 약속한 날 하루 전, 확대형이 갑자기 산으로 계획을 변경한다. "바다에 가기로 했는데 왜 갑자기 산으로 가?"라면서 축소형이 불평한다. 축소형에게 이것은 단지 장소만 바뀌는 것이 아니라 그가 예상했던 모든 일정이 흐트러지는 순간이다. 날을 잡은 이후 틈틈이 처리할 일을 하고 필요한 물건을 챙기고 몸 컨디션도 바다라는 목적지에 맞춰 준비했는데 이제 다시 그 모든 것을 산에 맞게 점검해야 한다. 한꺼번에 많은 데이터를 처리하려니 머릿속은 과부하가 걸린다. 그래서 선뜻 받아들이지 못하고 시간을 끈다. 이때, 축소형의 머뭇거리는 태도가 확대형에게는 '가기 싫다', '안 가겠다'라는 의사 표시로 읽힌다.

'아니, 놀러 가기로 어차피 얘기됐던 건데 특별히 달라질 게 뭐가 있다고 그래?'

확대형이 생각하기에는 복잡할 것이 없다. 필요한 건 넉넉히 챙기면 되고 혹시 빠뜨린 물건이 있어도 그곳에서 해결하면 그만이다. 뭐가 어렵다고 긍긍하는지 이해할 수가 없다. 맨날 이런 식으로 이런저런 이유를 들어 흔쾌히 협조해준 적이 없는 것 같아 더더욱 짜증스럽다. 이렇듯 기질에 의해서 자신에게는 당연하고 쉬운 일이 다른 사람에게는 어렵고 힘들다는 것을 이해하기란 쉬운 일이 아니다.

기질과 애착 성향이 같은 사람끼리는 성별이 달라도 많은 부분에서 비슷하다. 별다른 설명이 없어도 그 사람의 행동을 이해하고 지지하기가 쉽다. 확대형인 A의 아버지에게 자신의 생존 방식이 정당한 것이듯, 요령껏 용돈을 챙긴 큰아들의 행동은 바람직한 행위로 여겨진다. 그의 행위를 두둔하는 것은 곧 자신을 두둔하고 변호하는 심리의 연속선이다. 그로 인해 상처받은 둘째 아들의 마음은 지지받지 못하고 못난 행동으로 취급된다.

우리는 서로 간에 타고난 기질의 차이가 있음을 분명하게 알지 못했기에 "우리 아버지는 왜 그래?", "당신은 왜 애를 이해 못 해?", "쟤는 왜 저러는지 모르겠어"라면서 자신의 입장에 따라 다른 사람의 말과 행동에 지지 혹은 비난을 가한다. 인간관계의 갈등이란 복합적인 원인으로 빚어지지만, 기질의 차이를 알고 이해하는 것만으로도 훨씬 편안해질 수 있다. 기질은 그 사람을 규정하는 가장 기본적인 요소 중 하나이기 때문이다.

저 사람은 대체 무슨 생각으로 저럴까

나는 확대형과 축소형을 구별하는 가장 두드러진 특징으로 '거침없음'과 '조심스러움'을 꼽는다. 확대형은 새로운 자극을 받으면 고기를 향해 그물을 던지듯 호기심이 발동하여 달려든다. 일의 끝이 어떻게 될까 염려하는 마음은 호기심에 묻히기 쉽다. 상황 파악이 빨라서 어떤 것을 취하고 어떤 것을 버릴지 신속하게 분별하는 임기응변에 능하다. 반면 새로운 관심거리로 흥미가 이동하는 특

확대 회피형 확대 저항형

축소 회피형 축소 저항형

징 때문에 단조로움을 견디기 힘들어하고 빤한 일을 오래 하면 지루함을 느낀다. 목표를 이루기 위해 감당해야 하는 사소하고 구체적인 작업을 하찮게 여겨 끈기 있게 일을 마무리 짓는 데 취약하다.

이를테면 휴대폰에 새로운 프로그램을 깔고 회원 가입을 한다고 할 때, 한 번 빠뜨리고 못 본 것은 아무리 여러 번 확인해도 보지 못한다. 필요하다면 단 한 번을 읽더라도 요구 사항을 꼼꼼히 읽고 적어 넣어야 하건만, 빨리 끝내고 싶은 마음에 쫓기면 차분하게 볼 수가 없어 절대로 하기 힘든 어려운 일이 되고 만다. 한 번 못 찾은 옷은 옷장을 아무리 뒤져도 못 찾는다고 아우성이고, 깔끔하게 뜯으려던 포장지가 예상대로 벗겨지지 않으면 순간적으로 확 뜯어버려야 직성이 풀린다.

자기 의견을 얘기하거나 행동으로 옮기는 데 주저함이 없기에 사람을 만나고 얘기 나누는 자리가 재미있다. 확대 저항형은 사람들과 어울리는 관계를 통해서 혼자라는 외로움과 불안감을 떨치려 하고, 확대 회피형은 새로운 소재와 새로운 경험이 자신의 세계를 확장하는 기분이 들게 해서 좋다. 확대 회피형인 내 친구는 화장실이 가고 싶어도 자기 없을 때 무슨 얘기가 지나갈까 궁금해서 화장실 가는 것도 미룬다고 한다. 반면 축소 회피형인 나는 대화를 좋아하지만 오랜 시간 사람들 사이에 있는 것은 피곤해한다. 이어지는 대화에 계속 집중하기가 힘들 때는 잠시 화장실을 다녀온다거나 밖에 나가 바람을 쐬고 들어와야 방전되지 않고 버틸 수 있었다. 이런 나의 모습이 모임에 흥미 없다는 표시로 비칠까 봐 성의 있게 보이려고 애썼지만, 거대한 미토콘드리아 공장을 가진 듯 에너지 넘치는 확대형들의 흐름에 맞추기는 항상 버거웠다. 확대형이 넓은 세계를 경험하는 성취감을 누린다면, 축소형은 깊은 세계를 경험하는 충족감을 맛본다고 비교할 수 있다.

축소형은 조심스럽다는 기질적 특성 때문에 판단이 늦고 일 처리에 시간이 걸리며 행동도 소심하다. 더러 축소 회피형들이 거침없는 행동을 보이는 것은 단순함과 무모함에서 비롯된 돌발 상황이지 일반적인 경우는 아니다. 조심스러움이라는 특성은 신중, 침착, 끈기, 꼼꼼함이라는 성질과 맞닿아 있다. 유동적이고 개방적인 확대형에게는 축소형이 너무 사소하고 하찮은 일에 신경 쓰며 불필요한 정성을 들이는 것으로 보이겠지만, 그로서는 어느 것을 임의로 간추려 건너뛰기가 쉬운 일이 아니다. 축소형은 자신이 새로운 일에 적응하는 데 시간이 걸린다는 것을 알고 또한 잘할 수 있는 분야에 집중해야 효과적인 결과물을 얻는다는 사실을 경험적으로 안다. 그래서 많은 일에 호기심을 갖고 시도하기보다는 할 수 있는 일의 범위를 줄이고 그 안에서 최선을 다하려고 한다.

대개 축소형은 해야 할 일이 있으면 차질이 없도록 미리 준비하는 편이다. 시간 독촉을 받아 급박하게 내몰리는 것은 신중함보다 신속함을 요구하는 상황이기 때문에 자신에게 불리하다 느끼고, 이는 생존의 위협으로 다가온다. 경쟁적인 구도가 됐을 때 은근히 긴장감을 즐기며 능률적으로 일하는 확대형과는 다르다. 축소형은 이런 처지에 놓이면 화가 난다. 그 일을 팽개쳤을 때 손해 볼 것이 빤한 경우에도 그 순간의 긴장감을 이기지 못해 우선 그 상황에서 벗어나려 한다. '내가 무슨 좋은 꼴을 보겠다고 이 일을 해야 하나'

라는 생각이 든다. 그 순간의 심정이란, 딱 죽고 싶은 마음이다.

또한 축소형은 자신을 노출해 타인의 시선을 끄는 것에 부담을 느낀다. 어느 축소형 여자가 아이 학년 전체에 급식을 넣어주는 당번 반이 됐다. 예전 같으면 다른 엄마들이 정하는 대로 자신은 돈만 냈을 텐데, 그동안 관계에 소홀했다는 반성이 들어 이번에는 자발적으로 참여하리라 마음먹었다. 마침 동생이 치킨 가게를 개업한 지 얼마 안 된지라 동생을 도와줄 겸 그곳을 추천해서 무사히 배달까지 완료했다. 이 일을 하는 과정에서 무엇이 가장 힘들었느냐고 물었더니 '혹시 비메이커 치킨이라고 수군대지 않을까', '아이들이 맛없다고 항의하지 않을까'도 신경 쓰였지만, 무엇보다 자신이 다른 사람들의 관심과 주시의 대상이 되는 것 자체가 힘들었다고 말했다. 축소형 아이들이 자신을 드러내는 상황이 불편해서 인사를 망설이는 바람에 더러 인사성 없다는 말을 듣게 되는 경우가 그것이다.

하지만 축소형이라도 사회적 성향이 발달한 남자의 경우는 여자와 약간 다르다. 특히 사람들에게 관심받고 싶은 욕구가 강한 축소 저항형 남자의 경우, 자신에게 우호적인 사람이 곁에 있거나 자기가 나서도 되는 위치라고 판단되는 자리라면 편안한 마음으로 수다쟁이가 될 수 있다. 또 대부분의 축소 회피형 남자는 집에서건 밖에서건 어떤 상황에서도 말이 없는 편이지만 자기가 잘 아는 전문 분야에 대해 설명할 때는 순간적으로 말이 많아진다.

내가 관찰한 바에 따르면, 확대형을 확대형이게 만든 기질적인 성질과 남성 호르몬이 가진 생리적 공격성은 거의 같은 힘을 갖는다. 즉, 관계에서 상대방을 제압하는 힘 또는 자신을 지키는 실질적인 힘으로 얼마나 작용하는가를 점수로 환산하자면 '확대', '남자', '회피'라는 요소는 각각 +로 배정되고, '축소', '여자', '저항'은 각각 −로 배정되어 −, +인 축소형 남자와 +, −인 확대형 여자는 거의 대등한 힘을 가진 짝이라고 볼 수 있다.

반응 속도의 차이

처음에는 확대형과 축소형은 행동에서 속도 차이가 난다는 점에 주목하고 이를 토끼와 거북이에 비유해서 이해했으나, 자세히 관찰해보니 이는 단순히 속도의 문제가 아니었다. 자극에 대응하는 반응의 발화가 빠른 확대형이 '뭐? 한번 붙어보자는 거야?'라는 공격형이라면, 축소형은 '뭐지? 나한테 왜 이러는 거야?'라는 수비형 방어 체계를 가졌다. 갈등 상황에서 확대형은 미간에 힘을 주고 눈을 부릅뜨거나 슬쩍 노려보는 것으로 일차 방어선을 구축한다. 사소한 일에는 아예 대꾸를 안 하고 외면하는 것으로 문제의 심각성을 무시하는 것도 같은 맥락이다. 그리고 목소리를 높이거나 말을 끊지 않고 계속함으로써 상대방이 반격할 틈을 주지 않고 몰아댄다. 확대형이 몸집을 부풀리는 전략이라면 그에 맞서 축소형은 일단 그 기세에 눌려 물러섰다가 확대형의 기운이 한풀 꺾인 뒤 조곤조곤 자신의 입장을 밀어붙이는 은근함으로 대결한다. 맞불 작전으로는 승산이 없기 때문이다.

확대형과 축소형을 두 마리 사슴으로 비유해보겠다. 초원에서 확대형 사슴은 풀 많은 곳을 찾아 이리저리 두리번거리고 움직이며 풀을 뜯고, 축소형 사슴은 가급적 자기 주위에 있는 풀을 꼼꼼히 뜯는다. 이때 저쪽에서 부스럭거리는 소리가 들린다. 뭔가 위험한 일이 벌어질지 모른다는 긴장감에 두 사슴은 순간 동작을 멈추고 움칫한다.

확대형 사슴은 소리를 낸 정체가 무엇인지 알아보기 위해 목을 빼고 살펴본다. 두려운 마음이 없는 건 아니지만 소리의 정체가 무엇인지를 알아야 한다. 바람 소리였다면 다행이나 만약 사자가 나타난 거라면 큰일이다.

'사자가 이쪽으로 움직이면 나는 저쪽으로 뛰고, 사자가 저쪽으로 가면 나는 이쪽으로 피해야지.'

여러 가지 가능성을 고려하고 그에 따른 대처 방안을 궁리한다. 자기 몸을 노출함으로써 사자와 눈이 마주칠 위험이 있겠지만 그렇더라도 상대를 주시하고 살피는 것이 생존에 유리하다는 생각이다.

반면 축소형 사슴은 소리가 난 즉시 바닥에 엎드려 숨도 크게 쉬지 않는다. 소리의 정체가 바람이건 사자건 그것을 알아보기 위해 고개를 쳐드는 것보다 위험한 것은 없다. 일단 자신의 위치를 숨겨 포식자의 눈에 띄지 않는 것이 생존을 지키는 최선이라고 생각한다. 더는 아무런 소리가 들리지 않아도 충분히 안전하다고 판단될 때까지 숨어 있다가 신중하게 고개를 들고 일어선다.

이 두 가지 방식은 모두 안전한 생존을 위해 선택된 전략이지 취향이나 우연으로 설정된 것이 아니다. 서로 다른 신체적·생리적 조건을 근거로 발현된 것이기에 각각의 전략이 자신에게는 옳고 정당하다. 그렇다면 서로 다른 전략을 쓰는 입장에서 상대방의 태도는 어떻게 보일까?

확대형 입장에서는 위험한 상황이 지나가기만을 기다리면서 적극적으로 살 궁리를 찾지 않는 축소형의 행동이 답답하다.

'자기도 살려면 사자가 어디로 움직이는지 좀 살펴봐야지. 저렇게 죽은 척 숨어만 있다가 갑자기 사자가 가까이 와버리면 그땐 어떡할 거냐고.'

사자를 상대로 알아서 해야 할 사람은 자신밖에 없다는 생각에 점점 힘이 든다. 소극적으로 대처하는 축소형의 태도가 짐을 나누어 지지 않으려는 의도로 비쳐 짜증 난다. 게다가 사자는 아까 지나가고 없으니 이제 밖으로 나와 놀아도 되건만 아직도 상황 파악이 안 되는지 엎드리고 있는 꼴이 미련해 보인다.

한편 축소형 입장에서는 옆에서 계속 껑충껑충 뛰는 확대형의 행동이 불만이다.

'쟤는 정신이 있는 거야, 없는 거야? 그냥 좀 가만있으면 좋겠는데 뭘 내다보겠다고 저리 나댈까? 저러다 사자의 시선을 끌어서 나까지 발각되면 어쩔 거냐고.'

자극에 대한 반응의 발화가 늦은 만큼 모든 경우의 수를 고려해 세심하게 살피는 데 너무 많은 에너지가 요구된다. 한 번의 선택과 행동에도 신중한 축소형에게 충분한 시간을 주지 않는 확대형의 행동은 더욱 불안감을 가중한다.

자기 자신만을 생각한다면 어떤 특정한 기질이 지나치거나 부족하다고 느끼지 않을 수 있다. 이런 성향의 차이는 상대적인 개념이라 대부분 타인과 비교하는 과정에서 발견된다. 나는 확대형들이 주저 없이 말하고 일을 처리하며, 낯선 상황에도 유연하게 대처하는 것 같아 그들의 배짱, 융통성, 스케일, 자신감, 순발력이 부러웠다. 그렇지 못한 내 모습이 약점으로 느껴져 축소형이라는 특성이 혐오스러웠다. '왜 나는 빠르고 강하게 반응하지 못하고 수세적으로 반응하는 기질을 타고났을까? 축소형은 느리다는 약점이 있음에도 불구하고 어떻게 생존 경쟁에서 살아남을 수 있었지?'라는 회의감에 빠져 있을 무렵, 저명한 신경과학자 조지프 르두Joseph LeDoux가 쓴《시냅스와 자아Synaptic Self》라는 책에서 이 질문에 답이 될 만한 단서를 발견하고 눈이 번쩍 뜨였다.

내가 주목한 것은 '글루타메이트glutamate'와 '가바GABA'라는 신경전달물질이다. 자극과 반응을 전달하는 신경계의 가장 기본 단위인 뉴런에 '흥분'과 '억제'라는 상호 배타적 성질을 가진 두 물질이 존재한다는 사실은 확대형과 축소형의 성질을 이해하는 데 많은 도움이 되었다. 즉, 개인은 각기 다른 유전자를 가지고 태어난다. 시냅스의 배선 방식을 결정하는 단백질이 다르다는 사실에서 확대형이 흥분성 신경전달물질을 활성화하는 생리적 특성을 가진 유전적 요인들을 많이 갖추었다면, 축소형은 억제에 관여하는 유전자를 많이 선택했다고 추론할 수 있다.

신속함은 순간적으로 주저함 없이 내지르는 경향이다. 이것이 상대적으로 많은 경험을 하게 하고, 순발력과 유연성의 차이를 만든다. 동시에 대충 큰 뜻만 파악하려고 덤벼 상황을 건성으로 판단하기 때문에 종종 경솔함으로 인한 문제를 일으킨다. 반면 신중함은 느리다는 불리함이 있지만 실수를 줄이며 완성도 있는 성과를 기대할 수 있다는 장점이 있다. 신중함은 결코 신속함보다 열등한 것이 아니다. 단지 다른 성질이다. 우사인 볼트 같은 단거리 육상 선수에게 40킬로가 넘는 장거리를 뛰라 요구할 수 없고, 올림픽 사격 선수에게 멧돼지 사냥을 요구할 수는 없다. 운동의 종류에 따라 발달한 근육 형태가 다르기 때문이다.

갈등은 '내가 옳다'는 믿음에서 시작된다

"오늘은 당근을 캐볼까?" 내가 남편에게 물었다.

"그래. 당신은 장갑 끼고 호미 챙겨. 내가 상자 가지고 텃밭으로 갈게."

당근을 캐면서도 남편의 지시는 멈추지 않는다.

"줄기를 잡고 당기면 윗부분이 쉽게 끊어져서 당근을 뽑아 올리기 힘드니까 호미로 젖히면서 캐."

"당근 캐서 고랑에 두지 말고 눈에 잘 띄게 두둑 위로 올려놔."

모두 작업에 필요한 얘기인 것은 맞지만 늘 해온 일이고, 또 몇 개 캐다 보면 자연히 알게 될 텐데 굳이 이렇게 해라 저렇게 해라 지시하니 듣기 싫다. 캐지는 대로 고랑에 던져두었다가 나중에 줄기 끊고 당근만 담으면 편한데, 올려놓으라는 말을 무시할 수가 없어 계속 두둑 위로 올리려고 신경 쓰니 정말 피곤하다.

일 마치고 들어온 남편은 TV 앞에 앉아 쉬지만 나는 바로 주방으로 가거나 책상으로 간다. 남편은 실망한다. 내 표정이 밝지 않으니 그도 찜찜하다.

'뭐지? 자기가 하자는 일을 함께 잘 끝냈으니 이제 같이 놀아줄 줄 알았는데 아니었나?'

뭔가 잘못됐다는 건 알겠는데 무엇 때문에 아내의 기분이 무거운지 짐작할 수가 없다. 나 역시 왜 그의 곁에 잠깐도 있지 않고 혼자 노는지 이유를 몰랐다. 이런 일상이 너무나 자연스럽게 반복되어서 여기에 문제가 있다는 생각도 못 해봤다. 무엇이 문제였을까? 나는 왜 곧장 나의 일터로 갔을까?

밖을 향한 시선 덕분에 다양한 경험에서 정보를 축적한 확대형은 자신이 보고 들은 것을 잘 안다고 생각한다. 이를테면 다른 사람이 자전거 타는 모습을 보는 간접경험만으로도 어떻게 하면 자전거를 타는지 알 것 같아 이미 타본 것이나 마찬가지로 여긴다. 다른 사람에게 자전거 타는 방법을 설명할 수도 있다. 질문을 받는다 해도 알고 있는 1, 3, 5에 그간 다른 경험에서 축적된 자료를 응용하여 모호한 2, 4를 채워 넣을 수 있기 때문에 별문제가 안 된다. 간혹 누군가가 "당신이 직접 타보셨나요?"라고 콕 찍어 물으면 "그걸 꼭 타봐야 아나요?"라고 대응한다. 자신이 안다는 사실을 의심하고 허점을 지적하려는 의도로 보여 몹시 불쾌하다. 자전거를 타본 사람만이 느낄 수 있는 고무바퀴의 탄력, 다리 근육의 뻣뻣한 긴장감, 볼에 닿는 시원한 바람을 모른다는 사실은 고려되지 않는다.

보거나 들어서 안 자기 생각에 대해 '이것은 옳다'라는 자신감을 갖는 것은 중요하다. 자신감은 새로운 일에 도전하게 하고 어려운 문제를 풀어나가는 힘이다. 하지만 이를 잘 다루지 않으면 '내가 알고 있는 것이 옳고, 네가 알고 있는 것은 틀리다'라는 편견, '내가 하는 일은 낫고, 네가 하는 일은 그만 못하다'라는 자만, '내가 하는 일은 많고, 네가 하는 일은 적다'라는 오해를 낳을 수 있다. 이를테면 자신이 들어서 이해한 것이 10일 때 자신은 20을 알고 또한 행하고 있다고 착각한다.

그런데 축소형인 배우자는 똑같은 10을 알고도 스스로 5밖에 모른다고 축소하면서 더 노력해야 한다 말하고 상대방에게도 그렇게 평가받는다. 실제로는 두 사람이 10을 알고 있고 10만큼을 서로 주고받고 있음에도 확대형은 10을 20으로 확대하기 때문에, 자기는 20을 주고 있는데 배우자는 5밖에 주지 않는다고 불평하게 된다. 확대형에게는 드러내고 아는 체하는 것이 자기 정체성을 확인하는 방식이고 삶의 재미와 활력을 주는 원천이지만, 이것이 한편으로는 축소형과의 협력적 관계를 해치는 양날의 칼로 작용함을 간과한다.

확대형에게는 상대방이 주저하는 태도가 잘 몰라서, 하고 싶지만 쑥스러워서, 그냥 예의로 사양하는 것 등으로 보인다. 마치 자신의 도움을 원하는 것처럼 보이고 자신에게 물어보는 것으로 들려, 자신이 상대방을 위해서라도 적극적으로 나서야 할 일로 느껴진다. 그래서 확대형에게 자기 일만 묵묵히 하는 법이란 좀처럼 없다. 다른 사람 일에 관여해서 '너 이러이러하게는 해봤냐' 묻거나 '이것은 이렇게 저렇게 해라'라고 건의하기를 좋아한다.

당근 캐기 일화의 경우, 내가 하자고 해서 시작한 일인데 남편이 작업 지시를 하고 나는 그 지시에 따르는 분위기가 돼버렸다. 내 일을 한다는 기분이 들어야 힘든 일을 하면서도 즐거울 텐데 남의 일을 하는 것 같아 재미가 없다. 내가 하고 싶은 대로 하도록 두지 않고 계속 제한하니까 '이 관계는 안전하지 않다'라는 경계심이 생겨 가까이 가고 싶지 않고 뭐든 같이 하고 싶지 않게 된 것이다.

남편은 말한다. "내가 무슨 간섭을 했다고 그래? 난 그냥 이렇게 하면 좋다고 말했을 뿐이지 당신한테 꼭 그렇게 하라고 강요한 것도 아니잖아."

문제의 핵심은 여기에 있다. 확대형인 남편에게 '이렇게 해라'는 말은 명령이 아니고 제안이며 지극히 자연스러운 의사 표시다. 아마 확대 회피형 여자였다면 같은 상황에서 "아, 됐어. 당신은 두둑에 올려. 난 그냥 바닥에 뒀다가 이따 한꺼번에 담을 테니까"라고 대응했을 것이다. 그러나 상대방의 제안조차 가볍게 넘기기가 어려운 축소 회피형 입장에서 남편의 말은 거부할 수 없는 지시, 간섭, 명령으로 다가온다. 자기 영역을 침범하고 자율성을 위협하는 행동으로 다가온다. 확대형에게는 익숙하고 정당하게 느껴지는 태도가 축소형에게는 자신의 능동적 참여를 방해하는 것으로 다가와 저항감을 느끼게 한다.

자기 주도성의 욕구는 누구에게나 있다. 사람은 자기 방식대로 일을 계획하고 진행하여 마무리되었을 때 성취감을 느낀다. 그런데 축소형과 확대형이 결혼해 부부가 되면, 주도권에 대한 욕구가 강한 확대형에게 축소형은 주도권을 빼앗기고 상대적 박탈감을 갖는다. 축소형에게 확대형은 감당하기 벅찬 상대다. 여기에 남, 여라는 성별의 특성이 추가된 축소형 여자와 확대형 남자 커플의 경우라면 더욱 그렇다. 일반적으로 확대형의 활기찬 기운이 분위기를 이끌어나가고 축소형의 섬세함이 빈곳으로 스며들어 조화를 이루면 이때는 확대형의 넓은 오지랖도 축소형의 소심함도 약점이 되지 않는다. 그런데 확대형이 자기 입장을 내세워 우기거나 뜻대로 되지 않는다고 화내는 일이 잦아지면 축소형은 확대형의 뜻에 끌려가는 상황이 주는 무력감 때문에 점차 비협조적이 된다.

예를 들어 "오늘은 밖에 나가서 국수나 먹읍시다"라고 축소형이 제안했을 때, 확대형이 좋다고 말하면서 "이왕이면 국수보다는 짜장면이 낫겠다"라고 말한다. 축소형이 다시 "짜장면은 국물이 없어"라고 하니까 "국물이 당기면 당신은 짬뽕 먹으면 되겠네. 애들은 탕수육도 하나 시켜주고"라고 대응한다. 확대형은 자기가 상대방의 의견을 받아들여 동의했다고 인식하지만, 처음 의견을 낸 축소형 입장에서 볼 때 그것은 이미 자신의 의도와 많이 어긋난 반응이다. 상대방이 자신의 의견을 그대로 지지해주지 않고 수정해서 자기 몸에 맞는 의견으로 다시 만들어버리면 '내 의견이 네 뜻에 만족스럽지 않고 부족하니까 마음대로 바꾸는구나'라는 자괴감을 갖는다. 자기 뜻에 선선히 따르지 않으면 불쾌감을 느끼는 확대형과 마찬가지로 축소형도 지지받지 못하면 무시당했다고 느끼기 때문에 불쾌하다. 그 분노로 인해 확대형이 수고하고 잘하는 부분에 대해서도 진심으로 인정해주기가 싫다. 그렇게 서로서로 인정해주지 않고 부정당하니 건강한 자존감을 갖기가 힘들다.

틀린 게 아니라 다른 것

부부가 기질의 차이를 극복하고 안전한 관계가 되기 위해서는 축소형의 자율성이 살아나야 한다. 그리고 이를 위해서는 상대적으로 자기 욕구 표현이 활발하고 주도적 성향이 강한 확대형의 역할이 크다. 축소형의 자율성과 적극성은 확대형이 자기 본위의 태도를 지양하고 축소형이 자신의 속도대로 적응할 수 있도록 지지하고 잘할 수 있다고 믿어줄 때 살아난다. 문제는 이 믿음을 어떻게 만들어낼 것인가다. 이는 '미덥지 못하다'라는 불안감을 통제할 수 있어야 가능하고, 이는 다시 자신의 불안감이 무엇인가를 아는 것으로 거슬러 올라간다.

작년에 컴퓨터 수업을 받으러 나가야 하는데 내가 운전을 못 하니까 남편이 함께 다녔다. 아직 키보드 위치도 낯설어 쩔쩔매며 강의를 따라가는 나에게, 남편은 이렇게 해봐라, 저렇게 해봐라 한 번씩 끼어들었다. 남편 자리에도 컴퓨터가 있으니 직접 연습해보든지 아니면 인터넷 검색이나 하면서 놀면 좋겠는데, 내가 하는 것을 빤히 구경하고 있으니 긴장됐다. 마치 '네가 제대로 하는지 보자' 하고 지켜보는 엄마를 곁에 둔 아이의 심정이었다. "내가 알아서 할게"라고 슬쩍 한마디 하면 남편은 머쓱해하면서 아는 체하고 싶은 마음을 자제하느라 애썼고, 나는 그의 참견을 편하게 받아들이려고 애쓰면서 두어 달을 보냈다. 어느 시점이 지나자 나는 실력이 늘어 수업을 무난히 소화했고, 강의를 이해할 수 없게 된 남편은 더는 내 일에 흥미를 보이지 않았다. 나중에 그가 말했다. 자기가 보기에 내가 하는 순서대로 하면 선생님이 요구하는 결과물이 나오지 않을 줄 알았는데, 내가 매번 수업 과정을 완수해내는 것을 보면서 깨달은 것이 있었다고 한다. 자기가 생각하는 방식대로 하는 것이 옳다고 고집하는 마음 때문에 내 방식이 다른 게 아니라 틀린 것으로 보였던 거라고.

축소형은 축소형의 시각으로, 확대형은 확대형의 시각으로 본다. 서로 다른 기질적 특성을 근거로 다른 경험을 했고 다른 처지에 처해 있기 때문에 달리 보이고 달리 들리는 것이 당연하다. 그런데도 이 말이 생각처럼 쉽게 받아들여지지 않는 것은 자신과 다른 상대방 때문에 원하는 것을 포기해야 하거나 불편을 감수해야 할 몫이 생긴다는 것을 알기 때문이다. 즉, 정신적으로든 물리적으로든 비용을 치러야 하는 일이 수반되므로 '나와 네가 다르다'는 현실을 인정하기 어렵게 만드는 것이다. 마음이 느긋할 때는 잘 지내려는 마음에 '그래, 네 말이 맞아'라고 생각하다가도, 얼마 못 가 짜증이 쌓이면 더 이상 애쓰고 싶지 않아진다. 무조건 애쓴다고 될 일이 아니다. 이것을 '옳고 그름의 문제'로 인식하는 시스템 자체를 점검해야 한다.

확대형과 축소형은 상황을 인식하는 구조가 다르므로 일을 처리하는 스타일도 다르다. 자신의 방식은 경로가 훤히 짐작되니까 '그렇게 하면 될 텐데 왜 그렇게 안 하는지 모르겠다' 투덜대지만, 기질이 다른 상대방은 그게 안 된다. 그것을 알지 못하기에 상대방이 자기 말을 듣고도 그대로 안 한다는 사실에 속상하다. 이를테면 축소형이 1, 2, 3…… 스타일로 일 처리를 하는데 확대형이 불쑥 끼어

들어 a, b, c……로 해보라고 하면 축소형은 자기 방식이 아니라서 어디서부터 어떻게 손을 대야 할지 전혀 감이 잡히지 않는다. 안 하는 게 아니라 못 하는 거다. 그러다가 의견을 무시할 수 없는 축소형이 확대형의 조언에 따르려고 시도하면 1로 시작한 일이 1, a, 2, c, 4……로 뒤죽박죽이 된다.

축소형이 어떤 일을 A로 처리하려 하는데, 이를 본 확대형이 속으로 생각한다.

'A로 해서는 안 돼, 당연히 B로 해야지.'

하지만 이것은 어디까지나 자기만의 불안감이다. A가 잘못된 길로 보이는 것은 자신의 주관적 관점이다. 그의 눈에 A가 위험한 불로 보여도, 당사자 눈에는 전혀 위험하지 않은 물로 보일 수 있다. 그런데 자기 눈에 위험해 보이니 위험한 A로 가는 것을 잘못이라 판단한다. 마치 자신이 불구덩이에 빠져 죽을 것 같은 공포를 느끼기 때문에 말려야 한다고 생각한다. 다시 말하지만 이 불안은 오직 자기만의 문제임을 분명하게 인식해야 한다. '저 사람이 잘못될까 봐' 불안한 게 아니다. 상대방의 선택이 무의식적으로 자신에게 위험적인 요소로 인식되기에 불안한 것이다.

축소형은 확대형의 방식을 쓸 수 없고, 확대형은 축소형의 방식을 쓸 수 없다. 축소형은 축소형대로의 계획과 절차가 있고 확대형은 확대형이 쓰는 요령과 특기가 있다. 상대방의 방식을 존중하지 않고 자기 방식을 강요해서는 일도 관계도 성과가 없다. 중요한 건 절대 '내 생각이 네 생각이 될 수 없다'는 사실이다. '우리는 서로 다르다'는 전제를 분명하게 받아들여야 한다. '이것은 저 사람의 문제

가 아니라 나의 문제'라는 인식이 바로 서야 갈등을 해결하는 길이
열린다.

상대방의 영역을 침범하지 마라

확대형에게 '상대방의 영역을 침범하지 마라. 가급적 상대방 말
을 들어주기만 하고, 하고 싶은 말은 줄여라'라고 주문했더니 생각
보다 실천하기가 어렵다는 사람이 많았다. 말하는 자신을 계속 의
식하면서 의도적으로 말을 줄이려다 보니 '하고 싶은 말도 못 하면
내가 더 살아서 뭐 하나'라는 생각이 들고, 자기 존재가 없어지는
것 같아 살맛이 안 나서 살 수가 없다고 한다.

'말을 한다'는 것은 말을 도구로 자기 존재를 과시하거나 자신이
원하는 방향으로 일을 끌고 가겠다는 의지의 표현이다. 확대형이
말을 많이 하는 것은 방어 본능에서 나온 행동이다. 불안정한 심리
상태의 표출이다. 일이 자기 생각대로 풀려야 잘되는 거고 제대로
되는 것인데, 제대로 되지 않을까 조바심 나는 마음에 간섭하지 않
을 수 없고, 자신이 아니면 안 될 것 같아 나서지 않을 수 없다. 무엇
을 안 하면 안 될 것 같은, 뭐라도 해야 할 것 같은 불안감이 무엇을
해보고 싶다는 욕구를 부추긴다. 이것은 확대형의 생존 전략임과
동시에 방어 전략이다. 이런저런 명분을 들어서라도 자신의 생존
전략을 고수해야 하는데, 자신을 위한 방어를 하지 못하게 하니 세
상을 무방비로 사는 것 같아 불안한 마음에 짜증이 나는 거다.

확대형은 자신을 방어하는 수단으로 말을 많이 하고 이에 비해
축소형은 말이 적다고 설명하면 늘 나오는 말이 있다.

"그런 말 마세요. 우리 남편이 얼마나 말이 많은데요. 아주 잔소리 대마왕이에요."

축소 저항형 남자가 집안에서 '잔소리 대마왕'이 되는 것도 불안감을 스스로 제어할 수 없기 때문이다. 사랑받고 싶은 애착 욕구와 자신이 감당해야 할 가장으로서의 무게를 아내가 공감해주지 않고 외면하면, 남자의 분노와 불안은 섬세하고 다정하던 연애 시절의 모습을 버리고 밖으로 나돌거나 결벽증, 외도, 무분별한 소비, 무기력 등의 형태로 드러날 수 있다.

'아무것도 하지 마라'라는 말의 의미는 상대방을 자기 뜻대로 통제하고 싶은 욕구를 멈추라는 것이다. 상대가 자기 방식대로 행동하도록 관여하지 말라는 뜻이다. 이런 행동은 모두 상대방을 자기 뜻에 맞게 바꾸고 싶은 욕망에서 출발한 것이다. 그러므로 개입하고 싶고 통제하고 싶은 욕구가 밀고 올라올 때 그것을 자제하려고 애쓰는 일을 어느 때보다 열심히 해야 한다. 어떻게든 잘되는 쪽으로 해보겠다고 나서는 행위야말로, 하던 대로 하는 것이고 원래 잘하는 일을 하는 것이니까 결국 '아무것도 하지 않는' 것이다.

여기서 중요한 것은 '관계'다. 확대형에게는 능동성이고 적극성이라고 인식되는 태도가 관계하는 상대방에게는 간섭이고 통제로 작용할 수 있다는 점을 인정하는 것이 중요하다. 상대방도 자기가 하고 싶은 방식으로 하고자 한다. 당연히 그래야 하며, 가족이라면 그것을 도울 의무가 있다.

내가 문제 삼는 것은 자신이 안전하지 않다고 느낄 때 확대형은 말이 많아지면서 공격성을 드러내고, 축소형은 납작 엎드리는 사슴처럼 입을 닫거나 자리를 피한다는 점이다. 평상시에도 에둘러 말하게 되고, 반응이 좋지 않으면 말하려던 내용을 서둘러 마치는 습관이 생긴다. 많은 말과 행동이 단지 기질에서 나오는 것만은 아니다. 이는 애착의 상처에서 비롯된 불안감이 드러난 하나의 형태다. 원칙적으로는 배우자와의 상처 치유를 통해서 사랑을 받아야 방어의 공격성이 완화되겠지만 우선은 이것이 방어라는 것을 스스로 인식하는 것이 중요하다. 번개가 잦아들지 않으면 거북이는 고개를 몸통 밖으로 내밀지 않을 것이기 때문이다. 굳이 많은 말을 하지 않아도 원하는 것을 얻는 경험을 하고 만족감이 쌓이면 확대형도 자연히 불필요한 말수가 줄어든다.

어느 날 남편이 내게 고백했다. 예전 같으면 자신이 일을 주도적으로 리드했을 텐데, 이것이 나에게 달갑지 않은 태도란 것을 알고는 말하고 싶은 것을 참고 무조건 내가 하는 대로 맡겨보기로 했단다. 시간이 지나면서 내가 이렇게도 하고 저렇게도 하는 것이 자기는 생각지도 못했던 창의적인 방법이어서 몹시 놀랐다고 한다. 그래서 '아! 그동안 내가 이 사람한테 무슨 짓을 저지른 거야?'라는 탄식이 나오고 미안한 마음이 들었다고 한다. 자기는 단지 지켜보려고 애썼을 뿐인데 그 결과 내가 자발적으로 하면서 즐거워하고, 또 즐거우니까 의욕적이어서 처음으로 '함께하는 즐거움'이 무엇인지를 실감했다고 한다. '이번에도 말할 뻔했는데 역시 안 하고 기다리길 잘했구나'라는 경험이 거듭되면서 지난 세월 이런 기회를 만들지 못한 자신의 태도를 반성하게 됐다.

'다름'을 인정하고 극복하는 첫걸음

남편과 내가 부부 싸움을 하면 시작도 과정도 패턴이 항상 일정했다. 남편의 말이나 행동이 거칠 때, 나는 그것에 위험을 느끼고 슬그머니 그에게서 멀어져 내 방으로 들어간다. 함께 하던 일이 있을 때는 일을 끝내고 들어갔기 때문에 기분의 변화를 알아차리지 못했지만, 시간이 지날수록 점점 우울해지면 그제야 남편 때문에 속상하다는 것을 알게 됐다. 꾸중 들은 아이처럼 주눅 들고 입술은 무겁게 내리눌려 한마디 말도 뱉을 수 없다. 이 세상에 아무도 나를 보호해주는 사람이 없다는 생각에 서글프고 절망적이다.

이럴 때 나는 대체 뭐 때문에 이렇게 우울한지조차 파악하지 못하는 나 자신이 답답했다.

'생각하자, 생각하자, 생각하자……'

비디오 필름을 돌리듯 곰곰이 지난 상황을 되짚어본다. 우울하다는 사실을 실감하는 데 하루가 가고, 어느 대목 무슨 말에서 상처받았는지를 찾는 데 하루가 가고, 생각해낸 내용이 맞는지 확인하는 데 하루가 가고, 그것을 그에게 어떻게 설명할까 궁리하고 망설이면서 또 하루를 보낸다.

남편은 내가 일만 하면서 침묵해버리는 상황이 너무 불안했다. 자기 시야 밖에서 내가 무엇을 하고 무슨 생각을 하는지 파악할 수 없으니 어떤 대처도 할 수 없다는 느낌이 답답했다. 그때의 심정은 마치 숨 쉬기조차 어려운 뜨거운 한증막에 갇혀 헐떡거리는 상태 같았다고 한다. 어서 빨리 이 상황에서 벗어나고 싶다는 생각만 머리를 맴돌아 무엇이 어디부터 잘못됐는지 차분히 따져보는 것 자체가 어렵더란다. 웃으며 달래봐도, 미안하다고 사과해도 효과가 없으니 기분을 풀지 않는 내게 다시 화가 났다.

'내가 뭘 어쨌다고 그래? 아무리 생각해도 더 생각할 게 없는데 도대체 내가 무슨 잘못을 얼마나 크게 했다고 이렇게 여러 날 나를 벌주는 거야?'

공연히 자기를 고문한다는 느낌만 들어 머릿속이 하얘졌다.

한편 내 입장에서는 아직 생각도 정리되지 않고 기분도 안 풀리는데 이유도 모른 채 무턱대고 미안하다 말하는 남편이 실망스러웠다. 저렇게 쉽게 사과하는 사람이니까 또 쉽게 잘못하는 거라고 생각했다. 아직 사과받을 준비가 되지 않은 나에게 남편의 사과는 뜨거운 감자였다.

갈등 상황이 되면 입을 닫아버리는 나에게 남편이 요구했다. "만약 어떤 상황에서 내가 1을 얘기하고 당신이 A를 말했을 때, 설령 내가 A를 바로 인정하지 않고 재차 1을 주장하더라도 포기하지 말고 B와 C를 덧붙여 설명해줘."

또 무엇을 안 하겠다고 하면 왜 안 하려는지 그 이유를 설명해야지 "몰라. 그냥 안 하고 싶어"라고 말하면 곤란하다고 했다. 내가 B, C를 얘기해야 자신도 2나 3을 추가로 얘기해서 한 가지 일을 결정하는 데 여러 가지 이유가 있었음을 설명하고, 서로가 자신이 생각지 못했던 이유나 정보를 들음으로써 마음을 바꿀 수도 있지 않겠느냐는 얘기다. 이런 토론 과정을 갖는다면 충분히 자신을 표현했다는 만족감을 얻을 수 있고, 함께 의논하고 수렴해서 만든 결론이니 각자 불만 없이 받아들일 수 있다는 것이 남편의 주장이다.

특히 사건 발생 며칠이 지나서야 '사실 이러저러해서 기분이 안좋다'라고 말하면 '모든 게 당신 탓이야'라고 뜬금없이 추궁당하는 것 같아 당황스럽다고 한다. 다 지나간 일로 잊고 지냈는데 뜻밖의 얘기를 들으면 뒤통수 맞은 기분에 불쾌하니, 불만이 있으면 그때그때 분명하게 표현해주기를 바란다고 주문했다.

맞는 말이다. 본인은 뭔가 마음속에 생각을 두고서 말을 하지 않았음에도 스스로 악의는 아니니까 괜찮다고 여기지만, 그 내용을 모르는 상대방은 의도를 알 수 없으니 오해하고 그러다 불안해서 화가 난다. 그러면 '내 마음은 그게 아닌데 네가 화냈다'고 억울해하며 위축되고 외면해버린 것이 나였다. 이것은 축소형의 특성상 확대형의 거침없는 표현을 공격으로, 나를 통제하려는 위협으로 느꼈기 때문에 비롯된 일이다. 이기지 못할 싸움에 말려들었다가 갈등만 키우고 그를 화나게 할 것이 두려워 직접적인 마찰을 피하려고 했다. 돌아보건대 내가 입장을 분명하게 주장하지 않고 에둘러 표현했던 태도의 저변에는 아무런 갈등, 방해, 저지 없이 간단히 내 뜻이 받아들여지기만을 원하는 마음이 있었다. 내가 감당하고 애써야 할 몫은 없고 그저 네가 알아서 흔쾌히 수용해주기만을 바라는 자세였다.

그러고는 '나는 늘 지고 사는데 너는 이기고 사니까 좋겠다'라고 비아냥거리는 마음과 남편에게 눌려 산다는 피해 의식에 빠져 있었다. 기분 상하면 의욕이 없어서 대화하고 싶어도 입이 떨어지지 않는다고, 나도 이 상태에서 빠져나오기가 힘들어 괴롭다고 생각했는데 이것은 기질의 문제가 아니었다. '너를 따라잡을 수 없다', '너에게 대항할 수 없다'라는 패배감에 상응하여 남편에게 고통을 주기 위한 복수였다. '내가 그리 쉽게 너를 사면해줄 줄 알고? 넌 어차피 변명하면서 또 나를 몰아세울 텐데, 말로 해서는 당할 수 없는 내가 왜 대화의 광장으로 나가? 어디 한번 실컷 속 터져봐라'라며 기를 쓰고 버티는 마음이었다.

그런데 이것이 상황을 적극적으로 타개하지 못하게 만드는 자기 함정이었다. 갈등을 풀어야 할 때, 내가 성장해야 할 때, '네가 나를 미끄러뜨렸으니까 네가 나를 건져내든 말든 알아서 해라. 난 내 힘으로는 안 나간다'라고 우기는 마음으로는 무력감을 극복할 수 없음을 알았다. 변화의 의지를 일으키지 않은 것을 상대 탓, 세상 탓으로 돌려서는 달라질 것이 없다. 설령 상대방이 원인 제공을 해서 넘어졌다 하더라도 그 구덩이에서 빠져나와야 하는 것은 자기 자신이다. 왜냐면 나와서 활개를 쳐야 자신의 세상을 사는 거고, 그 이익을 얻는 건 바로 자신이니까. 내가 내 뜻대로 못 산 것은 확대형인 남편 때문이 아니었다. 자신의 의사를 적극적으로 주장하는 것이 자신을 돕는 것이고 동시에 상대방을 돕는 것이다.

두려움이라는 벽

어느 날 남편이 말했다. "나는 당신 때문에 해보고 싶은 것을 마음대로 못해. 당신을 보면 내 엄마를 보는 것 같아."

나는 깜짝 놀라 따졌다. "난 당신이 하려는 일을 말리거나 잔소리하지도 않아. 어째서 내가 어머니랑 같단 말이야?"

남편의 답은 이랬다. "하지 말라 말리지 않는 건 맞아. 그런데 그렇다고 내 일을 적극적으로 지지해주는 태도도 안 보여."

그러니까 심드렁한 내 반응을 신경 쓰다 보니 알아서 포기하는 일이 많다는 거였다.

이를테면 이런 경우다. 몇 년 전 남편의 지인이 우리 집에 들렀다. 그는 사단법인을 세우기 전 몇몇 사람에게 의견을 구하는 중이었는데, 대뜸 우리 집에서 모임을 하면 되겠다며 하룻밤 자고 가도 좋겠다고 말했다. 나는 어려운 손님을 치르는 것이 싫어 슬쩍 지나가듯 건넨 그 말에 아무 반응을 보이지 않았다. 남편은 그때 그 제안을 거절하고 싶지 않았지만 내가 선뜻 허락하지 않으니 어떤 대답도 할 수 없었다고 한다. 만약 남편이 내 동의 없이 승낙했다면 강력하게 거부하지 못한 나는 불편한 심기로 손님을 치렀을 것이다. 하지만 남편은 그런 모임을 기대한 게 아니었으니 대답하지 못한 것이다.

지인의 의사 표시를 모른 체함으로써 원하는 대로 일이 됐으니 나는 아무 문제 없이 끝난 사건으로 기억했다. 나중에 남편이 그 일을 예로 들었을 때에야 나의 소극적인 태도가 어떻게 그에게 좌절감을 안겨주는지를 알았다. 남편에게는 나의 소극적인 반응이 그의 기질을 지지해주지 않는 것이니까 자신의 활발함에 제동을 건 것이나 마찬가지로 느껴졌다. '나의 수세적인 태도 때문에 남편도 자기주장을 맘 편히 할 수 없었구나'라는 각성에 몹시 당황스럽고 미안했다.

축소형 입장에서는 시도가 많은 확대형으로 인해 갈등 상황이 시작되거나 확대형의 불만으로 갈등이 표면화되기 때문에 자신이 당한다고 생각하기 쉽지만, 확대형 또한 축소형의 적극적인 호응을 받지 못하면 자신이 받아들여지지 못한다는 느낌에 존재감의 불안을 경험한다.

사실 축소형도 확대형도 자신과 다른 상대방을 알지 못하고 파악할 수 없기에 두려움을 느끼기는 마찬가지다. 한순간 번갯불에 콩 볶듯 욱한 감정이 일어나고 이내 나자빠지는 확대형에게, 하는 듯 안 하는 듯 끈질기게 저항하는 축소형의 공격은 힘이 든다. 언제 어디서 어떻게 공격해 들어올지 모르는 상대를 의식하며 경계 태세를 버릴 수 없는 상황이 짜증 난다. 서로가 안전하고 평화롭게 지내는 관계는 '다르다는 이유로 서로에게 불안감을 준다'라는 사실을 인식하는 것에서 시작된다. 그리고 상대방이 느꼈을 불안감을 인정하고 공감함으로써 '우리는 한 편'이라는 유대감을 만들어 내면 된다.

기질의 차이를 알고 다름을 인정하는 마음을 갖기 시작하자 전과 똑같은 일상들이 전과 같지 않게 되었다. 예전엔 남편이 등 가렵다고 긁어달라 하면 그 순간 긴장했다. 한 번에 제대로 못 짚으면 "아니, 아니, 거기 말고. 더 아래, 그 옆에……" 하면서 점점 목소리가 높아졌다. 이미 짜증이 잔뜩 섞인 말투 때문에 나는 쉽게 겁을 먹었고, 나를 겁먹게 하는 남편은 나에게 좋은 사람, 친절한 사람이 아니었다. '나는 짜증을 안 내는데 너는 왜 걸핏하면 짜증을 내지?

이것은 네가 나를 우습게 알고 무시한다는 표시니까 나도 너를 무시할 거야'라고 무의식적으로 결의했었다. 그런데 이것은 남편의 기질적 특성과 애착 성향에서 비롯된 태도이지 결코 나를 무시하거나 비난하려는 의도가 아님을 이해하기 시작했다.

남편이 화가 난 건 내가 가려운 데를 단번에 찾지 못해서가 아니었다. 물론 본인 입장에서는 가려운 곳을 긁지 못하면 순간적으로 짜증 날 수 있지만 그것은 결코 문제 되지 않는다. 그런데 남편의 태도에 놀라 내가 긴장하고 움츠러드는 반응을 보이자 그것이 남편을 진짜 분노하게 만들었다.

'내가 무슨 짓을 했다고 너는 나를 피해 숨는 거야?'

어쩌면 그에게는 일상적이고 정당한 표현이었는데, 그것이 나의 반응을 통해 '상대에게 공포감을 주는 태도'로 비치니까 그 상황에 화가 난 것이다. 사람은 누구나 자신이 좋은 사람으로 평가받기를 바란다. 상대방에게 호감을 줘야 사랑받을 수 있다고 믿기 때문이다. 작은 짜증에도 민감하게 위축되는 내 태도로 인해 자신이 큰 잘못을 저지른 가해자처럼 돼버리는 상황이 그로서는 억울하지 않을 수 없었다.

그의 태도를 어떻게 받아들일 것인가에 내 역할이 중요함을 알았다. 설령 그의 목소리가 커지더라도 '가려울 때 제대로 못 긁어주면 짜증 날 수 있지'라고 공감하며, 그가 확대형 남자라서 반응이 큰 것이라고 단순하게 해석했다. 물론 '놀람'은 즉각적인 감정 반응이기 때문에 완전히 없앨 수는 없다. 그러나 남편을 받아들이는 마음이 커지고 관계가 편안해지자, 그에 비례해 놀람의 강도 또한 점점 약해졌다. "그래, 그래, 알았어. 옆으로 긁어줄게"라고 말하며 구석구석 긁어주는 나의 마음이 편안해졌다. 내 손길이 편안해지니까 남편도 긴장하지 않아 어린 양처럼 순해진다. 큰 소리에 쉽게 놀라고 위축되는 것은 나의 기질과 성향 안에 들어 있는 성질이므로, 이것은 나의 문제지 그 사람 문제가 아니라는 것을 분명히 구분 지어야 했다. 내가 당당하게 살지 못한 것의 책임을 남편에게 돌리지 않기로 결심했다.

비유하자면 확대형은 시속 50킬로로 가는 오토바이, 축소형은 시속 10킬로로 가는 자전거다. 확대형과 축소형이 자기 속도, 자기 스타일만 고집해서는 서로가 원하는 것을 충족해줄 수 없고 원하는 것을 얻을 수 없다. 자기 것을 고스란히 고집하면서 상대방을 온전히 받아들이는 일은 애초에 불가능하다. 제 것을 버리지 않고서는 함께 갈 수 없다. 자기 스타일을 내려놓고 상대방 방식에 편승한다는 것은 마치 호랑이 굴에 제 발로 들어가는 것처럼 두렵고 내키지 않는 일이지만, 자기 것을 양보하면서 상대방이 원하는 것을 들어주는 시도는 또 다른 세상을 맛보게 한다. 당장은 '아, 아니야. 난 네 세상 싫어. 내 세상이 좋은데 내가 왜 네 세상으로 들어가야 해?' 하는 반감이 들 수 있다. 하지만 상대방의 세상이 당신의 세상과 다른 특별한 것이 있어서 들어가보라는 게 아니다. 당신의 것을 버리고 상대방에게로 가는 과정에서 새로운 세상을 경험하고, 거기에서 당신의 세계를 새롭게 만드는 신비한 힘이 생긴다. 그러면 상대방은 당신을 성장시키는 고마운 사람이 된다.

아는 것과 받아들이는 것은 별개의 문제다

'과연 기질로 인한 모습은 무엇이며 애착 성향에서 비롯되는 모습은 무엇일까? 이들은 어떻게 구분되며 또 애착의 상처가 치유된다면 기질의 문제는 어떤 모습으로 남을까?'

5년 동안 상처 치유를 하면서 가장 궁금해한 지점이다. 우리 두 사람이 임상 실험의 대상이 되어 끝까지 가보는 수밖에 없었다. 한 사람의 성격 안에서 기질의 특성과 애착 성향의 특성을 분리해내기란 사실상 쉬운 일이 아니며 어쩌면 무의미할지도 모른다. 하지만 기질과 애착 성향의 특성을 알기 위해 그 각각이 자신에게 영향 미치는 부분을 분별하는 수고는 자신을 더 분명하게 관찰하고 이해하는 데 도움을 준다.

우리가 알아낸 바 기질은 여러 유전적 요소의 조합으로 인한 물리적 조건을 토대로 발현된 것이기 때문에 양육 조건이 달라지고 주변 여건이 변한다 해도 본질적으로 바뀌지 않는다. 축소형은 축소형으로 살고 확대형은 확대형의 특성을 가지고 산다. 다만 양질의 환경은 기질적 특성에서 오는 역기능적 측면들이 한결 약화된 형태로 자리 잡도록 영향을 미친다. 이를테면 섬세하고 차분하지만 소심하지는 않다거나, 활달하고 과감하지만 방자하지 않게 자란다.

일상에서 빚어지는 대부분의 문제는 기질적 특성의 차이를 알고 이해하는 것만으로도 많이 해명된다. 실제로 기질의 차이가 갈등의 원인은 아니다. 기질은 에너지를 쓰는 방식으로서, 확대하는 방식으로 작용하든 축소하는 방식으로 작용하든 어떤 상황에서 어떤 일을 처리하느냐에 따라 각각 유리한 측면과 불리한 측면이 있을 뿐이다. 어떤 일에는 어떤 기질이 적합하다고 말할 수도 없고, 어떤 기질이 낫다고 우열을 가릴 일은 더더욱 아니다. 문제는 우리의 애착 성향이다. 불안정한 애착의 상처가 기질적 특성과 결합하여 정형화된 구조를 띠게 되고, 그것이 관계에서 갈등을 불러일으켜 불안정한 정서를 더욱 고착시킨다.

결론적으로 개인의 정서에 내재한 부정적 상처가 치유되고, 가까운 관계가 안전하고 친밀해지면 기질이 다른 것은 서로에게 고통이 되지 않는다. 다른 모습 그대로 상대에게 인정받을 수 있기 때문에 오히려 상대가 가진 장점을 배우고 이용하고 도움받는다. 상대가 자신을 배려한다는 신뢰가 쌓이면 모든 일을 사전에 의논하거나 눈치 보며 포기하지 않아도 된다.

그런데 아는 것과 받아들이는 것은 다른 얘기다. 안다는 것은 이성의 기능이고 받아들인다는 것에는 감정의 개입이 있다. 중요한 것은 감정이다. 자신과 상대방의 기질에 대해 아무리 많은 정보를 듣는다 해도 실제로 상대방이 우리를 이해하려는 성의를 보이지 않으면 우리 역시 상대방을 대하는 감정이 누그러지지 않아 어떤 이론도 큰 도움이 되지 않는다. 그래서 상처 치유 공부는 두 사람이 함께 해야 효과가 있다.

이를테면 나는 근처에 볼 만한 꽃길이 생겼다는 소식을 들으면 "언젠가 그쪽으로 가봐야지"라고 말하지만 이것은 상투적인 대답일 뿐 진심은 아니다. 남편의 제안이 없다면 가보지 않을 것이다. '그게 근사하면 얼마나 근사하겠어? 새로운 길 하나 더 알아놨다고 내 인생이 뭐가 달라지나?'라는 회의감 때문에 소극적이다. 또 새

옷을 사놓고도 다음 외출 때 바로 입지 않는다. 남편은 필요해서 산 것이니 빨리 입어보라고 넌지시 재촉하지만, 외출 기회가 적은 나는 개시하기 적당한 날을 잡지 못하고 미루고 미루다 다음 계절을 맞이한 적도 있다. 낯선 사람을 만날 일이 있거나 낯선 장소에 가는 상황과 겹치면 가중된 긴장감 때문에 입던 옷을 계속 입고 나선다.

남편이 이런 나의 모습들을 더는 이상하다고 비난하지 않으니까 나도 남편이 친밀하게 느껴져서 그가 보이는 행동들을 이상하다고 비웃지 않게 됐다. 그가 흥미를 갖는 일이 생기면 의도를 의심하거나 방법의 합리성을 따지지 않고 적극 지지하며 동참하는 마음을 냈다. 말하기 좋아하는 확대형의 특성을 감안하여 언제나 진심으로 경청하고 적극적인 호응을 보임으로써 그가 활발한 자기표현을 통해 인정받고 있다는 느낌이 들게 하려고 했다. 그뿐 아니다. 듣고 맞장구치는 것에서 나아가 나도 먼저 얘기를 꺼내려고 노력했다. 내가 짊어질 몫을 자발적으로 찾아나가는 의지를 보여야 남편은 '혼자 알아서 해야 한다'는 부담감을 내려놓을 수 있고, 나는 스스로 만든 패배감을 극복할 수 있다.

극복이라 하면 흔히 부정하거나 버리는 것으로 생각하는데, 정확히는 파악하고 조절하고 감당하고 대처한다는 의미다. 모든 문제에서 가장 중요한 것은 자신의 구조적 특성을 아는 것이고, 그런 자신을 스스로 받아들임으로써 적응할 방법을 모색하는 것이다. 이것이 진정한 극복이다.

2

저항하는 너 vs 회피하는 나

세상과 관계 맺는 두 가지 방식

애착이란 생애 초기 아이와 양육자 간의 상호작용에서 형성되는 친밀한 정서적 유대감을 말한다. 다른 포유류 동물에 비해 미성숙한 상태로 태어나 오랜 기간 양육자의 보호를 받아야 하는 인간 아이를 키우기 위해 인류는 가족과 부족의 강한 유대감을 선호하는 진화적 선택을 하게 되었고, 자신을 스스로 보호할 수 없는 어린 존재는 생존을 위협하는 수많은 위험 요소로부터 자신을 지키기 위해 보호자에게 의존할 필요가 있었다. 애착은 이러한 필요에 의해 선택되고 유전되어온 본능 프로그램이다.

엄마 배 속에 있을 때 아이는 엄마가 먹는 것으로 영양을 공급받고 엄마가 듣는 소리를 들으며 엄마의 감정을 함께 느끼면서 산다. 마치 하나의 운명체인 것처럼 느낀다. 그러다 세상에 나와 첫 호흡을 시작하고 탯줄이 끊어지면서 아이는 분리를 경험한다. 엄마의 배 속은 따뜻하고 안전했지만 이제 생존 환경이 바뀌었다. 본능적으로 불안을 감지한다. 배 속에서 들었던 낯익은 엄마 목소리에 반응하고, 엄마의 냄새를 찾아 고개 돌린다. 엄마의 심장 박동과 체온을 느끼면서 '나를 보호해주는 존재가 여기 그대로 있구나'라는 무의식적 안정감을 느낀다. 아이는 생존 욕구를 해결하기 위해 필요할 때마다 신호를 보낸다. 배고프다고 울고, 똥 치워달라고 울고, 졸리면 재워달라고 운다. 이것이 애착 체계다. 애착이란 생존을 의지하는 것이다. 자신을 보호해줄 대상에게 일방적으로 뭔가를 요구하는 것이다. 그 과정에서 정서적 친밀함이니 유대감이니 신뢰 등으로 이름 붙여지는 감정과 관념들이 생겨난다.

아동 발달 심리학에서 연구한 바에 따르면, 자의식이 아직 형성되지 않은 생후 6개월 이전의 어린아이는 엄마가 표정을 찡그리면 엄마를 모방하여 자기 얼굴을 찡그린다. 6개월 이후 대상을 보는 시각적 구별이 명확해지고, 뇌 신경회로의 연결이 치밀해져 '대상 영속성'이라는 감각이 생기면 비로소 아이는 앞에 보이는 대상과 자신이 다른 독립적 존재임을 인식하는 능력이 생겨난다. 그리고 자신의 요구에 가장 민감하게 반응해주는 사람에 대한 인식이 생기면서 점차 그 대상이 구체적으로 정해진다. 애착 대상이 정해지면 아이는 대상과 더욱 연결되려 하고 그 대상을 특별하게 생각하는 의식이 형성된다. 엄마와 엄마가 아닌 사람으로 존재를 구별하고 경계하며, 애착 대상인 엄마와 분리되는 것을 불안해하는 소위 '낯가림'이라 불리는 현상이 한동안 지속된다.

이 시기에 애착 대상인 엄마가 아이의 요구를 수용하고 긍정적으로 반응해주면 아이는 안정적으로 애착이 형성되어 이완된 감정 상태로 지낼 수 있다. 엄마를 통해 자신이 원하는 것을 얻을 수 있다는 경험은 아이의 정서를 안정시키며 자신에게 보호자가 있다는 신뢰감을 갖게 한다. 그런 아이라면 욕구가 실현되지 못한 상황에서 발생하는 괴로움에 예민하거나 신경질적으로 반응하지 않아 배가 고파도 잠시 참을 수 있고 기저귀가 차가워도 기다릴 수 있다. 즉, 자신의 고통에 반응해주는 사람이 있다는 느낌은 고통을 스스로 감내하는 것을 돕는 힘이 된다. 엄마가 지속적으로 따뜻함과 친밀함을 제공하면 아이는 생후 15~18개월경을 기점으로 점차 분리 불안이 약해진다. 두 돌을 전후로 주변을 탐색하고 놀이를 찾으면서 자아 정체성, 자율성, 자존감, 자신감 등의 개념이 등장하기 시작한다.

그러나 엄마의 적절한 보살핌을 받지 못하여 안정된 정서적 유대감을 갖지 못하면 아이는 '엄마가 나를 보호해주지 않는다'라는 불안감 때문에 화내거나 울면서 엄마에게 매달리는 모습을 보인다. 또 어떤 아이는 안전하지 않은 상태로 노출되는 경험을 하면서 '저 사람은 나를 보살펴주지 않구나. 나는 나대로 살아야겠다'라는 인식의 형태를 갖춘다. 이것이 불안정 애착이다. 여기서 우리가 주목해야 할 사실은 진화적 적응인 애착 체계가 비단 인간의 생애 초반에만 작용하고 끝나는 것이 아니라 이후 생애 전반에 걸쳐 지속적이고 절대적인 영향을 미친다는 것이다. 참으로 안타까운 것은 애착 대상과의 애착 형성 정도에 관계없이 아이는 신체적으로 성장하며 인식 능력이 향상되어 사회화 과정을 진행한다는 점이다. 애착 대상과 애착 관계 형성이 제대로 되지 않은 불안정한 상태로 어른의 몸이 되고 어른의 역할을 하면서 살아가야 한다.

그래서 욕구가 충족되지 않은 불만족 상황이 되면 얼굴을 찌푸리고 목청을 높이거나 잔소리를 늘어놓거나 입을 다물어버리거나 비아냥거리거나 상대를 교묘히 무시하며 태만한 태도를 보이는 등의 형태로 자신의 분노를 상대방에게 알린다. '내가 지금 화났으니 네가 알아서 잘못을 반성하고 내가 원하는 대로 행동을 바꿔라'라는 직간접적 압력이다. 양육자로부터 건강한 분리 독립을 하지 못한 채 살아가는, 애착이 불안정한 사람의 삶은 고단하고 허무하다.

남편이 아침에 눈뜨면 제일 먼저 하는 생각은 '오늘은 어디서 전화 안 오나?'였다. 누군가 놀자고 불러주거나 집으로 놀러 오겠다고 연락해주기를 바라는 마음이었다. 그는 매일 자괴감이 들었다.

'나는 참선하는 사람이다. 사람 만나서 놀기보다 참선해서 해탈을 얻고자 하는 사람이다. 그런데 왜……'

의지와 상관없이 원치 않는 생각이 자꾸만 일어나는 것이 괴로웠다. 그러다 상처 치유 과정에서 사람을 기다리는 마음이 무엇을 의미하는지, 또 왜 그 마음으로부터 벗어날 수 없었는지를 깨달았다. 그리고 마침내 그 문제를 극복할 수 있었다. 약속을 잡자는 전화가 반갑고 그런 연락을 기다리는 마음은 그의 애착 성향이 '저항 애착'이기 때문이었다.

어느 날 외출했다 돌아오니 부침개가 든 검은 비닐봉지가 놓여 있었다. 우리가 집에 없는 사이 누군가 두고 간 모양이었다. 분명 인근에 사는 사람일 텐데 딱히 누구인지 짐작이 가지 않았다. 그때 남편과 나의 반응은 달랐다. 남편은 내게 이웃에게 연락을 돌려 누구인지 확인하라고 했고, 나는 연락이 올 때까지 기다리면 된다고 생각했다. 이 집, 저 집 전화해서 부침개 해 왔느냐고 묻는 게 지금 내 사정을 광고하는 것 같아 불편했다.

"왔다 간 사람이 저녁에라도 전화하겠지. 아니면 다음에 만나거든 말할 텐데 그때 알면 되지, 뭐."

나는 다녀간 사람이 누군지 궁금하지 않았다. 누구라도 별 상관이 없었다.

그때 불쑥 '알리바이가 있어 다행이다'라는 생각이 들었다.

'그 사람이 연락도 없이 왔고 우리는 모른 채 외출했으니 비난받을 이유가 없어.'

심지어 은근히 고소한 기분마저 들어 당황스러웠다. 다녀간 사람이 누구인지는 모르지만 놀러 왔다 허탕 치고 돌아갔으니 실망했을 텐데, 미안함이나 안타까움을 느끼기는커녕 내 잘못은 없다는 명분 뒤에 숨어 그가 느꼈을 좌절감을 통쾌해한다는 사실이 놀라웠다. 천사 같은 미소 뒤에 감춰진 검은 악마의 얼굴을 마주한 기분. 찜찜했다.

'앞에서는 웃으며 번듯하게 말하고 성의 있는 태도를 보이지만

속마음 어딘가는 단단히 꼬여 있었구나. 그래서 내가 대인관계가 힘든가?'

이것이 회피형의 마음속에 숨은 분노임을 그때는 알지 못했다.

애착과 탐색

여기서 잠깐 애착 이론에 대해 좀 더 깊이 살펴보려고 한다. 애착 감정의 중요성을 깨닫고 이를 이론으로 정립한 사람은 영국의 정신분석가이자 의사인 존 볼비John Bowlby다. 그는 전쟁으로 부모를 잃은 아이들, 환경에 적응하지 못하고 문제를 일으키는 아이들을 치료하고 관찰하면서 '모성'이라는 양육 환경이 아동의 정신 건강에 지대한 영향을 끼친다는 점을 발견했다. 이후 로렌스 스타인버그Laurence Steinberg에 의해 '각인'이라는 동물 행동 양식이 발견되고, 붉은털원숭이를 대상으로 한 해리 할로Harry Harlow의 실험이 반향을 일으키자 이에 힘입은 볼비는 '인간에게는 본질적으로 자기 보존 방식으로서의 애착 욕구가 있다'라는 애착 이론을 발표했다.

그의 이론은 진화론적 관점에서 생물학을 정신분석에 접목했다는 점에서 그간의 정신분석학계가 접하지 못한 세계를 열어 보인 획기적인 업적이라고 평가받는다. 어떤 의미로는 정신분석학을 과학적 토대 위에 올려두고 싶어 했던 프로이트Freud의 바람을 실현한 것이라고 할 수 있다. 애착 이론은 유아기에 형성된 애착 형태가 아동기, 청년기로 이어져 성인이 되어서도 생각하고 느끼고 기억하고 행동하는 모든 면에 영향을 미친다는 점을 보여줌으로써 발달심리학의 한 주류로 발전했다.

애착 이론을 계승·발전시킨 후기 볼비 학파의 대표 주자인 메리 에인스워스Mary Ainsworth는 생후 12개월이 된 유아들을 대상으로 '낯선 상황strange situation'이라는 실험을 고안했다. 먼저 장난감이 있는 방 안으로 엄마와 아이가 들어간다. 잠시 후 낯선 사람이 들어와 엄마와 얘기를 나누다가 엄마는 방을 나가고 아이는 낯선 사람과 방에 남겨진다. 엄마가 돌아와 아이와 함께 있다가 다시 엄마가 나가고 낯선 사람도 따라 나가면 아이는 혼자 방에 남겨진 상태가 된다. 10여 분 후, 엄마가 다시 돌아와 아이와 재회하는 것으로 실험은 종료된다.

실험 결과 절반 정도의 아이들은 안정된 애착을 보여주었다. 안정된 애착으로 분류된 아이들을 살펴보면 엄마와 함께 있을 때는 가끔 엄마를 쳐다보고 확인하면서 장난감을 가지고 놀았고, 엄마가 방을 떠나 돌아오지 않으면 두리번거리며 엄마를 찾다가 문 쪽으로 가서 울었으며, 엄마가 돌아왔을 때는 엄마를 쉽게 받아들이는 행동을 취했다. 엄마 품에 안겨 금세 안정을 찾은 뒤 다시 놀이에 집중했다. 그리고 약 25퍼센트는 방에 들어오는 순간부터 장난감에 눈길을 주다가 엄마가 방을 나갔을 때도 엄마를 찾지 않고 계속 장난감에만 관심을 두는 듯했으며, 엄마가 돌아와 안았을 때도 엄마와의 신체 접촉을 적극적으로 회피하는 몸짓을 보였다. 그보다 조금 적은 15퍼센트 정도의 아이는 잠시도 엄마 곁을 떠나지 못하고 매달리는 강한 불안감을 보였다. 엄마와 함께 있을 때도 장난감을 쳐다만 볼 뿐 쉽게 장난감 쪽으로 가지 못했고, 엄마가 방을 나가면 계속 문을 두드리고 울었다. 엄마가 돌아와 달래주어도 엄마를 때리거나 밀어내는 동작을 취하는 등 쉽게 진정하지 못했다.

연구자들은 이런 패턴을 정리하여 '안정 애착'과 '불안정 애착'으로 분류하고, 불안정 애착의 유형을 '회피형'과 '저항형'으로 이름 붙였다. 회피형 유아들은 자신을 보호해주는 애착 대상을 찾거나 살피는 등 가까이하기 원하는 태도를 전혀 보이지 않았고, 엄마가 보이는 어떠한 형태의 애정 표현에도 무관심한 듯 보였다. 반면 저항형 유아들은 엄마가 어디 있는지에 너무 집착한 나머지 자유롭게 탐색하지 못했고, 엄마가 자리를 뜨면 극심한 고통을 겪었다. 또 엄마가 돌아와 달래주어도 그들의 괴로움을 줄여주지 못했으니, 마치 엄마를 곁에 두고도 엄마를 찾는 듯한 모양새였다.

이 실험에서 아이가 엄마와 어떤 애착 상태인가를 분석하는 중요한 척도는 홀로 남겨졌던 아이가 돌아온 엄마를 대하는 태도다. 애착이 안정된 아이는 엄마가 돌아오면 눈물을 보인다. 엄마가 없는 동안 무섭고 힘들었다는 감정을 있는 그대로 표현한다. 동시에 엄마를 향해 두 팔을 벌리며 걸어간다. 엄마에게 자기 슬픔을 위로해달라는 적극적인 요구다. 엄마가 안아주고 달래주는 반응을 보이면 그 품에 안겨서 자신이 엄마의 위로를 받고 있다는 사실에 편안함을 느낀다. 이로써 엄마가 잠시 자리를 비운 사건에서 발생한 자신의 부정적 감정을 처리하고 다시 엄마와 친밀한 관계를 회복함으로써 안정된 정서 상태를 유지할 수 있다. 이것이 아이가 엄마를 자신의 안전 기지로 삼고 있음을 보여주는 모습이다.

볼비 학파의 연구 결과에 따르면, 부모의 애착 유형과 아이의 애착 유형 간에는 밀접한 상관관계가 있다. 즉, 안정형 유아의 엄마는 아이의 요구에 민감하게 반응하고, 실험자와의 관계에서도 협력적이며, 자신의 과거 경험이 긍정적이든 부정적이든 일관되고 객관적으로 서술하는 능력을 보여주었다. 회피형 유아의 엄마는 아이의 애착 행동을 무시 또는 방치함으로써 단념시키고, 아이의 감정에 공감해주지 않는 회피형 성인이었다. 또한 저항형 유아의 엄마는 아이의 요구에 동일시되어 화내거나 간섭하는 등 일관성 없는 반응을 보이고, 자신의 애착 관계에 집착하는 저항형 성인이었다.

그러나 나는 부모의 안정된 정서가 아이의 양육 환경에 미치는 영향을 고려해볼 때, 엄마의 정서적 안정도가 아이의 애착 형성에 영향을 미친다는 사실에는 동의하지만, 엄마의 애착 유형과 아이의 애착 유형이 대체로 일치한다는 이론에는 동의하지 않는다. 왜냐하면 한 부모 밑에서 나고 자란 여러 형제가 기질이 다를 뿐 아니라 애착 성향도 회피형이거나 저항형으로 제각각임을 발견했기 때문이다. 현실로 드러난 이 사실을 어떻게 해석할까 고민하다가 학자들이 말하는 애착 체계와 탐색 체계에서 그 의문을 풀었다.

인간이라는 생명체에게 가장 중요한 문제는 생존이다. 태어난 개체로서 살아야 하는 것은 당위적인 것이다. 살아야 하는 그에게 '높은 생존율을 위해 무엇이 필요하고 무엇이 유리한가'를 찾는 것은 오랜 진화적 압박이었을 것이다. 여기에 생존과 번식이라는 기본 욕구를 충족할 필요에 의해 선택된 두 가지의 메커니즘이 있으니, 하나는 애착 체계이고 또 하나는 탐색 체계다. 애착 체계는 자신을 돌봐줄 대상인 보호자와의 친밀한 정서적 관계를 중요시하는 체계이고, 탐색 체계는 세상을 경험하면서 필요한 자원을 스스로 확보하려는 의지적 활동을 관장하는 체계다.

우리에게는 애착을 위한 유전자와 탐색을 돕는 유전자가 있을 것이며, 개인은 어느 쪽이 더 활성화될 조건을 갖추고 태어났는가에 따라 회피형이 되거나 저항형이 된다고 결론 내렸다. 즉, 부모가 자녀의 성별을 임의로 결정하는 것이 아니듯 엄마의 양육 태도가 '저항', '회피'라는 애착 형태를 결정한 것은 아니다. 세상 어떤 엄마의 양육도 완벽할 수 없다. '완전한 성장 환경'이란 불가능하다. 그러므로 나는 '얼마나 안정 애착에 가까운가'를 기준으로 한다는 전제하에 인간의 성격 유형을 애착 성향에 따라 분류해 말하고자 한다. 즉, 회피형의 유전적 요인을 많이 갖춘 아이는 회피형 성인이 되고, 저항형이 될 유전적 요인을 많이 갖춘 아이라면 저항형 성인의 모습으로 발현된다.

애착은 양육자와 아이의 상호작용으로 형성된다. 그 말은 양육자의 양육 태도와 더불어 아이의 신체적·생리적·심리적 요인들에 의해 애착의 질이 결정된다는 뜻이다. 즉, 양육자의 태도 못지않게 그것을 해석하고 그것에 반응하는 아이의 태도에 의해 정서적 안정도가 좌우된다. 결과적으로 같은 유형의 불안정 애착 성향이라도 그 애착 성향의 특성이 어떻게 발현되고 있느냐는 그 사람의 기본적인 품격과 여러 가지 세부 조건에 따라 천지 차이로 보일 수 있다는 점을 분명히 밝혀둔다.

애착 체계와 탐색 체계는 서로 긴밀한 관계가 있다. 유아들은 엄마에게서 떨어져 탐색을 한 뒤 다시 탐색을 시작하기 전에 잠깐 엄마를 되돌아보는 행동을 한다. 또 탐색을 하다가도 놀라거나 위험한 순간이 닥치면 재빨리 엄마에게 달려온다. 자신을 지지하고 보호해주는 안전 기지로서의 존재를 확인함으로써 마음의 안정감을 회복하고, 자신이 탐색을 계속해도 괜찮은지를 허용받으려는 마음이다. 이렇듯 애착과 탐색은 두 가닥의 철도 레일처럼 상호 의존적 형태로 우리의 삶을 관통하면서 지탱하고 있다.

저항형은 애착 체계가 과활성화된 반면 탐색 체계는 비활성화되고, 회피형은 탐색 체계는 과활성화되었는데 애착 체계는 비활성화된 상태다. 탐색 욕구가 억제된 저항형은 '누구 놀자는 사람 없나' 기대하는 마음에 선뜻 일을 잡지 못하고 미루며, 하게 되더라도 귀를 열어둔다. 일에 묶여 있는 시간이 억울하고 노는 사람들을 보면 짜증 난다. 일에 대한 흥미보다 사람과의 친밀함에 더 끌린다는 뜻이다. 자신을 좋아하고 기다려주는 사람이 있다는 안정감이 들 때 가장 효율적으로 일할 수 있다. 반면 애착 욕구가 억제된 회피형은 놀자는 요청을 받았을 때 특정인과의 친밀함보다는 자신이 하는 일에 대한 의미가 커서 일을 미루거나 포기하기를 망설인다. 자신이 좋아하는 일을 하는 순간의 즐거움이 사람과 함께 있는 순간의 기쁨보다 더 진실하게 느껴진다.

아이에게 엄마는 세상 그 자체다. 최초로 경험하는 세상과의 관계이고 상호작용의 모델이다. 엄마가 안전하고 친밀하면 세상이 자신에게 안전하고 친밀하다는 느낌이 들고, 엄마와의 관계에서 보호받고 지지받는다는 느낌을 받으면 '나는 사랑받을 만한 사람이다. 나는 가치 있는 사람이다'라는 느낌이 내재되어 세상 사람들도 자신에게 우호적이며 협력적일 것이라고 인식한다. 이것이 곧 관계에 대한 신뢰감이다. 저항하거나 회피하는 두 가지 애착 성향은 사람을 인식하는 관점에 차이를 만들고, 타인을 대하는 태도에 영향 끼치며, 세상과 관계 맺는 방식을 결정한다. 관계를 대하는 방식이 곧 세상을 대하는 방식이어서 저항형과 회피형은 전반적인 행동 경향에 차이가 있다. 이제 이것을 각각 다섯 가지 주제로 묶어 설명해보겠다.

모두에게 사랑받길 원하는 저항형

저항형은 대체로 사교적이다. 다정다감하고 친절하다. 동시에 예민하고 불안하다. 만약 휴대폰을 깜박 잊고 나온 상황이라고 가정할 때, '급한 일이면 자기들이 또 연락하겠지'라며 초연하게 버틸 수 있는 회피형과 달리 저항형은 '언제 누가 나를 부를지 모르는데 연락을 못 받으면 어쩌나' 불안한 마음에 전화기 없이 다른 일을 볼 수가 없다. 세상과 단절된 느낌을 떨칠 수 없어 기어코 가지러 가야 한다. 기본적으로 익명으로 활동하는 SNS보다는 직접 얼굴 맞대고 놀면서 친분 쌓는 모임을 더 좋아한다. 또 상대방에게서 대화가 끝나도록 두지 않고 다시 이모티콘으로라도 자신이 대화를 마무리 지어야 마음이 편하다. 상대방이 자신에게 보낸 메시지에 아무 반응 없이 끝내는 것은 상대방의 관심을 무시하는 태도로 비칠 수 있고, 자신이 화난 것으로 오해할 우려가 있다고 생각하기 때문이다.

저항형은 사랑받고 싶어 한다. 엄마에게 사랑받고 싶어 하는 마음이 다른 사람들에게도 그대로 반영된다. '관심받고 싶다', '존경받고 싶다', '인정받고 싶다' 등 표현이 다를 수는 있지만 이는 모두 사랑받고 싶은 욕구의 발현이다. 남편이 스스로도 놀랐던 황당한 일화가 있다. 어느 날 친구 집에 갔는데 마침 친구 아버지가 계셔서 함께 앉아 얘기를 나누었다. 그러다 어느 순간 친구 아버지가 친구와 말을 주고받는 장면에서 불현듯 '왜 박 선생님은 저 녀석한테 잘해주는 거야? 나한테 더 잘해줘야지'라는 마음이 들더란다. 세상에! 아버지가 제 아들하고 친한 것이 당연하지 아들 친구하고 더 친하겠는가. 이성적으로는 자신이 터무니없는 생각을 하고 있음을 알지만, 저항형의 무의식에서는 마치 어머니가 자식을 대하듯 세상 모든 사람이 자신을 환영하고 좋아해주기를 바라는 마음이 도사리고 있다. 저항형을 이해하려면 이 마음을 아는 것에서 출발해야 한다.

상대방과 친밀해지기를 원하는 무의식적 욕구 때문에 어떤 상황에도 사람을 쳐다본다. 무엇보다 중요한 관심 대상은 사람이다. 예를 들어 모임에 아무개가 못 나온다는 말을 들으면 그 사람 사정에 상관없이 일단 짜증 난다. "우리도 다 바쁘지만 약속이니까 어렵게 나온 건데, 저만 사정 있고 바쁜 줄 아나"라면서 그의 무성의함을 지적하는 불평을 토로한다. 그러나 화나는 진짜 이유는 따로 있다. 무의식에서 느끼기로는 그 사람이 자신을 보러 와서 관심을 보여줘야 하는데 오지 않는다 하니, 이것은 곧 자신을 버리고 다른 더 좋은 데로 가버린 거고 자신을 사랑해주지 않는 것과 같다. 이성적으로는 '차라리 그 사람은 없는 게 나아'라고 생각했던 사람조차 못 나온다는 말을 들으면 후련하기는커녕 불쑥 화가 나니 스스로 생각해도 이상하다.

　친구 A에게서 만나자는 전화가 오니 기분이 좋다. 연이어 B에게서 밥 먹자는 전화가 오면 '에이, 왜 하필 약속이 겹쳐서 한 사람 제안을 거절하게 만들지?'라면서 어느 한 사람과 놀지 못하게 된 상황이 아까워 속상하다. 순간 자신을 곤란하게 만든 A도 B도 원망스럽다. 동시에 '어디로 가야 내가 더 사랑받을까'를 저울질하는 마음이 재빠르게 일어난다. 또 A를 만날 때는 A가 자기만 예뻐해주기를 바라는 마음이 일어나고, B를 만나면 B가 자신에게 잘해주기를 바라는 마음이 일어난다. 여러 사람이 모인 상황에서 A가 이야기를 하면 그 순간 A에게 관심받고 싶고, B가 얘기하면 B에게 관심받고 싶어진다. 그 사람과 일대일로 연결되기를 바라는 마음이다. 모든 사람을 애착 대상으로 인식하기 때문에 관계하는 모든 사람이 곧 엄마가 된다. A가 얘기하는 순간에는 A가 엄마가 돼서 B는 자신의 경쟁자가 되고, B가 얘기하는 순간에는 B가 엄마가 되니 A나 C가 경쟁자가 된다. 그래서 A가 재미있는 얘기를 하거나 어떤 솔깃한 놀이를 제안해 모든 사람의 관심이 그쪽으로 쏠리면 짜증이 나기도 한다. 마치 자신에게 와야 할 관심이 모두 A 쪽으로 쏠리는 바람에 자기 것을 빼앗긴 것 같다. 질투심에 자신도 뭐든 아는 체를 해서 사람들의 관심을 돌려놓고 싶어진다. 세상이 자기를 중심으로 돌아가기를 바란다.

저항형은 친해지길 원하고 회피형은 잘 지내길 원한다

저항형은 상대방을 '내게 뭔가를 줘야 할 사람'으로 인식한다. 이 것은 저항형이 가진 의존 욕구에서 비롯된 관점이다. 그들은 기본 적으로 사람들이 자신을 좋아한다고 생각한다. 말하자면 상대방은 '내가 원하는 것을 주는 사람'이라기보다 '줘야 할 사람'이기 때문 에 원하는 것을 얻기 위해서는 '저 사람이 나를 좋아한다'라고 생각 해야 한다. 즉, 좋아한다는 생각은 믿음이라기보다 기대에 가깝다. 그래서 저항형은 다른 사람의 행동을 보면서 자동적으로 '저 사람 이 내 편인가, 아닌가' 판단하게 된다. 이는 상대방을 대하는 중요 한 기준이다. 상대방이 자신에게 무언가를 줄 사람인지, 아닌지, 즉 그에게 원하는 것이 있는지, 없는지를 구별하여 그에 따라 반응하 는 것이 자연스러운 일이다. 만약 원하는 것이 없다고 결론 내린 사 람이면 그는 가까이할 가치가 없으니 친절을 보일 필요가 없다.

만약 우리 부부가 낯선 사람을 처음 만난다고 할 때, 얼핏 생각하 면 축소형인 내가 수줍고 소극적일 것 같지만 꼭 그렇지도 않다. 타 인을 '탐색의 관점'에서 접근하는 회피형은 사람을 만나면 일단 첫 인상을 가늠하여 나름의 기준에 따라 관계 여부를 결정한다. 그렇 지만 사람을 대하는 예의가 있는지라 상대방이 최소한의 호기심을 제공할 정도만 되면 서슴없이 말을 섞고 사교적으로 처신할 수 있 다. 특히 가게에서 산 물건을 환불받아야 할 경우처럼 공적인 일을 대할 때 남편과 나의 태도는 사뭇 다르다. 회피형인 나는 가게 주인과 손님이라는 입장에서 처신한다. 나는 가까이 지내는 관계가 아닌 뭇사람들에게 특별히 잘 보여야 할 필요가 없다. 상식과 양심이 허용하는 한도 내에서 내 권리를 행사하는 것이 옳다고 생각했다. 나의 요구는 당연한 것이기에 이 일로 그 사람과 사이가 나빠진다고 생각하지 않는다.

반면 상대방에게서 받을 것이 있는 저항형의 경우는 다르다. 남편에게 모든 타인은 관계의 대상이다. '이런 사소한 것을 환불해달라고 요구하면 나를 얼마나 쩨쩨한 사람으로 볼까' 염려하는 마음 때문에 정당한 권리라고 여겨지는 경우에도 포기하는 선택을 하곤했다. 차라리 금전적으로 좀 손해를 보더라도 타인에게 좋은 인상을 주고 싶다는 생각이 더 크게 작용한 것이다.

그러므로 낯선 사람을 만났을 때 저항형은 신중하게 상대의 반응을 지켜본다. 사랑받고 싶은 마음을 다 드러내는 것은 세상에서 용납되지 않는다는 것을 경험적으로 알기에 상대방이 자기에게 호감을 갖고 있는지, 아닌지가 확인되기 전까지는 초조하고 어색하며 낯가림 심한 아이처럼 굴기도 한다. 그러다 상대방이 자기에게 호의적이라고 느껴지면 의심이 풀림과 동시에 기분이 좋아져 말이 많아진다. 자신에게 관심을 보이는 상대방의 반응은 누구에게나 기분 좋은 일이지만 특히 그것에 부응할 준비가 돼 있는 확대 저항형에게 상대방의 호응은 치명적인 유혹이다. 이 기회를 여유 있게 넘길 수가 없다. 상대방의 관심을 붙잡아두면서 더불어 지나치지 않는 적정선을 유지하기가 확대 저항형에게 얼마나 어려운 일인지 모른다. 분위기를 타는 바람에 감정이 들뜨기 쉽고, 때로 과열된 자신의 상태를 남에게 들키지 않도록 억제하는 데 스트레스가 쌓인다. 그래서 친한 사람을 만나 감정을 맘껏 발산하는 것으로 쌓인 긴장감을 털어버리고 싶은 욕구가 항상 있다.

저항형은 어떤 상황도 다른 사람의 관심을 끌어내기 위한 기회로 이용하려는 무의식적 충동이 있다. 이를테면 검색하고 전화해서 알아보면 될 간단한 일도 혼자 처리하지 않고 알 만한 사람들에게 묻는다. 스스로 들 수 있는 무게의 물건인데도 한 번에 번쩍 들어 옮기지 않고 들었다 놨다 하면서 누군가 와서 도와주기를 바란다. 본인이 해야 할 조치를 취하지 않음으로써 일거리를 만들고는 '누구 하나 신경 써주는 사람이 없다'라고 투정 부린다. 어린아이로 비유하자면 울다가 주위에 아무도 없으면 울음을 그치고, 그러다 누군가 가까이 있는 것 같으면 봐주기를 바라면서 다시 울기 시작하는 아이 같다.

그래서 배우자가 '어깨 아프다', '목마르다', '손가락을 베였다'라고 말하는 것도 그에게는 때로 반갑게 들린다. 그가 원하는 건 친밀한 관계이기 때문에 이런 기회를 이용해 가까이 밀고 들어갈 수 있다는 것을 아는 거다. 물을 떠다 준다거나 밴드를 붙여주는 일이 그다지 힘들지 않고 즐겁다. 이런 모습을 보고 회피형은 '그래도 이 사람이 나를 좋아하기는 하나 보다'라고 생각돼 흐뭇하다. 그러나 친절에 대한 보답으로 회피형이 보여주는 모습은 저항형의 기대와 어긋난다. 결과적으로 원하는 것을 얻지 못한 저항형은 상대방이

자신의 호의를 받기만 하고 돌아섰다고 서운해하고, 회피형은 고마운 마음에 성의껏 대했는데 마음을 몰라준다며 가까워진 마음을 번개처럼 거둔다.

저항형은 친하게 지내길 원하고 회피형은 잘 지내길 원한다. 부부를 그림으로 그린다면 저항형은 회피형을 쳐다보고, 회피형은 저항형을 곁에 두고 앞을 보고 서 있다. 우호적인 회피형의 태도를 보면 저항형은 그가 자신에게 무언가를 줄 것 같은 느낌을 가져 친하게 지내려 한다. 그러나 저항형이 가까이 다가오면 회피형은 부담을 느껴 뒤로 물러서는데, 이를 발견한 저항형은 주춤한다. 오기도 나고 포기하고 싶어지기도 한다. 토라진 저항형을 보고 미안한 생각이 든 회피형이 잘해주면 이것에 다시 기대를 갖는 것이 저항형이다. 회피형의 이런 태도 때문에 저항형은 혼돈스럽다. 저항형은 '저 사람은 왜 나한테 사랑을 안 주지?' 불만이고, 회피형은 '저 사람은 왜 나한테 무엇을 달라고 요구할까?' 의아하다. 저항형과 회피형은 이런 식으로 밀고 당기는 관계를 유지하며 산다.

관계 상실에 대한 두려움

축소 저항형 남자가 의자를 사 오자 그걸 본 아내가 한마디한다.
"요즘 누가 그런 걸 써요. 귀퉁이가 각져서 촌스럽네."
다음 날 보니 의자가 다른 것으로 바뀌어 있다. 그걸 본 아내는 속으로 비웃는다.

'저 사람은 왜 일을 이랬다저랬다 해. 진중한 맛이 없어.'

"각져서 불편하겠다. 난 다른 데 앉으면 되지, 뭐"라고 아내가 말했을 때 남자는 무슨 소리냐, 이게 얼마나 편한지 아느냐 반박은 했지만 속으로는 아내 의사를 무시할 수 없어 끙끙댔다. 아내가 지나가듯 가볍게 흘리는 표현에도 남자는 곧잘 불안해진다. 고민 끝에 처음 고른 의자를 바꿨는데 아내는 고마워하는 기색이 없다.

여자는 말한다. "내가 그걸 아예 안 쓰겠다는 게 아니라, 그냥 내 의견이 그렇다고 말해본 거지."

의자를 꼭 바꾸라는 의도를 갖고 강요한 게 아니라는 말이다. 정말 그럴까?

이성적으로는 '난 어떤 것도 고집하지 않고 얼마든지 상황에 맞출 수 있어'라고 생각하지만 사실 무의식은 다르다. 여자는 의자가 바뀌었다는 사실에 은근히 흐뭇했다. 이제껏 살아온 경험으로 볼 때, 확대 회피형인 자신이 무심코 던진 말을 축소 저항형인 남편은 흘려듣지 않고 반응해줬다. 말로는 투덜대고 반항해도 결국은 자신이 원하는 대로 움직여줄 것을 알기에, 이번에도 남편이 어떤 행동을 취할 거란 무의식적인 계산이 있어서 그런 말을 흘렸던 것이다. 큰 전투를 치르지 않고도 원하는 걸 얻을 수 있다는 것에 여자는 만족한다.

한편 여자는 자신이 뱉은 말 한마디, 한마디에 남편이 얼마나 큰 영향을 받는지는 잘 모른다. 다시 말해, 축소 저항형인 남편이 확대 회피형인 자신에게 맞춰주기 위해 얼마나 신경 쓰는지를 짐작도 못한다. 예를 들어 여자가 모임 때문에 나가야 한다고 얘기하면 남편은 자기도 볼일이 있는 것처럼 말한다. 그러고는 나중에 남편이 들어와 투덜거리면 아내는 '참 불만도 많네'라고 못마땅하게 생각한다. 여자는 자기 뜻대로 놀다 들어왔으니 재미가 있지만, 남자는 아내가 불편하지 않도록 알아서 처신하느라 없는 일을 만들어서 밖에 있다 왔으니 피곤하지 않을 수 없다.

그들은 주변의 일들이 자신과 관계있다고 생각하기 때문에 다른 사람의 말, 행동, 처지에 쉽게 영향 받는다. 곁에서 서랍 뒤적이는 것을 보면 "뭐 찾아?"라고 묻고, 조금만 얼굴 표정이 달라 보여도 "왜 그래?"라고 관심 보인다. 그 사람의 컨디션이 안 좋은 것도 자기와 연관되어 신경이 쓰인다. 자신이 어떤 실수를 해서 그런지, 혹은 해야 할 행동을 하지 않아서 그런지 여러 생각이 꼬리를 물고 일어난다.

저항형이 상대방의 눈치를 살피는 것은 관계 상실에 대한 두려움 때문이다. 상대방과 연결되려는 그들의 욕구는 다른 사람의 기대에 부응해야 사랑받을 수 있다는 신념을 만들고, 이런 원리로 상대방의 기대에 맞춰 자기 행동을 결정하는 경향이 형성된다.

상대방이 지나가듯 흘린 말도 저항형에게는 마치 자신에게 요청한 것으로 들려 자처해서 짐을 떠안는 일도 빈번히 발생한다. 자기 자신이 '네가 내 마음을 알아서 이렇게 해줬으면 좋겠다'라는 욕구를 실어 말하기 때문에 상대방도 으레 그럴 거라 단정한다. 자신이 상대방에게 받아들여지기를 바라는 저항형으로서 '만약 내가 상대방의 마음을 몰라주고 요구를 무시한다면 상대방도 나의 요구를 무시할 거야'라는 생각은 상상만으로도 끔찍한 공포다. 그래서 타인의 필요를 무시할 수 없는 것이 그들의 고통이다. 혹시 자신의 태도가 타인의 마음을 상하게 할까 두려운 마음에 그들의 요구로부터 자유롭지 못하다.

저항형의 이런 마음 작용은 간단히 끝날 사소한 일을 더 복잡하게 만들기도 한다. 이미 알아버린 타인의 사정을 무시할 수 없기 때문에 할 수도, 안 할 수도 없는 상황에 짜증이 난다. 이는 상대방이 자신을 힘들게 했다는 원망으로 연결돼, 그냥 일만 도와주는 것에서 그치지 않고 짜증을 내거나 잔소리를 하게 된다. '내가 왜 이 힘든 일을 하고 있는지 꼭 알아달라'라는 표현이다.

그 마음을 알 리 없는 상대방은 불평과 잔소리로 인한 불쾌감 때문에 저항형의 수고에 대해 고맙다는 마음이 들지 않는다. 불쾌함을 견디는 것으로 도움 받은 고마움에 상응하는 대가를 지불했다고 생각한다. 저항형 스스로 도와준 공을 까먹는 꼴이 돼버리는 것이다. 이때 저항형은 일을 도와줬으니 마땅히 감사와 사랑을 받아야 하는데 기대했던 보상을 받지 못하니 실망스럽고 화가 난다. 자신은 분명 상대방을 위하는 마음으로 애를 썼는데 왜 이런 대접이 돌아오는지 이해할 수가 없다. '나는 도와주고도 좋은 소리를 못 듣는다' 하소연한다. 대가를 바라는 자신의 마음에는 잘못이 없는데 왜 관계가 엉클어지는지 정말 속상하고 억울하다.

'나'는 없고 '너'만 있는 저항형

회피형과 저항형이 부부라고 가정해보자. 회피형인 배우자는 저항형의 관심이 싫지는 않지만, 자신의 사사로운 행동에 지나치게 관여하는 태도는 불편하다. 저항형은 '고립감', '외로움'을 피해 상대방과 연결되고 싶어 하기 때문에 '자유'가 중요한 요소가 아니지만, 탐색을 위주로 하는 구조로서 타인이 자기를 지켜줄 거라 기대하거나 믿지 않는 회피형은 '자유'를 향한 열망이 강하다. 청소하려고 빗자루를 들었는데 이를 본 저항형이 "그래, 방 좀 쓸어"라고 말하면 회피형은 청소가 하기 싫어진다. 자신의 행동은 자기 자신의 의사 결정에 의한 것이어야 하기 때문이다.

간섭과 통제에 대항해 회피형이 반발하면 저항형은 '내 마음을 몰라준다', '내 마음을 받아주지 않는다'라고 말한다. '저 사람이 내 마음과 같다면 내가 원하는 대로 해줄 텐데 내 말을 듣지 않는 걸 보면 나를 사랑하지 않는 거다'라고 해석한다. 친밀함을 원했을 뿐 간섭하거나 괴롭힐 의도가 없었기 때문에 상대방의 부정적인 반응이 억울하고 상처가 된다.

관계가 중요한 저항형의 의식 회로에는 '너'만 있고 '나'는 없다. 얼핏 생각하면 자기 욕구를 중시하니까 '나'만 있고 '너'는 없다고 볼 수 있다. 그러나 관심과 사랑은 스스로 충족되는 것이 아니라 다른 사람과의 관계를 통해 얻을 수 있는 것이기 때문에, 저항형에게는 '나'가 있어야 할 자리에 '너'가 들어앉아 있는 격이다. 즉, '너에게 의존해 한 덩어리로 결합된 나'만 있지 '건강하게 독립된 나'가 없다. 그래서 저항형의 선택과 결정은 타인과의 관계에 종속되지 않을 수 없다. '내가 이렇게 하면 저 사람은 그렇게 할 거야. 그러니까 이렇게 해야 해' 하는 식으로 타인이 어떻게 반응할 것인가에 따라 자신의 행동을 결정한다. 심지어 자신이 상대방에게 영향을 받지 않으면 안 될 것처럼 느끼기도 한다.

호의를 베풂으로써 상대방이 자신을 좋아하게끔 만들고, 필요한 존재가 되고 싶은 마음에 지나치게 주변 사람 일에 개입했음을 냉정하게 자각하지 않으면 자신이 받은 대접이 부당하다는 분노와 원망에서 헤어나지 못한다. 그뿐 아니라 그것을 받아줘야 하는 상대방의 괴로움도 알지 못하는 이중적 폐해가 발생한다. 많은 일을 자청해서 떠안는 저항형의 헌신이 친밀함을 원한다는 메시지로 상대방에게 전달되려면 욕구와 분노를 표현하는 새로운 방법을 배우지 않으면 안 된다.

예측 불가능한 상황에 대한 불안

텃밭 풀을 베려고 예초기를 메고 나가면, 남편은 밭 앞쪽에서 풀을 베다가도 문득 '오늘 뒤쪽까지 다 끝내지 못하면 어떡하지' 하는 걱정이 앞선다. 앞쪽 풀을 베면서도 자꾸 뒤쪽 풀이 마음에 걸린다. 또 설거지를 하는 도중 갑자기 물줄기가 약해지면 '이대로 물이 끊어져 안 나오면?' 걱정이 불시에 솟구친다. 우리 집은 시골이라 지하수를 이용하는데, 가뭄이 심한 어느 해 물이 끊긴 경험이 있다. 이렇듯 어떤 일이 잘못될 경우에 대한 생각이 불현듯 떠오르면 남편은 불안감에 휩싸여 힘들어했다.

이런 일도 있다. 텃밭에 거름을 뿌리고 두둑을 만들어 모종을 심으려면 쇠스랑, 삽, 호미 등 작업 과정에 따라 여러 농기구가 필요하다. 남편은 '이 정도면 되겠지?' 하고 준비물을 대충 챙기고 나간다. 작업 용도에 마땅한 농기구를 꼼꼼히 챙기지 않았으니 일이 착착 진행되지 않는다. 끝나고 자신이 해놓은 일을 둘러보면 '왜 이렇게밖에 못했을까' 아쉬움과 후회가 남는다. 일을 빨리 끝내야 할 이유도 없고 달리 할 일이 있는 것도 아닌데 무엇에 마음이 쫓겨 서둘렀나 생각하면 자책감에 짜증스럽다. 매번 후회하고 반성하는데도 다음에 또 그렇게 하는 자신을 볼 때 무력감도 느낀다.

저항형은 우선적으로 애착을 추구하기 때문에 탐색을 미룬다. 자신이 뭔가를 하러 간 사이 엄마가 자기를 놔두고 어디 가버릴까 불안해서 마음 편히 그 일에 몰두하지 못한다. 무엇이건 일이 생기면 빨리 가닥 짓고 싶은 것도 이런 불안감에서 나온다. 빚을 지면 매달 꼬박꼬박 잘 갚아나가면서도 다 갚을 때까지 마음이 편치 않고, 도서관에서 책을 빌리면 반납일이 넉넉히 남았는데도 빨리 보고 돌려주려고 한다. 냉장고에 큰 수박이 들어와 차 있으면 얼른 먹어 없애야 할 것 같은 부담을 느낀다. 갚아버리면, 반납해버리면, 먹어 없애버리면 아무 일 없는 편안한 상태가 될 것 같다. 이성적으로는 그 일이 끝나도 또 빌리고 또 사고 또 새로운 일이 생길 것을 알지만, 불안정한 상태에서 벗어나고 싶은 간절함에 그 일을 얼른 마무리 지으려는 압박을 느낀다. 이 일을 어서 마무리 짓고 새 판을 짜면 꽃길만 걸을 것 같다. '홀가분한 상태로 엄마와 놀고 싶은' 마음이다. 언제든 누군가가 자기를 찾을 때 함께 놀 수 있도록 자신의 탐색은 미리 끝나 있어야 한다. 저항형에게 가장 중요한 가치는 '일의 완성'보다 '사랑받는 것'에 있기 때문이다.

저항형이 자기 일에 몰입하지 못하는 마음 바탕에는 예측 불가능에 대한 불안감이 있다. 이것은 근본적으로 '엄마는 내가 이 일을 끝낼 때까지 기다려주지 않을 것 같아'라는 무의식에서 비롯된다. '엄마는 내가 원하는 때에 원하는 것을 줄 거야'라는 신뢰가 없기 때문이다. 엄마가 언제 오고 언제 가는지, 무엇은 해주고 무엇은 안 해줄지를 예측할 수 있었더라면 자기 탐색도 계획 가능한 것일 수 있었을 텐데, 언제 엄마가 가버릴지, 언제 사랑을 안 줄지 알 수 없기 때문에 하던 일을 서두르는 습관이 생긴다. 그 불안감에 예초기가, 수돗물이 엄마가 되어 풀을 베다가도, 설거지를 하다가도 언제 고장 날지, 언제 끊어질지 모른다는 걱정에 시달린다. 확대 저항형이 놀아주는 사람을 만나면 계속 대화를 이어가면서 상대가 나가떨어질 때까지 놓아주기 싫은 것도 언제 또 이런 기회가 올지 모른다는 불안감 때문이다. 그들은 아무리 생각해도 왜 이런 터무니없는 불안감에 시달리는지 알 수 없어 황당하다. '제발 이 풀을 다 벨 때까지 기계가 고장 나지 않기를', '이 설거지가 끝날 때까지 물이 안 끊어지기를', '내 얘기가 다 끝날 때까지 이 사람이 지루해하지 않기를' 바라는 마음이 마치 구걸하는 마음 같아 구차하다.

저항형 아이는 자신이 뭘 원하는지, 뭘 해야 좋을지 갈피를 잡기 어려워한다. 엄마가 '네가 원하는 대로 해'라고 기회를 주면 곤란해한다. 차라리 '이렇게 해라'라고 가이드라인을 줄 때 마음이 편하다. 그 말만 따르면 최소한 혼나지 않고 사랑받을 것이 거의 확실하기 때문이다.

　엄마가 저항형이고 아이가 회피형인 경우라면 아이는 엄마의 구속을 피해 어떻게든 자기 방식대로 노는 방법을 찾는다. 반면 아이와 엄마가 둘 다 저항형인 경우 엄마의 지나친 간섭은 아이의 탐색 욕구를 위축시킨다. 불안한 엄마는 아이에게 의존하는 마음 때문에 아이의 탐색 활동을 제한하고, 그러다 보니 아이는 성인이 돼서도 자기 일을 자율적으로 결정하는 데 어려움을 느낀다. 저항형의 마음에는 억제된 탐색 욕구로 인한 불만이 깊이 내재돼 있다.

　사실 저항형은 자기만을 생각한다면 그냥 아무것도 하지 않고 쉬고 싶다. 손님이 온다니까 그를 만족시키고 함께 재밌게 놀기 위해 집을 치우고 음식을 준비하는 것이지, 만약 자기가 애쓴 것을 알아주는 이가 없다면 그건 할 가치가 없는 일이다. 그러므로 배우자가 자기를 긴밀한 관계로 인정해주지 않으면, 즉 자기 존재가 배우자의 태도나 결정에 별다른 영향을 끼치지 못한다는 느낌을 받으면 극심한 절망감과 무력감을 느낀다. 원하는 것을 얻을 수 없다면 결코 아무것도 하고 싶지 않은 상태에 빠진다. 사는 것조차 귀찮아서 꼼짝도 하기 싫다. 외향적인 확대 저항형은 많은 수고를 감당하는 대신 '괴롭다', '힘들다'라고 아우성치면서 스트레스를 해소하는 다양한 방법을 찾아 나서지만, 불충분으로 인한 고통의 칼날을 자기 체벌의 형태로 가져가기 쉬운 축소 저항형은 상습적 무기력에 빠질 위험이 크다. 특히 감정적으로 예민하게 대처함으로써 쉽게 지치는 축소 저항형 여자의 경우, 자기 감정이 정리되지 않으면 어떤 일상적인 일을 하는 것도 버겁다.

저항형도 회피형도 불안정한 마음이 있기는 매한가지다. '내가 만약 어려움에 처한다면 누군가 반드시 도와줄 거야'라는 신뢰감을 확보하지 못한, 다시 말해 안정된 애착을 형성하지 못한 사람의 삶은 불안하지 않을 수 없다. 보통 저항형은 자기가 원하는 것이 충족된 상태에서는 아무 불만 없이 충분히 이완된 상태를 즐긴다. 그러다 원하는 것이 충족되지 않아 불안해지면 그것에 몹시 몰입하며 스트레스를 느낀다. 이 진폭이 크기 때문에 자신의 불만과 불안을 실제보다 더 크게 인식한다. 이에 비해 회피형은 일이 잘되고 있을 때든 잘 안 풀릴 때든 주변 상황에 항상 일정한 긴장 상태를 유지하며 산다. 감정 변화에 민감하지 않으므로 불안과 긴장을 크게 인식하지 않는다. 엄마가 있건 없건 장난감에 몰두하는 회피형 아이는 주변 상황에 별로 영향받지 않고 제 할 일을 하니 참으로 마음 편히 사는 것으로 보인다.

하지만 앞서 소개한 '낯선 상황' 실험에서 두 아이의 체액을 채취해 검사했을 때, 저항형 아이는 예상대로 엄마가 없는 상황보다 엄마가 다시 돌아온 상황에서 스트레스 호르몬인 코르티솔의 수치가 올라갔다. 엄마가 없을 때 느꼈던 불안감이 돌아온 엄마를 향한 저항감으로 증폭되어 일어난 것이다. 반면 회피형 아이는 엄마가 없을 때나 엄마가 돌아온 뒤나 똑같았으며 그 수치는 저항형 아이보다 일정하게 높았다. 초연한 듯 보이지만 실은 저항형보다 더한 긴장을 견디며 사는 회피형의 아픔을 그대로 보여준다. 사안에 따라 구체적으로 다르게 나타나는 저항형의 잦은 걱정이나 불평과 달리, 회피형의 불안감은 근본적으로 '혼자'라는 무의식에서 밀려오는 두려움이다. 자신을 돌보고 보호해달라고 매달려야 할 엄마와의 애착을 거부한 아이가 세상을 살아가기 위해 얼마나 많은 스트레스를 혼자 감당하고 있는지 짐작할 수 있는 연구 결과다. 회피형은 '너와 내가 서로 의지하고 있다'라는 사실을 받아들이고 믿을 수 있어야 혼자라는 존재의 불안감에서 벗어날 수 있다.

저항형의 불평과 비난에 담긴 속뜻

모임을 다녀온 남편이 이 사람 저 사람 트집을 잡는다. 남편이 다른 사람에 대해 불평하면 나는 불편하다. 내용은 다른 사람의 흉이지만 나의 무의식은 화난 사람의 꾸중을 듣는 상황으로 인식한다. 동의할 수 없는 이야기에 "당신 말이 맞아" 맞장구칠 수도 없고, 별일도 아닌 것을 따진다고 나무랄 수도 없다. 그의 화를 잠재울 대책이 없는 나는 어서 이 비바람이 지나가기만을 기다리며 얼어붙는다. 그러면서도 겁먹은 티를 내면 안 될 것 같아 최대한 아무렇지 않은 듯 행동하는 데 모든 에너지를 집중한다. 함께 죄짓는 기분이 드는 것도 괴롭다. 그런 상황에 놓일 때마다 대체 어떻게 처신해야 할지 몰라 고민도 많이 했으나 답을 찾지 못한 채 세월만 갔다.

그러던 어느 날, 이번에는 내가 남편에게 물었다. "오늘 모임에서 좋았던 건 없었어요?"

좋았던 일이 왜 없었겠냐고 남편은 말했다. 하지만 그건 굳이 애기할 필요가 없으니 떠오르지 않는다고. 즉, 세상이 내 뜻에 맞아서 즐거웠던 순간들은 당연한 것이니까 문제 삼을 것이 없지만, 기대대로 되지 않아 거슬렸던 일들은 조목조목 떠오른단다. 그럴 때 내가 "난 잘 모르겠는데……"라며 공감을 회피하거나 "그 사람도 사정이 있으니 그럴 만했네"라고 다른 사람을 편들면 그야말로 '불난 집에 휘발유 붓는 격'이란다. 자신의 불만을 인정해주지 않고 별일 아니라는 식으로 말해버리면 그 일을 문제 삼은 자기만 나쁜 사람이 되는 거 아니냐는 말이다. 인정한다. 나는 '당신이 나쁜 놈'이라고 말하고 있었다. '당신이 잘못 봤고 그 사람은 정당했다'라고 편들었다. 자기 마음에 들지 않는다는 이유로 타인의 행동을 지적하는 남편의 태도를 나는 사실 이해할 수 없었다. 이런 나를 볼 때 남편은 자기 자신이 통째로 부정당하는 것처럼 느껴진다.

저항형이 음식 먹으면서 '느끼하다', '딱딱하다', '양이 적다', '불친절하다'라고 불평할 때 웬만하면 주는 대로 만족하고 고마워하기를 바라는 회피형 입장에서는 "그렇게 마땅찮으면 그만 먹어라"라고 치워버리고 싶다. 자기 뜻대로 세상이 굴러가기를 바라는 저항형의 모습에 회피형은 '받아도 받아도 끝없이 바라는 염치없는 사람'이라는 생각이 든다. 그러나 저항형이 불평하는 것은 '이 음식이 맛없으니 안 먹겠다'라는 뜻이 아니다. '지금은 이것을 먹고 있지만 내가 이것으로 만족할 거라는 오해는 말아줘. 나는 다음에도 맛있는 것 먹고 싶고 그때 또 줘야 해'라는 바람의 의미가 들어 있다. 만약 '맛있다', '고맙다', '좋다'라고 의사 표시를 하면 이것으로 충분한 줄 알고 다음에는 신경을 안 써줄까 걱정되는 마음이 '좋다'

라는 말을 편히 하지 못하도록 막는다. 저항형의 불평은 받고 싶은 자기 마음을 상대방이 꼭 알아주면 좋겠다는 소망에서 비롯됐으며, 이것을 기억하라는 의도가 왜곡돼서 표현된 것이다.

기본적으로 저항형은 엄마의 보호와 관심을 이끌어내기 위해 자기 경험에서 발생한 감정을 증폭하도록 구조화돼 있다. 애착 욕구의 과활성화 시스템은 성인이 되어도 작동하기에, 상대방으로부터 만족스러운 결과물을 얻기 위해 계속 아우성치게 되는 것이 저항형의 괴로움이다. 그는 마치 어린아이가 적절한 돌봄을 받지 못했을 때 이를 주위에 알리려고 울듯이 주변 사람들과 연결되고 싶은 마음이 받아들여지지 않으면 그것을 알리기 위해 표현하는 것뿐이다. 그리고 이런 표현이 다른 사람에 대한 비난이나 지적, 비아냥거림이라고 인식하지 않는다. 마치 재채기처럼 자연스러운 일이어서 특별하거나 잘못된 일이라고도 인정하지 않는다.

내가 뭘 원하는지 너도 알잖아

함께 쇼핑을 하고 돌아온 며칠 뒤 남편이 털어놓은 얘기다. 그날 남편은 정육 코너 냉장고 앞에 서 있는 나를 본 순간 갑자기 닭이 먹고 싶어졌다고 한다. 그런데 그와 동시에 '바로 며칠 전에 먹어놓고 또 먹자고 해? 염치도 없네' 하고 자신을 나무라는 목소리가 귓가를 맴돌았다. 그래서 닭을 사자는 말을 섣불리 꺼낼 수가 없었다. 내가 다른 물건을 사는 동안 말을 할까 말까 여러 번 마음속으로 되뇌며 망설이다 보니, '너는 내가 닭을 원하는데 그것 좀 딱딱 알아서 사주면 안 돼?'라는 생각이 들더란다.

저항형은 자기가 무엇을 원하는지를 상대방도 알고 있다고 믿는 경향이 있다. 자기가 뭘 원하는지 얼굴에 다 쓰여 있는데 상대방이 그걸 모를 리 없다고 생각하기에 욕구가 좌절되면 화가 난다. 냉정할 때는 '내가 오늘 닭 먹고 싶은 것을 네가 어떻게 척척 알겠는가' 싶어 웃음이 나오지만, 닭 먹고 싶은 욕구가 일어나고 그 생각에 사로잡히면 원하는 것이 이루어지기를 바라는 기대감 때문에 상대방이 그것을 당연히 알아줄 것으로 착각한다.

간략히 말하면 저항형의 인생은 기대와 좌절과 분노 그리고 또 다른 기대의 연속이다. 원하는 대로 일이 진행되기를 바라는 자신의 요구는 정당하고 또한 불충족이라는 부당함에 대해 불평하는 것도 정당한 것이기에 상대방은 자신의 항의를 받아들여야 마땅하다는 논리를 갖고 있다. 저항형에게는 도처에 널린 것이 불만을 터뜨려 보일 도화선이다. 충분히 사랑받지 못했다는 불안정한 정서가 바닥에 깔려 있는 상태에서 '맛없는 음식'이나 '집안 행사', '사회적 불평등과 부조리' 같은 사건은 '네가 내 욕구를 온전히 들어주지 않는다'라는 불만을 표현할 빌미를 제공한다. 성취와 좌절, 만족과 불만족에 따라 감정 기복이 있을 수밖에 없고, 그 때문에 상대방으로부터 미성숙하다는 평가를 받기 쉽다.

보통 저항형은 회피형의 인식 구조가 자신과 다르다는 것을 인지하지 못한다. 강한 의존 욕구를 가진 저항형 입장에서는 당연한 것이 회피형의 인식 범위에는 있지 않음을 알지 못한다. 나와 대화하면서 이런 사실을 알았을 때 남편은 더 짜증 났다고 한다. 이전에는 '알면서 하기 싫어 안 한다'라고 비난하면 됐는데, '몰라서 해줄 수 없는 사람'이라고 인정하고 나면 자신이 원하는 걸 영영 받을 수 없다는 절망감으로 이어지기 때문이다.

배우자가 자신에게 무관심한 태도를 보이고 사랑받지 못한다는 비참한 기분이 들게 하면, 저항형은 배우자의 행동을 불평하고 흠 잡는 것으로 자신의 불만을 드러낸다. '넌 잘하는 게 없어'라고 상대의 행위를 부정함으로써 '봐라, 내가 원하는 것을 네가 얼마나 안 들어주고 있는지! 너의 잘못을 인정한다면 앞으로 나에게 잘해줘야 해. 알겠지?'라고 말하고 있다. 상대의 소홀함 때문에 자신이 얼마나 화났는지를 보여줘야 더욱 긴장해서 자기에게 신경 써줄 거라 여긴다.

저항형의 불평과 지적을 들었을 때 회피형이 조금 더 애쓰고 노력하려는 마음이 드는 건 사실이다. 근본적으로 회피형은 배우자와 친밀한 감정이 없음에 대해 막연한 죄책감을 갖고 있다. 스스로 그 마음을 부정하고 숨기지만 뭔가 줘야 할 것을 주지 않고 있는 것 같은 자책감을 떨칠 수 없기에 관계를 유지하는 데 더욱 정성을 들인다. 계속 불평하는 저항형의 전략은 이 약점을 이용하여 일시적으로 원하는 것을 얻을 수 있다. 하지만 이 전략은 소모적이다. 장기적인 관점에서 볼 때 회피형을 자책으로 몰아넣는 것은 양쪽 모두에게 이익이 없다.

저항형과 회피형은 대화가 필요하다. 실망과 반발의 괴로움이 따르겠지만 서로 다른 회로를 갖고 있는 상처의 속성을 이해하는 과정을 거치지 않을 수 없다. 회피형은 저항형의 비난, 비아냥 같은 말투가 비난에 목적이 있는 것이 아니라 자기 마음을 알아달라는 신호라고 해석해야 한다. 그리고 저항형은 불평이 아닌 대화로 의사 표시를 해야 한다. 자신의 상처에 묶여서 말하지 못하는 불만을 상대방 탓으로 돌려서는 안 된다. 뜻대로 되지 않는 자신의 현실이 상대방의 책임인 것처럼 몰아세워서도 안 된다. 저항형은 받아 마땅한 것을 받지 못한 피해자라는 의식에서 스스로 빠져나와야 비난하는 마음에서 벗어날 수 있다.

욕구가 분노로 바뀌는 순간

저항형의 핵심 감정은 저항감이다. 대개 저항감은 분노, 짜증, 지적, 불평, 잔소리, 빈정거리고 비꼬는 말투 등으로 표현된다. 빵이 먹고 싶으면 "당신 들어올 때 빵 좀 사 와요"라고 요구하면 될 것을 "내가 언제 빵을 먹었는지 기억도 안 나네"라거나 "당신은 꼭 빵 사 오라고 말을 해야 사 오더라"라는 식으로 말한다. 남편이 마트에서 닭을 사자고 쉽게 말할 수 없었던 것도 바로 저항감 때문이었다. '말하지 않아도 네가 내 마음을 알아서 사줘야지 어떻게 건건이 원하는 걸 내 입으로 말하느냐'는 심리다.

저항형은 상대방이 자신의 요구를 일관성 있게 들어주지 않으면 '이번에는 들어줄지 안 들어줄지'를 몰라 늘 불안하다. 그래서 요구를 할지 말지 망설이고 상대방의 반응을 살피는 동안 짜증이 난다. 이런 짜증이 쌓였다가 갑자기 어떤 일에서 폭발하면 말이 곱게 나가지 않고 상대방을 비난하거나 부정하는 표현이 나오므로 상대방은 뜬금없는 공격에 당황스럽고 기분이 상한다. 사달라는 빵을 사다 주면서 상대방이 표정이 좋지 않으면 이를 본 저항형은 사다 주기 싫은 빵을 사 오느라 화난 것으로 알고 '나는 마음 편히 빵도 얻어먹지 못한다'라고 불만이다. 자기 말투에 문제가 있다는 것을 스스로 인정하지 않기에 "빵 먹고 싶어서 빵 좀 사 오라고 했지 내가 당신한테 뭐라고 했어?"라며 억울해한다. 빵을 먹고 싶다는 자기 욕구만 인식할 뿐 자신의 행동이 상대에게 어떻게 비치고 있는지는 모르니까 '소박한 요구도 받아주지 않는다'라고 원망한다.

　더러 진심이 아닌, 마음에 없는 말을 종종 하는 것도 저항감 때문이다. 저항감을 읽지 못한 상태에서 그럴듯하게 만들어낸 자신의 생각과 말에 속아 진짜 욕구가 무엇인지 자신도 헷갈린다. 또한 상대방이 보여주는 성의를 알아차리는 데도 방해를 받는다. 배우자가 함께 외식을 하고 산책을 하고 영화까지 봤으면 그 사람도 관계를 위해서 노력한 것인데, 한순간 배우자의 태도가 '마지못해서', '형식적으로', '건성으로' 하는 것 아닌가 하는 의심이 들면 '에이, 그냥 들어가버릴까?'라는 저항감이 생기고, '네가 이번에는 뭘 어떻게 하는가 보자' 하는 식의 심통이 난다. 상대방의 호의가 귀하게 생각되지 않는 것은 자신이 원하고 매달린 노력에 비하면 이만큼 받은 것은 대단하지 않다고 여기기 때문이다. '내가 꾸준히 요구했기 때문에 이제야 들어주는구나'라고 생각되니까 고맙다는 말이 잘 나오지 않는다. 저항감 때문에 상대방의 태도를 자신이 왜곡해서 보고 있다는 것을 알 필요가 있다. '네가 어떻게 하느냐에 따라 내 기분이 달라진다'라는 일방적 의존의 관점을 갖고 모든 상황을 자기 머릿속에서 설계하고, 해석하고, 평가하는데 상대방이 그 기준에 맞는 만족을 준다는 것은 어려운 일이다.

'반가움'과 '밀쳐냄'이라는 양가감정

에인스워스의 연구 실험에서 저항형 아이는 돌아온 엄마를 때리고 밀치면서 마치 엄마를 미워하고 필요 없는 사람으로 취급하는 듯 행동했다. 사실 아이는 엄마가 돌아와 안아주니 반갑고 기쁜 마음이 그지없다. 엄마가 돌아왔다는 안도감이 혼자서 견뎌야 했던 불안감을 해제되자 엄마에 대한 원망과 분노가 강하게 밀고 올라온다. 저항 애착은 '반가움'과 '밀쳐냄'이라는 양립하기 어려운 상호 모순의 두 가지 감정 상태를 동시에 보이기 때문에 다른 말로 '양가 애착'이라고도 부른다. 이 태도는 엄마가 자기를 내버려두고 나갔기 때문에 그동안 자기가 불안하고 두려웠음을 알리기 위함이고, 나아가 엄마의 행위에 불안한 자기 감정의 책임을 묻는 행위다.

근본적으로 저항형은 불안, 두려움, 분노, 슬픔, 무기력 등 부정적 감정을 느낄 때, 이것이 '누군가에 의해 생겨난 것', '누군가가 내게 만들어준 것'이라는 느낌을 지울 수 없다. 그래서 타인에게 그 책임이 있다고 생각된다. 남편은 마당을 걷다가 빗자루에 걸려 넘어져도 내가 진즉에 치워놓지 않아서 걸렸다 생각되고, 목공을 하다 손을 다쳐도 내가 안 놀아준 바람에 혼자 작업하다가 다쳤다는 생각이 들었다고 한다. 짜증 나는 마음을 자신이 다 감당할 수 없기 때문에 누군가에게 책임을 돌려 떠넘기고 싶었고, 그런 자신의 행동에 부끄러워 또 짜증이 난다. 저항형은 '잘못은 나에게 있으니 내가 노력해야 한다'거나 '이것은 내가 책임질 일이다'라는 개념을 받아들이는 회로가 발달하지 않았다.

저항형이 양가적 심리 상태를 느끼는 경로를 정리하자면 이렇다. 그들은 자기가 원하는 걸 얻으려면 상대방과 친하게 지내야 한다는 걸 안다. 그래서 빵을 먹고 싶다는 욕구가 일어났을 때, 그 욕구를 상대방이 흔쾌히 공감해주지 않고 싫어하는 듯한 낌새를 풍기면 그 즉시 욕구를 철회한다. 미움받을 위험보다는 차라리 빵을 포기하는 것이 낫다. 이 같은 일이 반복되면 빵만 얻지 못한 것이 아니라 자기 존재감도 사라졌음을 느낀다. 원하는 것이 있어도 그가 줘야 받을 수 있고 그가 안 주면 못 받는다는 현실이 '내 인생을 내 마음대로 살지 못하고 상대방 페이스대로 산다'는 생각이 들게 한다. 사랑을 받으려면 상대방이 어떤 상태인지를 살펴야 하고, 상대방의 반응에 따라 그가 원하는 대로 행동해야 한다는 사실에 분노한다. 이 때문에 걸핏하면 짜증이 나고 오기를 부리게 되니, 겉보기에 이 모습은 상대방과 잘 지내려는 사람과는 거리가 멀다. 원하는 것을 얻으려면 상대방과 잘 지내야 한다는 생각과 그것이 불안정하다는 현실에서 오는 짜증이 항상 마음속에서 충돌하기 때문에 늘 생각이 많고 피곤하다.

저항형은 자신의 욕구를 조절하는 것이 우호적인 관계를 얻는 길임을 받아들여야 한다. 자신이 정말 원하는 것은 빵이 아니라 상대방의 관심과 사랑이다. 빵이 진짜 욕구인 줄 알고 아우성치면서 상대방을 괴롭히면, 빵은 얻을 수 있을지 모르나 친밀한 관계는 잃는다. 당장 빵을 얻지 못하면 금방이라도 죽을 것 같은 생각이 들지만, 사실 궁극적으로 원하는 바는 따로 있다. 상대방이 자신에게 친밀한 애착을 보여주지 않아 불안하고, 그런 불안정한 상태에 대한 보상으로 자신의 욕구를 더 악착같이 충족하고 싶은 것이다. 냉정하게 생각해보면 상대가 친밀하고 따뜻하게 감정을 알아주고 생각을 인정해줬을 때, 그때 빵은 아무것도 아니게 느껴졌던 경험이 있을 것이다. 그러므로 함께해달라, 도와달라 요구만 할 것이 아니라 스스로를 보살피는 마음을 먼저 가질 필요가 있다.

저항형은 상대방이 아닌 자신을 관찰하는 쪽으로 의식의 방향을 바꿔야 한다. 그들이 상대방의 일거수일투족에 촉각을 곤두세우는 것은 그 사람에게 관심 있어서가 아니다. 그를 돕고 보살피고 응원하기 위해서가 아니라, 언제 어느 때 자신이 원하는 것을 요구할 수 있는지 기회를 엿보기 위해서다. 타인이 아닌 자신의 표정과 말투, 행동 그리고 이에 대한 상대방의 반응을 관찰하려고 집중하다 보면 자신이 무엇을 원하는지 집착하는 마음을 내려놓게 되는 효과가 있다. 상대의 관점에서 '저 사람이 뭘 원하는가'를 생각하고 그걸 해줘야겠다는 마음을 의도적으로 갖기 시작하면, 실로 놀라운 변화가 일어난다. 상대방에 대한 관심이 뚝 끊기는 것이다. 그 전에는 눈을 가리고 귀를 막아도 상대방의 거취로 가는 신경을 끌 수 없어 괴로웠는데, 받고 싶은 마음이 아닌 주는 마음을 내고 나면 이 문제는 자연스럽게 해결된다.

한편 회피형은 친밀감을 원하는 저항형의 욕구를 정당한 것으로 인정해야 한다. 그들은 언뜻 바라는 것이 많아 보이지만, 사실 근본적으로 그 욕구는 하나로 귀결된다. '나를 돌봐달라'라는 것. 그들은 가까운 사람이 자신을 지지해주고 지켜준다는 유대감, 연결감을 갖기를 원한다. 저항형의 무의식에는 친밀함에 대한 채워지지 않은 갈증이 있기 때문에 '함께 영화 보고 싶다', '함께 여행 가면 좋겠다'라는 욕구가 계속해서 일어난다. 엄마를 곁에 붙들고 있다 해서 불안이 해소되는 것은 아니지만 물리적으로 함께 시간을 보내는 것보다 더 효과적인 방법을 아는 것도 아니기에 불가피하다. 허기진 마음 때문에 내면에서는 뭔가를 원하는 욕구가 계속 일어나는데 현실에서는 이것을 해도 이것이 아닌 것 같고, 저것을 얻어도 저것으로 부족한 것 같으니 답답하다. '내가 원했던 게 이게 맞나' 혼란스럽다. 진짜 원하는 것을 받아야 하는데 그걸 못 받으니 받아도 받았다는 느낌이 없어 만족스럽지 않다.

　궁극적으로 저항형이 원하는 것은 불안감, 즉 분리 불안을 해소하는 것이다. 안전하고 싶은 마음이다. 그 불안감은 근본적이고 지속적이어서 일회적으로 원하는 것을 얻었다 해서 해소되는 것이 아니다. 진심으로 돌보는 마음을 받아야 한다.

친밀한 관계를 원치 않는 회피형

회피형인 여자가 들려준 이야기다.

어느 날 친구 딸의 결혼식을 앞두고 잔치 준비를 도와주러 갔다. 오랜 만에 여고 동창끼리 모여 음식 장만을 하니 즐겁고 보람된 하루였다. 일을 마치고 헤어지려는데 친구의 남편까지 따라 나와 감사 인사를 전하며, 다음에 따로 식사 대접을 하겠다고 말했다. 그런데 선뜻 그러자는 대답이 나오지 않았다. 예전에는 그 친구의 집에서 종종 밤새워 놀았던 사이인데 왜 식사 초대를 흔쾌히 수락하지 못하고 망설여지는지 이유를 알 수 없었다. 나중에 사람들과 대화를 나누며 당시 느낀 마음을 살펴보니, 그건 '밀어내고 싶은 충동'이었다.

도와줄 일이 생겨서, 도와주는 게 마땅하다는 생각이 들어서, 도와주고 싶어서 도와주게 된 그 일은 회피형에게는 세상을 살아가는 데 필요한, 그래서 그렇게 마음이 움직이고 몸이 움직이도록 설계된 구조에서 실행된 일이었다. 같은 회피형끼리라면 관계하는 데 용인된 각자의 적정선이 있고 그것이 암묵적으로 공유되기 때문에 균형을 가늠하면서 관계를 유지하면 된다. 그런데 친구 남편은 상대방이 보여준 호의를 자신에 대한 친밀함으로 인식하고, 답례를 계기로 친분을 더 쌓고 싶어 하는 저항형이었다. 따라서 하나의 일이 다른 일로 엮이는 것을 원하지 않는 회피형 여자는 그가 다가오는 순간 무의식적으로 거부감을 느낀 것이다.

예전에 나는 책 나눔을 좋아했다. 웬만한 책은 도서관 대여로 읽고, 필요한 책을 살 때도 꼭 사야 할 책인지를 두 번, 세 번 심사숙고하지만, 좋은 책에 감동받아 다른 사람들과 함께 나누고 싶다는 생각이 들면 망설임 없이 수십 권을 사서 모임 사람들이나 지인들에게 나눠주었다. 내게 좋았던 무언가를 다른 사람들과 나누는 것이

기뻤기 때문이다. 타인에게 이익을 주는 나를 보면서 뿌듯한 자긍심도 느꼈다. 또한 '내가 당신을 소홀히 생각하지 않는다'라고 증명함으로써 사람들과 연결돼 있다는 유대감을 느끼고 싶었던 건지도 모른다. 나는 이것이 사람을 친밀하게 생각하는 마음이라 믿어 의심치 않았다. 하지만 진실은 그렇지 않았다. 이 행위는 정의라거나 진리, 생명, 공존, 상생 등 내가 믿는 가치에 대한 헌신에서 비롯된 행동이지, 주변인들과 친밀함을 쌓는 행위가 아니었다. 모두에게 선의를 베푸는 듯 행동하면서도 나는 실제로 아무도 내 안으로 들이지 않았다. 이것이 내가 사람들과 관계하는 방식이었다.

거리 두기

회피형은 친밀한 관계를 원치 않는다. 회피형에게 친밀함이란 '상실의 고통'이고 '좌절의 기억'이다. 엄마의 따뜻한 보살핌과 무조건적인 사랑을 원했던 그들의 유년 시절 욕구는 좌절되었다. 불안하고 불편할 때 엄마를 통해 고통을 해소하기를 바란다면 계속해서 좌절하리라 직감한 그들은 더 이상 엄마에게 의지하지 않기로 다짐했다. '저 사람이 나를 보호하고 살필 것이다'라는 기대를 접기로 한다.

친밀한 관계를 원하고 기대하면 상처받을 것을 알기에 회피형은 가장 가까운 배우자와도 일정한 거리를 둔다. 의존할 대상을 가까이 두지 않음으로써, 관심과 사랑을 보여달라고 요구할 애착 대상이 없다는 상실감으로부터 스스로를 보호할 수 있다. 또 배우자와 물리적·심리적 거리를 두는 전략은 욕구가 거절당하는 특정 상황에서 상실감에서 비롯된 분노로 인해 배우자와 마찰을 일으키거나 배우자를 밀어낼 위험성을 줄여준다. 즉, 거리 두기는 배우자와 최소한의 친밀함을 유지하기 위한 적응적 행위다.

타인과의 관계에서도 마찬가지다. 상대방이 자신을 좋아할 거라고, 원할 거라고 믿고 까불다가 이것이 착각이었음을 알았을 때 갑자기 도망가려 하면 당황하고 허둥대는 우스운 꼴을 보일 것이 두렵다. 만약 상대방이 자신을 귀찮아하는 낌새를 풍기면 그 즉시 상대방을 싫어하는 마음이 생겨 관계를 정리하고 싶어진다. 그가 자신을 버리기 전에, 혹은 그에게 버려졌다는 느낌을 받기 전에 먼저 그를 버리고 싶다. 왜냐면 버려졌다는 기분은 치욕적이기 때문이다. 따라서 최소한의 체면 유지라도 하려면 언제든 도망갈 수 있도록 너무 달라붙지 말고 치근덕거리지 않아야 한다.

그렇다면 회피형은 무엇으로 상대방과 친하다는 느낌을 가질까? 바로 자신과 같은 탐색 활동을 할 때다. 자신이 관심 있고 좋아하고 잘하는 일을 함께 하면 마치 한 곳을 같이 바라보며 가는 동무처럼 느껴져서 '너랑 나랑은 통한다', '우리는 서로 좋아한다'라는 친밀감과 신뢰감을 가진다. 그 관계를 위해 시간과 성의를 들이는 것이 즐겁고 유익한 일로 느껴진다. 본인들은 사람을 향하는 이런 행동들이 사랑하고 사랑받기 원하는 감정에서 나온 것이라고 얘기하지만 애착은 그런 것이 아니다. 애착 관계의 친밀함과 다른 관계의 친밀함은 같지 않다. 애착 관계란 유일한 것이고 특별한 것이다. 애착은 한 번 그 대상이 정해지면 설령 엄마에게 맞고 학대당하는 한이 있어도 떠나지 못하고 매달리게 되는 마음이다. 그래서 애착 욕구가 발달한 저항형들이 사람과 잘 지내려고 신경 쓰다가 뜻대로 되지 않아 상처받으면서도 쉽게 마음을 거두지 못해 괴로워하는 거다. 회피형이 친밀감이라고 느끼는 감정은 애착 관계의 친밀감, 유대감이 아니라 탐색 활동에서 형성되는 공통 관심사에 대한 제휴에 가깝다. 그들은 탐색 활동을 애착 행위로 오해한다.

회피형이 갈망하는 것들

최근 알게 되어 밥을 먹고 차를 마시는 친구가 있다. 내가 그녀를 좋아하는가 생각해보면, 딱히 그럴 만한 이유가 떠오르지 않아 확신을 하기가 애매하다. 한편 남편이 내게 "당신은 나랑 같이 해주는 게 아무것도 없어"라고 불평할 때는 "같이 밥 먹고 잠자고 일하면서 스물네 시간을 지내는데 같이 해주는 게 없다니 너무 억지 아니에요? 뭘 더 어떡하라고?"라고 대꾸한다.

이것이 뭘 의미할까? 나는 친구에게 특별한 무엇을 원하는 마음이 있었다. 그리고 그 기대감이 채워지지 않자 '이 사람도 아닌가' 의심하면서, 어디엔가는 내가 꿈꾸는 그런 특별함을 가진 사람이 있으리라는 막연한 기대를 놓지 않았다. 이것이 회피형이 갖는 애착에 관한 환상이다. 회피형은 혼자 꿈꾸고 간직하며 잔뜩 부풀다가 실망하면 배신당했다는 절망감에 슬퍼한다. 그러고는 한동안 기대를 접고 쓸쓸하게 산다. 반면 남편이 원하는 것은 애착, 즉 연결돼 있다는 유대감이다. 이것은 엄마와 아이, 사랑하는 남녀 사이에 실재하는 감정이다. 함께 밥 먹고 잠자고 일하는 구체적 현실에서 느끼고 공유할 수 있는 것이다.

나는 밥 먹고 꽃구경 가고 일하는 일상적인 것들 말고 다른 무엇이 있으리라 꿈꾸었기 때문에 몸은 함께하면서도 마음은 내가 만든 환상, 관념 속에 있었다. 본질적이고 절대적이고 완전한, 물질적이기보다는 정신적이라고 이름할 만한 무엇이 있다고 믿으며, 그것에 연결되기를 희망하고 추구하는 것이 회피형의 관념이다. 기억 어디쯤에서 사라진 유토피아를 찾아 헤매는 마음이다. 그러니까 현실적으로 자기편이 되어 무조건적인 사랑을 줄 수 있는 배우자에게는 애착의 친밀함을 거부하고, 나에게 실제적인 애착의 감정을 줄 수 없는 대상인 친구에게는 미완성으로 불발된 의존 욕구의 친밀감을 갈망하는 모순을 겪은 셈이다.

우리 삶에는 함께 밥 먹고 꽃구경 가고 일하는 것 말고 다른 무엇이 특별히 있지 않다. 회피형이 상상하고 기대하는 그 무엇은 세상에 없다. 얻을 수 없는 것을 구함으로써 얻을 수 없는 결과에 이르고, 그래서 끝없이 공허한 마음에 기대어 안주하는 회피형으로 남는다.

이렇듯 회피형에게는 친밀함을 소중히 여기는 마음과 그것이 실재할까 봐 두려워하는 마음이 공존한다. 회피형은 진심으로 친해지고 싶은 사람이 생기면, 다시 말해 친밀한 감정이 현실적으로 다가오면 덜컥 겁이 난다. 이 사람을 갖고 싶은 마음에 지나치게 집착하다가 오히려 잃을까 두렵고, 이 마음을 끝까지 책임질 수 없을 것 같은 불안감이 든다. 자신이 상상하고 기대하는 관계가 되지 않는다면 자신이 가진 친밀함의 환상이 깨져서 절망할 것이기에 가까이 다가가기를 망설인다. 그래서 '이 사람은 친하게 지낼 만한 사람

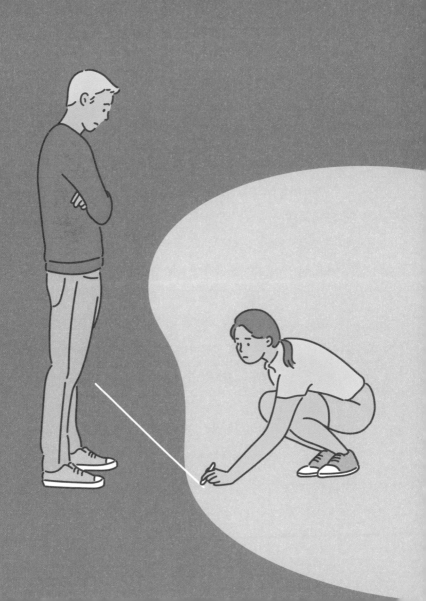

이 못 된다'고 밀어내거나, '아직은 그 정도 마음은 안 든다'고 자기 마음을 부정하거나, '의도가 순수하지 않은 것 같다'고 의심하는 등 친밀함을 원하는 자신의 욕구를 왜곡하고 희석하고 억압하는 태도를 취한다. 어설프게 끝난 첫사랑을 추억하는 편이 더 아름답고, 좋아한다는 말보다 그립다는 말에 더 가슴 뛰는 건 여전히 친밀함이 가져올 좌절감을 두려워하기 때문이다.

친밀감이라는 판도라 상자

회피형에게 친밀감은 열어서는 안 될 판도라 상자다. 기억할 수도 없는 어린 시절에 절망했고 그래서 이 욕구는 영원히 봉인돼버렸다. 무의식은 이 상자가 자극을 받으면 감당하기 어려운 혼란에 휩싸일 것을 알기에 친밀함을 원하는 상대방의 요구에 거부감을 갖게 한다. 이성적으로는 친구 남편의 식사 초대가 불편한 일이 아니라는 것을 알지만 무의식에서는 친밀함을 경계하라는 경고등이 켜지면서 그 상황을 피하라고 명령한다. 나는 책 나눔을 하고 나서 행여 그것을 빌미로 누군가 차라도 한잔 하자고 청할까 봐 걱정했다. 그런데 알고 보니 진실로 내가 두려워한 것은 차 한잔 마시자며 누군가 다가와주기를 바라는 마음이었다. 친밀함에 대한 욕구가 내 안에서 머리 들고 일어나는 것 자체를 두려워했다. 바라는 마음이 아예 없었다면 그것을 염려하는 생각도 떠오르지 않았을 것이다.

저항형은 사건마다 기대감이 생기고 사람을 대할 때마다 의지하고 싶은 순간이 존재한다. 매 순간이 특별하고 모두가 특별하다. 반면 회피형에게는 특별하게 여기는 무언가가 없다. 자신을 낳아준 유일한 사람에게마저 '당신은 나에게 특별히 친밀한 존재'라고 허용하지 않았는데 다른 무엇에 특별함을 느끼겠는가. 이것이 회피형의 아픔이다. 누구도 특별한 관계가 아니기에 남녀, 노소, 존비, 친소를 막론하고 격의 없이 공정하게 대하는 경향이 생긴다. 그래서 반대급부로 어떤 사건, 사물, 사람을 특별한 것으로 취급하고 인식하려는 의도적인 노력을 한다. 친구가 여행지에서 사 온 책갈피 하나에도 특별한 의미를 부여해 소중히 보관하며 가끔 들여다본다. 일상에서 마주치는 것들에 의미를 부여하면서 감사한 마음으로 대한다. 하지만 그런 것들로 가득한 집이 통째로 불타 없어져도 크게 동요하지 않는다. 특별하지 않은 것들에 특별하다는 의미를 붙여놓은 것이기에 또한 별것이 아닐 수 있다. 이런 공허함이 회피형은 싫다.

회피형에게는 스스로에게조차 인정받지 못하고 외면당한 슬픔과 외로움이 비밀의 방처럼 마음속에 있다. 불신의 밑바닥에 도사린 관계에 대한 좌절감과 절망감이 있다. 이것의 정체를 모르기에 때때로 혼란스러운 감정에 북받칠 때마다 '존재하는 자로서 갖는 마땅한 감정'일 거라 치부하며, 이만큼 사는 것도 의미 있는 축복이라는 생각으로 위로를 삼는다. 저항형의 저항감이 인정받아야 하듯 회피형의 공허함도 자신에게 그리고 상대방에게 인정받아야 한다. 이것을 부정당하고 비웃음당하면 씁쓸하고 불쾌하다.

감정을 제로화하는 그들만의 수법

집에 휴가를 오기로 한 친구가 갑자기 못 오게 되었다는 전화를 했다. "일이 생겨서 못 오는데 할 수 없지. 괜찮아, 다음에 보자"라고 말하고 전화를 끊었다. 그런데 옆에서 통화 내용을 듣고 있던 남편이 투덜거린다. 그런 남편을 보며 나는 '친구 사정도 이해 못 해주고 놀고 싶은 자기 입장만 생각하는 철부지'라고 비웃었다.

저항형은 자극에 대한 몸의 반응, 즉 감정에 충실한 삶을 산다. 친구가 온다고 해서 기대했다가 약속이 번복되면 섭섭함과 짜증을 먼저 느낀다. 아이로 설명하자면 와주기로 했던 엄마가 바빠서 못 온다고 하면 '안 돼, 무조건 와. 난 몰라' 싶은 생각이 든다. 엄마가 바쁜 것을 이해하고 인정하면 엄마 말을 따라야 하고, 그러면 자신의 욕구는 버려져 혼자 남겨진 외로움 속에 있게 되므로 남의 사정을 듣고 싶지도 않고 알아주기도 싫다.

반면 회피형은 이런 상황에서 부정적으로 반응하지 않는다. '괜찮아, 나는 이 정도 일에 실망하지 않아'라는 생각이 거의 자동으로 일어난다. 실망감이 아예 없는 것은 아니다. 그런데 왜 이런 감정들을 제대로 인식하지 못한 채 무시하거나 묻어버리는 걸까?

억지 긍정

감정은 생애 초기 양육자와의 상호작용에서 자신의 것으로 수용되고 통합되었어야 하지만, 회피형의 경우 친밀한 애착 관계를 배제한 것과 관련하여 감정을 다루는 자아 발달 과정이 억제 또는 희석되었다. 이를테면 놀이터에서 친구랑 싸우고 들어와 화나고 창피하고 억울할 때 하소연을 들어주고 위로해줄 엄마가 없다면 아이는 그 감정을 최대한 빨리 가라앉히는 방법을 찾게 된다. 저항형이 자신의 욕구에 민감하게 반응하기 위해 감각적·감성적 기능이 발달한 반면 의식적인 제어 장치는 약한 구조를 가졌다면, 회피형은 소통과 공감에 필요한 감정 표현이 발달하지 않은 대신 탐색 활동에 유용한 이성 기능이 발달했다. 그들은 상황과 입장과 감정을 연결하여 '이 상황은 슬픈 것 혹은 즐거운 것이다', '이 상황에서는 이런 반응이 적합하다' 판단하는 이성 기능을 활용하여 상황에 맞는 감정을 유추하고 적절한 행동을 실행할 수 있기 때문에 감정에 민감하지 않아도 사는 데 지장받지 않을 수 있었다.

내가 만약 약속을 못 지킨다는 친구의 말을 '거절당함', '버려짐'으로 인식한다면 이는 무의식적 절망감을 자극하여 분노를 일으키고, 이로 인해 관계가 악화될 우려가 있다. 축소 회피형의 의식 구조에서 볼 때, 약속을 취소한 친구에게 불쾌함을 느끼며 '자기 아쉬울 땐 재깍재깍 오더니 말도 안 되는 핑계를 대네' 하고 상대를 비난하는 생각을 해버리면 다음에 그 친구의 연락을 상냥하게 받을 수 없게 되고, 다시는 그 친구를 볼 수 없을지도 모른다는 생각이 든다. 따라서 다시 안 볼 게 아니라면 상대방을 무조건 좋은 쪽으로 생각해야 한다.

남편이 다른 사람 흉보는 것을 내가 듣기 힘들어했던 이유도 그것이다. 회피형의 무의식은 불평하는 저항형의 부정적 감정을 공감해주려면 자기 안에 눌러둔 부정적 감정이 공명을 일으켜 들춰질 것을 안다. 부정적 감정의 존재 자체를 인정하기 싫어하는 회피형에게 이것은 자신의 불만을 드러내도록 자극하는 도발 행위로 인식되므로, 그것에 방어할 목적으로 불쾌감을 느낀다. 즉, 내가 남편의 노골적이고 감정적인 불평을 들어버리면 가급적 다른 사람의 장점을 보면서 스스로 '괜찮은 나'이고 싶은 나의 환상이 위협을 받는 것이다.

그래서 회피형은 친하게 지내는 사람에게 불평이나 지적, 의심하는 것을 꺼린다. 사소한 불만이 불씨가 되어 그간 만들어놓은 신뢰 관계를 깨뜨릴 수 있기 때문이다. 저항형은 어떤 행동이 자신을 불쾌하게 했다는 것을 지적하는 것일 뿐 그렇다고 관계를 끊을 생각은 아니기 때문에 가볍게 불평할 수 있지만, 회피형은 그럴 수 없다. 만약 어떤 상황에서 '난 너의 이런 행동이 싫어'라고 상대방에게 화를 내버리면 자신이 상대방에게 친밀감이 없다는 사실이 들통 날 것 같다. 이것은 절대 들켜서는 안 되는 비밀이다. 이 사실이 밖으로 드러난다면 분명 그와 자신의 관계는 끝날 것이다. 회피형은 이 결과를 두려워한다.

상대방을 비난하고 화내는 것이 회피형의 무의식에서는 마치 엄마를 상대로 "엄마는 나를 충분하고 완전하게 돌보고 지지해줬어야 했는데, 왜 그렇게 하지 않아서 나를 이처럼 외롭게 했어요?"라고 따지는 것과 같다. 엄마에게 친밀감을 느끼지 않는다고 해서 그들이 엄마를 필요로 하지 않는 것은 아니다. 친밀감을 느끼지는 않지만 관계는 계속돼야 한다. 만약 엄마를 미워하는 마음을 먹고도 안 그런 척 함께해달라 요구한다면, 이것은 뻔뻔하고 이기적인 행위이며 자신은 물론 엄마도 속이는 양심 없는 행동이라 인식한다. 그러므로 엄마를 미워한 적이 없다고, 꿈에도 그런 일은 없다고 생각하도록 스스로 의식을 훈련한다. 이런 이유로 인해 회피형은 화를 내거나 화가 나는 상황을 되도록 만들지 않으려는 무의식적 기제들이 발달했다.

회피형은 자신의 상황에 대해 "좋았어요", "괜찮아요", "할 만해요", "잘돼가요", "문제없어요"라고 말한다. 어렵고 힘든 일이 닥치면 '이보다 더한 일 겪고 사는 사람도 많은데 그에 비하면 나는 편한 거지'라고 스스로를 위로한다. 그것도 안 되면 '인생 뭐 있어, 특별히 좋을 것도 나쁠 것도 없는데'라고 생각하면 어느 정도 정리된다. 또 누군가의 행동에 짜증이 나도 '일부러 그런 것도 아닌데, 뭘. 그동안 내가 받은 게 많으니 아무것도 아니라고 치자'라는 식으로 자기 불만을 제로화하는 수법을 쓰기도 한다. 생각을 긍정적으로 정리함으로써 짜증을 무력화하려는 의도다. 하지만 이런 방식은 긍정적인 생각을 만듦으로써 마치 자신이 긍정적 정서 상태가 된 것처럼 착각하는 것이지, 실제로 긍정적인 정서로 전환된 것은 아니다. 불안, 근심, 혐오, 짜증 같은 부정적인 감정을 무시하고 '좋은 게 좋은 거'라는 식으로 생각하려는 '억지 긍정'에 불과하다. 이것은 일시적으로 자신을 속이는 효과는 있지만, 불안과 분노가 근본적으로 해소된 것은 아니어서 감정의 앙금이 쌓이는 것을 완전히 막을 수는 없다.

회피형의 아킬레스건

친구의 연락을 받았을 때, 친구의 말로 인해 내가 느낀 부정적 감정은 은폐되었고 생각은 그것과 별개로 진행되었다.

'지난번에 아이가 아프다더니 오늘도 그 때문인가?'

친구에게 피치 못할 사정이 있을 거라는 소설을 쓰면서 나는 친구를 탓하기보다 걱정해주는 근사한 사람이 된다. 스스로 만든 각본에 도취되어 기분이 정말 괜찮은 듯하다. 이것은 자신의 관념 속에 상대방의 이미지를 만들어놓고 혼자 짓고 부수는 놀이를 하는 것이지 그 사람과 실재하는 감정으로 부딪치면서 관계하는 것이 아니므로 상대방과는 아무 상관이 없다. 갈등의 대상에게 직접적으로 거론해서 문제를 풀지 않고 그것을 자기 세계로 가지고 들어와 옳고 그름을 판단하고 어떻게 할 것인지 행동 방향을 결정하는 것이 회피형의 방식이다. 그래서 한 번 돌아선 마음을 다시 돌이키기가 어렵다. 이것이 그들의 아킬레스건이다. 남편은 못 온다는 친구의 말에 아무렇지 않다는 듯 무심하게 반응한 내 태도 때문에 더욱 불만스러워졌다. 회피형의 이런 태도는 어떻게든 자신의 부정적 감정을 공감받고 해소하고 싶은 저항형을 더욱 짜증 나게 한다.

회피형은 자기가 만든 관념의 세계에서 산다. 회피형에게 관념의 성城은 잘 짜인 안정된 세계로 느껴진다. 이 세계는 남부럽지 않게 살기 위해 평생에 걸쳐 구축해놓은 살림살이다. 회피형이 자신의 세계에 머물면서 삶을 향유할 때는 공감 능력 부족이 문제 되지 않는다. 하지만 저항형과 직접적으로 상호작용을 해야 할 때, 자신에게 상대방을 이해할 기초 자료가 없다는 한계가 드러나고서야 비로소 자신의 세계가 감정을 배제하고 관념 위에 건립된 구조물임을 알게 된다. 회피형은 실제적인 몸의 상태를 기반으로 하는 감정을 중요시하지 않고 그것과 동떨어진 관념으로 사는 까닭에 스스로도 자기 마음을 알기가 복잡한 구조물이 되었다. 또한 감정을 등한시하고 살기 때문에 자신의 구체적 삶으로부터 유배된 듯 붕 뜬 괴리감을 떨치기 어렵다는 슬픔이 있다.

회피든 저항이든 자신의 관계 방식, 즉 삶의 방식으로 선택한 이상 이것은 자기 생존에 직결된 것으로서 자신을 위한, 자신에게 유리한 시스템으로 여겨진다. 자신에게 익숙한 이 방식은 자신에게 옳은 것이므로 이것이 아닌 방식은 생각할 수도 없고 생각해본 적도 없다. 그래서 이 구조를 스스로 '자아'라 인식하고 이 구조를 지키려 한다. 상대방이 자신의 구조와 다른 방식을 보여주거나 자신에게 다른 방식을 요구하면 상대방이 자신의 자아를 부정하는 것으로 인식되어 생존에 불리하다는 불안감을 조장하기 때문에 감정적으로 불쾌하고 거부감이 든다. 축소 회피형은 다른 사람이 감정을 노골적으로 드러내는 것을 보는 것만으로도 위협을 느낀다. 잘 정돈된 자기 세계를 뒤흔드는 것 같아 불안하다. 자신에게도 감정을 드러내라고 강요하는 협박처럼 느껴져 그 상황이 불편하다.

회피형이 쓸고 닦고 가꾸고 자랑하는 세계는 '진짜 나'가 아니다. '욕망하는 나', '짜증 나는 나', '하기 싫은 나', '질투하는 나' 같은 부끄러운 나를 감추고 '가짜 나'를 '나'로 포장하여 마치 그것이 자신의 진짜 모습인 양 착각하고 산다. 부모가 바라는 모습으로, 세상 사람들이 인정해줄 만한 이야기로 만든 이상적인 자아상은 '진정한 나'가 아니다.

내가 상처 치유 과정에서 한 가지 분명하게 기억하는 것은, 그동안 나를 포장하고 있던 많은 관념의 껍질이 벗겨지면서 관찰된 나의 모습들은 이전에 내가 알던 내가 아니었다는 사실이다. 지금껏 의심할 여지가 없었던 자기 세계가 진짜 자기 것이 아니라는 것을 받아들이기는 쉽지 않다. 그러나 자신의 '거짓 자아'를 분명히 인지하는 때가 와야 한다. 회피형은 자신이 '독립적으로 분리된 존재'라는 관념의 성벽을 깨야 한다. 이 벽을 무너뜨리기 위한 실제적인 행동 변화가 있어야만 진정한 관계가 시작된다.

회피형에게는 일이 중요하다

결혼 생활 내내 나는 남편과 냉전을 벌이는 중에도 식사는 꼭 제때 차렸다. 그걸 당연하게 생각했고 다른 사람도 다 그렇게 사는 줄 알았다. 감정이 안 풀리니 말은 섞기 싫어도 밥 차리는 일까지 안 했다가 긴장감이 더 고조되는 걸 원치 않았다. 내 신변에 무슨 일이 있었건 내가 하기로 돼 있는 일은 하는 게 옳다고 믿었고 그렇게 해야 마음이 편했다. 한편 남편은 이런 내 태도를 이해하지 못했다.

"당신은 나랑 사이도 안 좋으면서 어쩌면 그렇게 아무렇지 않은 얼굴로 밥상을 차릴 수 있어? 나는 먹고 싶지 않았지만 이왕에 차린 밥상인데 안 먹겠다고 거절하기도 어려워 할 수 없이 먹었네."

어떤 저항형 여자는 속상한 일이 생기면 밥을 차리기는커녕 아예 자리를 펴고 눕는다고 한다. 속상한 제 마음을 아무도 안 알아주는데 밥은 무슨 밥이냐는 시위다. 이럴 때, 자기 밥을 혼자서 차려 먹는 배우자를 보면 '그러고도 밥이 넘어가나' 싶어 더욱 오기가 난다고 한다.

애착 욕구가 발달한 저항형은 보호자와의 유대 관계를 돈독히 하고 세상 사람들과 친밀함으로 연결됨으로써 생존을 보장받고자 한다. 반면 회피형은 보호자에게 의존하기보다 독립적으로 탐색하면서 생존을 감당하기로 선택했기 때문에 세상을 사는 데 유용한 실질적인 자원을 확보하는 일이 매우 중요하다. 그것이 곧 그의 일이다. 좋아하는 피규어나 책을 시리즈로 수집하는 취미도, 장애인의 대소변을 받아내고 목욕을 시켜주는 자원봉사도 그들에게는 즐겁고 보람된 일이다. 그들은 현재 자신이 어떤 기분인지보다 '무엇을 하고 있는지'에 더 의미와 관심을 둔다.

삶의 자원이라 하면 대표적으로 돈, 지위, 능력, 인맥, 건강 등을 꼽을 수 있지만 이것들을 뒷받침하는 정보라든지 가치관, 평판 같은 요소도 포함된다. 만약 사과를 좋아하고 자주 구입해야 한다면 어떻게 생긴 사과가 맛있고 어느 가게가 싼지를 알고 있어야 상인에게 속아 낭패 보는 일을 막을 수 있다. 또 눈으로 확인할 수 없는 무형 소재, 이를테면 식당이나 병원, 학원 등을 선택해야 할 상황에 놓인다면 이곳이 어떤 평판을 듣고 있는지, 이곳의 선생님들은 어떤 경력과 실력을 갖고 있는지 등에 관해 가능한 한 많은 정보를 수집하고 따져보는 것이 합리적인 처사라고 생각한다. 보통 '공사 구별이 분명하다'라는 말은 정에 약하고 귀 얇은 저항형보다는 회피형에게 어울리는 표현이다. 이런 기준은 배우자인 저항형의 결정과 마찰을 빚는다. 저항형은 친구의 친구 또는 사돈의 팔촌이나 이웃의 소개 등 조금이라도 자신과 관련 있는 사람이 운영하는 곳으로 가기를 원한다. 또는 단지 자신에게 친절하게 대해줬다는 이유만으로도 마음이 움직인다. 미지의 결과에 대한 자신의 불안감을 진정시켜주는 곳으로 호감이 간다. 호감은 곧 자신에게 좋은 결과를 줄 거라는 기대감으로 연결되고, 이것이 올바른 선택이라는 믿음을 갖게 한다. 객관적인 정보와 냉정한 판단을 근거로 하지 않음으로써 배신당했다는 좌절감과 분노를 생산하기 쉽다.

또한 회피형은 다른 누가 자기 일을 대신해주거나 도와주리라고 기대하지 않기 때문에 세상을 사는 데 필요한 원칙은 스스로 찾고 습득한다. 자기 문제에 관한 결정은 자신이 하려고 하고 남의 판단이나 명령에 따르는 입장이 되는 것을 원치 않는다. 자신에게 중요한 일을 남에게 맡기는 것을 불안해한다. 세상 어느 누구도 자신의 문제를 자신만큼 신중하고 책임감 있게 고민하지 않을 것이기 때문이다. 그래서 회피형은 자기 관리와 자기 계발에 관심이 많고 여기에 많은 시간과 노력을 투자한다. 근사한 사람으로 보이기를 원하는 만큼 긴장하고 살기 때문에 어느 정도 자신을 통제할 수 있고 자기 감정을 잘 처리할 수 있다고 생각한다.

회피형이 존재하는 방식

회피형은 세상이 자신을 어떻게 평가할지를 의식하며 산다. 이는 '타인의 반응을 민감하게 살피는 것'과는 거리가 있다. '저 사람이 나를 어떻게 볼까'에 신경 쓰는 저항형의 눈치 보기와는 달리, 회피형이 의식하는 '평가'는 좀 더 광범위하고 은밀한 기준을 갖는다. 평판은 내면에서 다른 덕목, 이를테면 양심, 도덕, 정의, 진실, 객관, 상식, 소신 등의 이름으로 자리 잡아 훨씬 지속적이고 강력한 힘으로 스스로를 규제하고 감시하며 독려한다. 이런 장치는 자신이 독립적 존재라는 의식을 확고히 자리 잡게 하고, 그것에서 누리는 자유로움과 당당함을 선물하지만, 동시에 삶의 여유를 빼앗아 가고 지치게 하는 독이다.

자신을 편들어줄 보호자가 없다는 불안감은 회피형으로 하여금 공동체의 관습을 무시할 수 없도록 만드는 족쇄가 된다. 자신을 무조건적으로 사랑하고 받아줄 엄마가 없는 입장에서 자신이 해야 할 일을 안 하고 산다는 것은 구차한 생명을 이어나가기 위해 세상에 빌붙어 사는 기생체가 되는 것과 같다. 세상에 빚지고 사는 기분은 치욕적이다. 그래서 회피형은 스스로 동의하고 선택해서 주어진 자신의 일을 똑바로 해내야만 한다. 자신이 속한 사회, 가정, 모임에서 의무를 다하고 다른 사람에게 폐가 되지 않아야만 존재할 가치가 있다는 자존감과 소속감, 유대감을 갖는다. 이 말을 뒤집어 보면 조직에서 자신이 담보해야 할 역할에 책임을 다하지 않는 타인의 태도에 분노를 느낀다는 말도 가능하다. 그러므로 내가 남편에게 차려준 그 밥상은 그를 위해 차린 밥상이 아니었다. 나의 생존 구조가 내 삶을 위해 치르는 무언의 의식이었다.

공동체의 평가를 의식하는 마음은 타인의 불충분과 고통에 관심 갖는 경향을 낳는다. 어려움에 처한 사람을 보면 그들을 위해 도움

되고 싶고, 고난을 이겨낸 승리자를 보면 그들의 노고에 감동의 박수를 보낸다. 공동체 내에서 자신이 할 수 있는 일을 찾는 무의식적인 참여 본능은 회피형이 세상을 떳떳하게 살 수 있는 명분을 제공한다. 후원금을 내고 장기 기증에 서약하고 응원 메시지를 보내는 행위들은 '내가 현재 잘 살고 있다'라는 자긍심을 갖게 하는 동력이기 때문에 포기할 수 없다. 저항형은 이런 태도를 꼬집어 '내 필요는 충족해주지 않고 얼굴 모르는 남의 일에 더 신경 쓴다'라고 불평한다. 이 전략은 자신의 문제가 아닌 바깥으로 주의를 돌림으로써 충족되지 못한 감정적 욕구를 외면하거나 무마하는 데 일조하는 효과도 있다.

그러나 자기 역할에 자기 존재 가치를 동일시하여 살아간다는 것은 회피형에게 큰 짐을 떠안기는 것이며, 감정보다는 이성에 치우치도록 쐐기를 박는 셈이다. 또 한편으로는 사회질서에 충실하게 부역하는 고통이 크기 때문에 대단한 지배 권력으로 군림하는 규칙, 관습, 예의, 체면, 의무 따위를 모조리 무시해버리고 싶은 뿌리 깊은 저항감이 회피형의 내면에서 항상 꿈틀거린다. 즉, 타인에게 좋은 인상을 주려고 노력하는 마음 한구석에는 '다른 사람이 나를 어떻게 보든 아무 상관 없고 관심도 없어'라는 상반된 마음도 공존한다.

신데렐라적 강박

회피형은 한순간도 빈틈없이 뭔가를 한다. 어떤 일을 하는 동시에 그다음 무엇을 할지를 머릿속에 그린다. 나는 일과 일 사이 갑자기 공백이 생기면 3분에 3분짜리, 10분에는 10분짜리, 30분이면 30분에 맞는 일을 찾아 그 사이에 끼워 넣는다. 그러다 보니 29분에 끝날 확률보다는 31분에 끝나는 경우가 많아 일이 끊이지 않고 이어졌다. 어느 확대 회피형 여자는 아이들이 등교하면 집을 나와 친구들과 커피 마시고 놀다가 들을 만한 강의가 있으면 함께 들으러 다닌다. 그런 일들을 하는 짬짬이 아이들을 챙기고 또 저녁이면 다른 취미 생활을 한다. 내가 보기에 아이들은 엄마의 꽉 찬 스케줄에 치이고 얹혀 세심한 배려를 받지 못하는 것 같은데, 여자는 자신의 많은 활동량에 자부심을 느낀다. 아이를 위한 파티 준비물을 만들고, 아이를 위해 체험 프로그램에 데리고 다니는 것이 새로운 경험을 원하는 자기 즐거움에서 비롯한 것임을 모르기에 '다 가정을 위한 일'이라고 말한다. 그냥 놀러 다니면서 돈 쓰는 게 아니니 가족들은 자신의 사소한 실수와 소홀함은 이해해야 한다고 주장한다. 회피형은 일이 끝나기를 바라지 않는다. 해야 할 일, 할 수 있는 일은 곧 세상과의 연결점이다. 축소 회피형이 두꺼운 책을 필사한다거나 1년에 1,000권 읽기에 도전하는 등 좀처럼 끝나지 않을 단순한 일을 붙들고 집중할 때, 확대 회피형은 새로운 경험에 도전하고 배우며 체험하기를 좋아한다.

나는 일에 매달리는 회피형의 모습을 보면 신데렐라의 심정을 닮았다는 생각이 든다. 이 세상에 자신을 도와줄 보호자가 없으니 살아남기 위해서는 자기 몫을 다해야 한다는 절박함이고, 곁에 아무도 없다는 상실감과 절망감을 잊으려는 처절한 몸부림이다. 이것은 애착의 상처로 인한 방어적 태도다. 방어벽이 뚫리는 순간 회피형은 뭐라 표현할 수 없는 묘하고 불쾌한 기분에 맞닥뜨린다. 이 당혹스러운 느낌을 직면하지 않기 위해 틈을 주지 않고 자신을 굴린다. 당연히 있어야 할 애착의 공간에 애착 대상이 없기 때문에 일, 즉 놀이로 정서적 공백을 메우려고 한다. 마치 엄마 없는 빈집에 남겨진 아이가 엄마를 찾지 않기 위해 장난감을 손에서 놓지 않는 것과 같은 심리다. 외로움마저 고독으로 승화시키며 멋지게 자기 일을 즐긴다고 하지만, 사실 이것으로 자신을 완전하게 속이지는 못한다.

항상 바쁜 나를 보면서 남편은 '도무지 비집고 들어갈 틈이 없는 느낌'이었다고 말한다. 타인의 돌봄은 필요 없다는, 혼자서도 잘 지내고 있으니 상관 말라는 태도로 보였단다. 그러니 친밀하기를 원하는 저항형 입장에서는 '내가 없어도 되겠구나. 나는 떠나야겠다. 내가 옆에 있는 것이 오히려 방해만 되겠다'라는 생각이 들지 않을 수 없다. 이것은 회피형이 가진 노림수다. 이때 일은 관계 회피를 위한 전략적 수단이 된다. '나 바쁜 거 보이지? 그러니까 나한테 뭐 달라고 요구하지 마'라는 메시지를 보내는 거다. 회피형은 저항형의 항시적인 애착 요구에 시달리는 느낌을 받는다. 할 일 없이 있으면 그 틈을 비집고 들어와 자기 얘기 들어달라, 도와달라, 놀아달라 기웃거릴 것이 뻔하므로 그런 상황을 감당하기 싫어 일을 핑계로 미리 도망친다.

또한 한가롭게 빈둥거리는 자신의 모습이 '나 심심하니까 누가 좀 같이 있어줘요'라는 신호로 비칠 것을 우려한다. 자신의 상처를 날것 그대로 드러내는 모양새 같아서 무의식적으로 꺼려진다. 사랑받고 싶은 욕구를 돌보지 않은 채 살아왔는데 이제 와서 구차하게 다른 사람에게 사랑을 구걸하고 관심을 요구한다니 자존심 상하는 일이다. 용납할 수 없다. 그래서 자신의 부실한 모습, 흐트러진 모습을 누구에게도 마음 편히 드러내 보이지 못한다.

　나는 남편과의 관계에서 친밀감을 회복해야 한다는 필요성을 절감했다. 너무 멀지도 너무 가깝지도 않은 거리에 남편을 두었던 회피형의 냉랭한 마음이 조금씩 녹아내리자 일에 몰두하는 습관을 알아차렸다. 대화법을 익히면서 '남편은 나를 편들어주고 지지해주는 보호자다'라는 이미지를 만들어감과 동시에 회피적인 방어 체계에서 벗어나기 위한 노력을 병행했다. 나는 이것을 '10퍼센트 일 덜하기'라고 이름 짓고 마음속에 행동 강령으로 새겼다. 일에 붙들려 있고 싶었던 나의 마음을 비유하자면 '지금 집에 들어가봐야 반겨줄 엄마는 없고 잔소리만 들을 텐데 뭐 하러 일찍 들어가. 차라리 밖에서 좀 더 놀다 들어가야지'라는 아이의 마음이었다. 책을 보다가 '조금만 더 읽고 일어나야지'라는 생각이 드는 순간 '아니야. 이미 충분히 봤어. 여기서 그만해도 괜찮아'라고 결단 내리고 과감히 책을 덮는다. 이것이 혼자만의 세계로 빠져들려는 익숙한 충동이라는 것을 알았고, 이런 행동이 회피적인 무의식이 지나가도록 허용하는 통로 역할이 됨을 알았기 때문이다. 책을 덮고 일어나서 남편에게로 간다. 회피라는 무의식적 방어 체계가 더 활성화되고 고착되는 것을 차단하기 위해 관계 속으로 들어가는 실질적인 행위를 선택한다.

남에게 요구하지 못하는 진짜 이유

남편은 함께 일을 끝내고 들어왔는데 자주 어깨가 아프다며 주물러달라고 한다. 나도 피곤하지만 안 해주면 불평할 것 같아 얼른 주물러준다. 내가 충분히 주물러주고 나면 "당신도 주물러줄 테니 누워봐"라고 남편이 권한다. 나는 그에게 몸을 맡기고 눕는 게 불편해서 "난 됐어"라고 거절한다. 몸이 아프면 파스를 붙이든가 스트레칭으로 풀면 될 걸 왜 굳이 남의 손을 빌리는 수고로움을 끼치는지 모르겠다. 나도 가끔은 그가 시원하게 안마해주기를 바랄 때도 있지만, 괜히 한번 주물러달랬다가 다음에 더 자주 주물러달라고 할까 봐 애초에 그런 거래는 하지 않기로 한다. '나는 요구하지 않는데 저 사람은 왜 내게 맡겨둔 물건 내놓으라는 듯 당당하게 요구하는지 모르겠어'라며 그를 뻔뻔하다고 생각한다.

회피형이 요구를 주저하는 것은 자신의 요구, 즉 욕구가 전면에 드러나는 것을 원치 않기 때문이다. 축소 회피형은 원하는 것이 있다가도 막상 분위기가 심상치 않거나 저항에 부딪치면 쉽게 욕구를 철회하여 내색조차 않고 넘어가버린다. 확대 회피형도 '쓰레기 버려줘', '창문 좀 닫아줘'같이 명분 있는 일을 요구할 때는 서슴지 않고 부탁하지만 "오늘은 혼자 있기 싫으니 운동 나가지 말고 같이 있어줘"라거나 "그런 행동은 나를 힘들게 하니까 고쳐줘" 같은 개인적이고 직접적인, 즉 친밀함을 기반으로 하는 요구를 하려고 하면 주춤한다.

'나를 위해 이걸 해달라'라는 부탁은 마치 구걸하는 느낌을 갖게 한다. 상대방에게 굽실거리고 아양을 떨어서 원하는 것을 얻느니 아예 포기하든지 아니면 수고로움을 감수하고라도 직접 하는 편이 낫다. 원하는 걸 얻기 위해 상대방의 눈치를 봐야 한다는 점은 저항형이나 회피형이나 마찬가지다. 그러나 결정적으로 회피형은 수치심을 느낀다는 것이 다르다. 저항형은 엄마가 충분히 주지 않아 불안하고 원하는 것이 생길 때마다 매번 요구하기가 추접스럽다고 느껴 짜증이 난다면, 회피형은 원하는 것이 있어도 요구할 엄마가 없는데 주지 않을 엄마, 요구할 수 없는 엄마에게 원하는 마음을 내어 보이는 것이 수치스럽다.

축소 회피형과 확대 회피형은 수치심에 적응한 형태가 다르게 나타난다. 일반적으로 확대 회피형은 과장된 자기애와 자신감으로 위장하여 대응한다. 축소 회피형인 나는 '아무도 날 안 좋아할 거야. 누가 날 좋아할 리가 없어'라는 생각을 갖고 있었다. 그래서 누군가 내게 호감을 표시해도 의심하고 의아해하며 부담스러워했다. 또 내가 다른 사람에게 부당한 대우를 받아도 거기에는 그럴 만한 이유를 제공한 내 책임도 있으리라 여겨 상대방의 무례함을 대수롭지 않게 넘기는 편이었다. 그 사람의 태도를 불쾌해하고 비난하려 드는 건 나 살자고 남을 괴롭히는 이기적인 행동이라는 생각이 분노를 가로막았다. 또 나는 그에게 잘못이 있다고 화내거나 따질 자격이 없다는 생각이 들었다. 왜냐하면 나는 사람들을 진심으로 좋아하지 않았고, 상대방은 그런 나의 마음을 눈치채고 홀대하는 거니 그 또한 내가 감수할 일이라 여겼다. 스스로 '사람을 좋아하지 않는다'라는 치명적인 허물을 갖고 있다 여기니 그런 마음을 숨긴 채 세상을 사는 것만으로도 미안했다. 이런 나를 들키지 않으려고 관계를 피하는 악순환이 반복됐다.

거절을 받아들이는 회로

무언가를 요구했을 때 거절당하면 누구나 불쾌감을 느낀다. 거절은 생존에 대한 위협으로 연결되기 때문에 본능적으로 두려움을 갖게 한다. 다만 거절을 받아들이는 회로 면에서 회피형과 저항형의 차이가 있다. 가령 엄마에게 밥을 차려달라고 했는데 엄마가 바쁘다고 짜증 내면서 안 췄다고 가정해보자. 저항형은 엄마가 비록 거절했지만 거절 표시도 자기 요구에 반응을 보인 것이니 이는 곧 자신을 관계의 대상으로 여기는 태도라고 생각한다. 거절당함으로써 느낀 짜증과 민망함이 있지만 반응을 보인 엄마에게 다음에 또 다른 뭔가를 요구할 수 있다는 여지는 남겨진 셈이다.

그러나 거절당함에 대한 실망으로 엄마와의 애착 관계를 단념한 회피형에게 거절이란 곧 '관계의 단절'을 의미한다. 친밀한 관계를 거부당했다는 상실감을 가진 회피형에게 지금 이 순간 밥 먹고 싶은 욕구, 함께 놀고 싶은 욕구가 수용되지 않고 지지받지 못한 현실은 엄마로부터 버려졌다는 무의식의 상처를 되새김하게 한다. 세상 모두가 거절당한 자신의 모습을 비웃으며 놀리고 조롱할 것 같다. 창피해서 얼굴을 들 수가 없고 살 수가 없다. 이를 막기 위해 회피형은 거절당하는 기분을 느끼지 않으려고 요구하기를 주저한다. 잠깐 짬이 나서 친구를 부르려다가도 마땅한 명분이 없으면 전화를 미루면서 대신 다른 일거리를 찾는다. 회피형이 정말로 두려워하는 것은 거절당했다는 치욕스러움이 자기 무의식에서 깨어나 분노라는 감정으로 발화되는 것이다. 밑바닥 감정이 실제로 드러났을 때 통제할 수 없는 지경이 되어 자신도 상상할 수 없는 못 볼 꼴을 보일까 봐 겁이 난다. 그래서 이것이 분노로 이어지기 전에 얼른 다른 일로 주의를 돌리며 상황을 이해하기 위한 그럴듯한 생각을 만들어낸다.

또한 요구를 거절하는 것은 곧 관계를 거절하는 것이라고 인식하기 때문에, 상대방의 요구에 '안 된다'고 직접적으로 대답해야 할 상황을 가능한 한 피한다. 상대방에게 원하는 것이 있는 줄 대충 짐작할 때라도 무엇을 원하느냐고 묻지 않는다. 깜냥대로 마음 내킬 때 줄 수 있는 것을 주거나 듣고도 짐짓 못 들은 듯 의식에서 외면하는 방법을 쓴다. 못 들은 척 반응하지 않는 모습이야말로 저항형에게는 관계를 끊는 모습으로 보인다. 자기 존재를 무시하는 태도라고 인식한다.

결과적으로 축소 회피형이나 확대 회피형 모두 상대방에게 요구를 하나, 동시에 요구하지 않는다고 말할 수 있다. '내가 요구한다는 사실을 알고 인정하는 것'과 '나는 요구한 적 없는데 상대방이 알아서 해준 거라 인식하는 것'은 관계를 바라보는 데 큰 차이를 만든다. 확대 회피형도 원하는 것이 있지만 자신에게서 그 욕구가 정당하다는 인정을 받지 못했기에 직접적으로 드러낼 수 없고, 타인이 주도록 분위기를 유도함으로써 우회적으로 얻는 전략을 선택하게 된 것이다.

요구는 곧 관계다

사람이 필요를 느끼고 기대를 갖고 요구한다는 것은 누군가와 관계되어 있음을 의미한다. 요구는 곧 관계다. 상대방에게 무언가를 요구하면 자신도 상대의 요구를 들어줘야 한다. 관계란 주고받는 행위를 기반으로 한다. 그런데 회피형은 이런 '주고받음'에 비위가 상한다. 특히 축소 회피형은 받기 위해 준다는 현실이 계산적인 것 같고 거래라는 생각이 들어 혐오스럽다. 내심 바라는 바가 있는 마음으로 누군가에게 무엇을 베푼다고 생각하면 그런 자신의 검은 속셈이 부끄러워 견딜 수가 없다. 퍼줄 때는 표 나게 인심 쓰지만 눈치껏 자기 몫을 챙길 요량이 있는 확대 회피형과는 다르다.

축소 회피형은 다른 사람과 관계를 맺으면 자신이 차지하는 것은 적고 상대에게 뺏기는 것은 많아 손해 보는 기분 때문에 관계에 무력감을 느낀다. 자신이 원하는 것을 달라고 적극적으로 주장하지 못하면서 상대가 달라는 것은 마다하기가 어려우니 웬만하면 뭐든 같이 안 하고 싶다. 자신에게 불리한 상황을 피하고자 '욕구'에 관해 '세속적이다', '흉하다', '아귀다툼이다'라는 등의 부정적 이미지를 만들어냄으로써 혐오감을 느끼도록 설정한다. 또한 다른 사람들에게 의존하지 않기 위해 자신의 필요를 스스로 줄인다. 원하는 마음을 무의식적으로 축소 또는 제한하면 원하는 것을 얻지 못함으로써 맛볼 좌절감을 피할 수 있다. 세상살이에서 하고 싶지 않음에도 어찌해볼 도리가 없어 하게 되는 일이 많은 것도 억울한데, 굳이 안 해도 되는 일까지 자발적으로 해주기는 싫다. 그러다 보니 사회생활을 하기는 하지만 가능하면 고립을 선택하고 은둔적 삶을 사는 경향이 많다.

적응력이 강한 확대 회피형은 주기 싫은 마음을 교묘히 감춘다. 심지어 주고 싶은 마음으로 돌려놓을 수도 있어 알아차리기가 더 어렵다. 예를 들어 아이가 염색하고 싶다고 말할 때 '엄마는 네 말을 들어주고 싶지만 아빠가 허락하지 않을 것 같구나'라고 말한다. 명분 없는 일, 체면이 서지 않는 일에는 '싫다', '못한다' 말하지 않고 다른 사람 핑계를 대면서 슬쩍 빠져나간다. 제 손에 피 묻히지 않으려고 하는 것은 확대 회피형이 남의 요구를 들어주기 싫을 때 쓰는 전형적인 방법이다. 아이가 염색하고 싶다고 말했을 때 들었던 솔직한 감정은 '쪼그만 게 무슨 염색이야?' 하는 짜증이다. 자신은 그런 세상을 살지 못했다. 그런 지지와 허용을 받지 못하고 산 것이 억울하고 화가 난다. 하지만 이성은 말한다.

'요즘은 애들도 다 파마하고 염색한다는데 내가 그런 것도 이해 못 하는 사람이 아니야.'

감정적으로는 아이의 욕구에 공감하지 못했으면서 자신이 이성적으로 긍정한 것을 들어 자신은 아이의 욕구를 수용했다고 착각한다.

요령껏 뿌리쳤는데도 어쩔 수 없이 염색을 허락해줘야 하는 상황에 몰리면 그다음에는 "깜박 잊어버렸다. 시험 끝나고 가자. 다음에 언니랑 가자"라며 차일피일 미루는 전략을 쓴다. 제 입으로 못 해준단 말은 하기 싫기 때문에 상대방이 지쳐 나가떨어지기를 유도한다. 그렇게 했는데도 불구하고 끝내 염색을 해주게 되면 자신이 해줘야 할 다른 중요한 일을 잊는다거나 갑자기 계획을 변경하여 상대방을 당황스럽고 번거롭게 만드는 등으로 앙갚음을 한다. 자신은 피치 못할 중요한 일이 생기고 바빠서 그런 것으로 인식하지만, 자세히 들여다보면 그 일은 '생긴' 게 아니라 스스로 만든 것이다.

　남편은 내가 다른 사람들에게 베푸는 행동을 두고 종잡을 수 없다고 말한다. 지인이 내게 '이런 것을 해주면 좋겠다'라고 넌지시 바라면 그런 화법을 알아듣지 못해 눈치 없는 사람이 됐고, 대놓고 원하는 것을 달라고 표현하면 노골적으로 욕구를 드러냈다는 이유로 정나미가 떨어졌다. 내가 베푼 호의에 상대방이 너무 즉각적이고 노골적으로 보답하는 것도 조건 없이 베푼 나의 숭고한 마음을 짓밟는 것 같아 그 사람을 멀리하는 마음이 들기도 했다. 그래놓고는 별로 친하지 않은 사람이라도 아프다는 말을 들으면 더럭 치료비를 보내줘야겠다거나, 도와달라고 청하지 않아도 힘든 사정이 빤히 보이면 알아서 일손을 보태주었다. 주고 싶은 마음이 내켜서 줄 때는 무엇이든 아깝지 않으니 주고도 즐겁다. 이런 모습을 근거로 나도 세상이 베푼 만큼 보답하며 산다 생각했고, 스스로 인색하지 않다고 생각할 수 있었다.

　저항형은 상대방이 놀자고 불러주고 만나서 밥 사주면 그런 사랑을 받는 자신이 존재감 있다고 느껴 기분이 좋아진다. 회피형은 자기가 상대방에게 밥 사주거나 도와줄 수 있어야 그 명분에 의지해 놀자 말할 수 있고 가까이 지내는 것이 편하다. 즉, '상대방이 나한테 어떻게 하느냐'에서 존재감을 느끼기보다는 '내가 상대방에

120

게 무엇을 줬느냐'에서 존재감을 확인하는 것이 회피형의 관계 방식이다. '주지 않는 회피형'이라는 말과 '주는 것에서 존재감을 확인한다'라는 말의 의미가 혼란스러울 수 있다. 주지 않는다 함은 자신이 내킬 때는 기꺼이 베풀지만 상대방의 요구에 응해서 베풀기는 싫어하는 마음을 가리킨다. 이것은 '친밀한 관계가 요구하는 필요에 응하지 않겠다'는 거부감에서 비롯한다. 한편 준 것이 있어야 떳떳하고 줄 것이 있어야 놀자고 요구할 수 있다는 말은 사람을 상대할 때 줄 것이 없으면 당당하지 못하다는 어려움을 지적한 것이고, 이 명분은 회피형의 본질적인 수치심을 가리려는 방편으로 작용한다.

저항형은 아무리 추잡하고 짜증 나도 달라 하지 않을 수 없다. 사랑받지 못하면 살아갈 수 없을 것 같은 불안감을 느낀다. 반면 회피형은 상대에게 달라고 하면 그 때문에 미움받아 버려질 것 같아 두렵다. 자존심을 버리고는 살아갈 수 없다는 생각이 든다. 이것은 사소한 일이 아니고, 쉽게 바뀔 수 있는 일도 아니다. 자신을 분명하게 모를 때는 때에 따라 이렇게도 하고 저렇게도 했던 것 같고, 또 달라고 할 수도 있고 하지 않을 수도 있다 생각하여 쉽게 말하지만 실제 행동은 자신이 알고 있는 것과 다르다. 그래서 애착 유형을 '내적 작동 모델'이라 말하고, 이것에 '생존 전략'이라는 표현을 쓰는 거다.

저항형의 매달리는 마음, 즉 그들의 '요구'는 회피형에게 좌절, 상실, 절망을 연상시킨다. 과거의 상처를 자극한다. 영아기에는 그들도 본능적으로 원하고 매달렸을 것이다. 그리고 그것이 받아들여지지 않음에 좌절했고 절망했다. 절망감으로부터 안전해지기 위해 연결을 거부하고 자기 세계를 구축해 잘 살고 있는데 저항형이 사랑해달라 요구하면서 짜증을 부리면 '나는 거부당했는데 내가 왜 네 요구를 들어줘야 해?' 같은 심리가 작용해 외면하고 무시하는 것으로 분풀이하고 싶다. 저항형의 요구하는 태도가 회피형의 무의식적 상실감과 수치심을 건드린다는 사실을 알고 나서 나는 나의 거부감과 분노를 이해했다. 그러자 나에게 요구했지만 좌절됐던 사람들의 입장도 조금씩 이해할 수 있게 됐다.

거부감이라는 강력한 방어 심리

회피형 사람들이 친밀한 관계를 회피한다는 것도 알겠고 감정을 중시하지 않는다는 말도 인정하겠는데, 이제껏 비난받지 않고 살아온 내 인생이 도대체 무엇이 문제란 말인지 솔직히 이해할 수 없었다. 상처 치유를 하면서 남편과 점점 대화가 통하고 가까워진 것만으로 너무나 고맙고 만족스러워 더는 바랄 것이 없다고 생각했다. 그런데 눈치 보느라 긴장하지 않고 방어에 힘쓰지 않아도 되는 때에 이르러서야 내 인생이 어떻게 흘러가고 있었는지 제대로 보이기 시작했다. 예전에 나는 몸은 지쳐도 걱정은 없어서 베개에 머리를 대기만 하면 잠이 들었다. '진인사대천명盡人事待天命'이라는 신념으로 그날그날 할 일에 충실하며 큰 불상사 없이 하루를 보낸 것에 만족했다. 그랬던 내가 비로소 어떻게 살고 있는지가 관찰되고 어떻게 살 것인가를 고민하면서부터 해석할 수 없고 설명할 수 없는 막막함 때문에 좀처럼 잠들지 못하는 밤이 많아졌다. 인생 매뉴얼을 다시 써야 할 판이니 혼란스럽지 않을 수 없었다. 반면 남편은 예전엔 잠을 쉽게 이루지 못했다. 자려고 누우면 왠지 잠을 자서는 안 될 것 같은 기분이 든다고 했다. 이 묘한 기분의 정체가 무엇인지 살펴보니, 마치 가족 중 누군가 아직 안 들어온 사람이 있어서 그 사람을 기다리느라 잠들 수 없는 기대 반 걱정 반의 마음이었다고 한다. 생각도 걱정도 많아 꿈도 많이 꾸던 그가 이제는 눕기만 하면 코를 골고 잔다. 기다리던 가족이 모두 돌아와 편안한 모양이다.

저항형을 괴롭히는 감정이 저항감이라면, 회피형에게 치명적인 감정은 거부감이다. '거부감'의 사전적 정의는 '어떤 것에 대해 받아들이고 싶지 않거나 물리치고 싶은 느낌'이다. 일반적으로 자기주장을 강하게 내세우기보다는 분위기에 맞춰 협조적인 태도를 취하는 축소 회피형이나, 주도적으로 의견을 개진하고 타인의 협력까지 이끌어내는 확대 회피형의 입장에서는 선뜻 동의하기 어려운 얘기일 줄 안다. 그러나 거부감은 이런 생존 전략의 가장 밑바닥에 도사리고 있는 감정이다. 자신이 하고자 하는 바, 원하는 바를 수용해주지 않고 반대, 제한, 방임했으면서 이래라저래라 간섭하고 기대하고 명령하느냐는 분노의 감정이다. 무의식에서 거부감은 양육자에게 욕구를 거절당하던 순간에 느꼈던 고통과 연결된다.

나에게 거부감은 어떤 것이었나 생각하니 가장 먼저 대학 입시 시절이 떠올랐다. 나는 철학과나 심리학과를 가고 싶었다. 그 의견에 대해 아버지는 "그런 돈 안 되는 과를 가려면 대학을 보내주지 않겠다"라고 하셨다. 나는 절충안으로 "영문과만 아니면 다 괜찮아요"라고 말씀드렸지만, 중학교 때부터 특별히 영어를 잘했던 내게 거는 아버지의 기대가 너무도 컸기에 결국 영문과에 입학하고 말았다. 나는 대학 생활에 적응하지 못해 괴로웠다. 친구를 사귀는 것도 내키지 않았고 학업에도 관심이 없었다. 나아갈 방향을 찾지 못해 방황하던 그때 군부독재라는 암울한 시대적 상황은 정의와 평화를 염원하는 젊은이의 용기를 필요로 했다. 나는 모든 인간이 평등하게 사는 인간 해방의 세상을 꿈꾸며 학생운동에 헌신했다. 의도적인 건 아니었지만 원치 않는 학과에 밀어 넣고도 성공하기를 바란 아버지의 기대에 패배감을 안겨주고 싶은 분노가 나를 지배했던 것 같다. 아버지에게 직접 맞서는 것이 두려워 어쩔 수 없이 순응했던 경험을 뒤로하고, 아버지의 강압적 권유가 결코 내게 통하지 않았음을 증명하고자 온몸으로 반항한 셈이다.

근본적으로 모든 아이는 양육자와의 관계에서 약자다. 거절당하는 경험을 하더라도 그것을 받아들이고 참아내야 한다. 이것은 욕구를 가진 모든 인간에게 드리운 숙명 같은 고통이다. 우리의 애착 성향이란 이 고통을 어떻게 다룰 것인가에 대한 이야기라고도 말할 수 있다. 문제는 친밀한 관계에 대한 거부감이 상대방과의 관계에서만 작용하는 것이 아니라 자신의 삶을 대하는 태도에도 큰 영향을 미친다는 사실이다.

욕구가 충족되지 않기를 바라는 마음

몇 년 전 일이다. 하루에도 수십 번씩 책상 의자를 넣었다 뺐다 하다 보니 그 부분의 장판이 마모돼 여기저기 찢어져 있었다. 시트지를 사려고 지물포에 갔는데 장판과 같은 색이 없어 바로 나왔다. 아무래도 싸고 다양한 물건은 다이소에 가면 있을 것 같다. 그런데 다이소를 들어가려는 순간 '정말 똑같은 색이 있으면 어쩌지?'라는 생각이 들었다. 당황스러운 반응이었다. 필요해서 찾아다니는 와중에 정작 나의 요구에 들어맞는 물건이 없기를 바라는 마음이 든다는 게 가능한 얘긴가. 남의 일이라면 초 치는 심보려니 생각하겠지만 자기 일을 스스로 산통 깨고 싶은 이 마음은 무엇이란 말인가. 다이소에 있는 수백 장의 시트지 가운데 최대한 같은 색으로 고르겠다고 손과 눈이 뒤지는 중에도 딱 마음에 드는 것이 아닌 '이만하면 괜찮다' 싶은 게 걸리길 바라는 마음이 계속 일어났다.

이런 마음을 한 번 자각하고 나니 그 뒤로는 심심찮게 발견됐다. 몇 년 전부터 컴퓨터를 배워야겠다고 내심 계획했지만 번거로워 망설이다가 책을 쓰기로 작정하니 더는 미룰 수 없는 일이 되었다. 관공서에서 저렴한 비용으로 개설해놓은 강좌가 있는지 알아보려고 군청에 나갔는데, 상담을 받는 순간에도 '수업이 없기를 바라는 마음'을 읽었다. 감자탕을 끓이려고 돼지 등뼈를 사 와 인터넷 검색을 하면서도 내 취향, 내 조건에 완벽하게 들어맞는 정보가 있기를 원치 않는 마음이 일었다. 또 원하는 책을 찾으려고 도서관에서 자료 검색을 하면서도 '있지 않을 거야'라는 부정적인 생각이 먼저 들었다. 도서관에 없다면 내가 돈 들여 사 봐야 하니 당연히 있기를 바라야 하는데 말이다.

상처 치유를 하면서 많은 것이 달라졌다고 느꼈는데 아직도 이런 부정적인 심리 상태에서 벗어나지 못한 나를 보니 힘이 빠졌다. 나는 그 마음을 한번 추적해봤다. 마음에 꼭 맞는 물건이 있기를 바라지 않는 것처럼, 있을까 봐 걱정하듯 말하고 있지만 사실은 꼭 알맞은 것이 있기를 바라는 마음이지 않았을까? 마치 재난이 잦은 나라에서는 갑작스러운 상황에도 국민들이 당황하지 않고 일상을 수행할 수 있도록 평소 안전 교육을 하듯, 나 역시 좌절과 절망이 가득한 세상을 살려면 실망에 익숙해질 필요가 있다는 염려에서 '없을 수 있다'는 생각을 미리 해보는 심사인지 몰랐다.

그런데 믿기지 않지만, 일이 뜻대로 되지 않기를 바라는 마음은 실재하는 생각이었다. 만약 내가 원하는 것이 있는데 엄마가 그 마음을 알아서 꼭 맞춰 해준다면 나는 당연히 기쁠 것이다. 엄마에게 고마움을 느끼게 될 테고, 다음에도 엄마가 그렇게 해주기를 기대하게 될 것이며, 엄마는 나에게 꼭 필요한 사람이 돼버린다. 이것은 회피형에게 좋지 않은 일이다. 원하는 대로 되지 않아야 계속해서 회피형의 구조를 고집하며 살 수 있기 때문이다. 우연히 한 번 만족스러운 결과물이 나온다고 해서 이것에 만족하고 감사하거나 희망을 갖는다면 큰일이다. 이는 마치 댐에 손가락만 한 구멍이 난 것처럼 위험하다. 세상은 자신에게 그렇게 친절하고 만족스러운 것이 아니었는데 행여 철없이 마음을 열고 신뢰감을 가질까 두려워 차라리 일이 어긋나기를 바란다. '세상은 내 기대를 만족시켜주지 못해. 그러므로 난 계속 회피하고 부정해도 돼'라고 외치는 마음의 상처가 회피형 사람들을 세상으로 나가지 못하도록 붙잡는다. 휴가 오기로 한 친구가 갑자기 약속을 취소해도 쉽게 받아들이고, 부부 동반 소풍이 예정된 날 아침부터 비가 주룩주룩 내려도 괜찮았던 이유를 이제야 알았다.

어느 확대 회피형 여자의 이야기다.

그녀는 하던 일을 마무리 짓지 못하는 습관을 고치고 싶다고 했다. 테이블보에 자수를 놓기로 했다면, 처음에는 얼른 끝내서 깔고 싶은 마음에 서둘러 천을 사고 새벽까지 수를 놓지만 마무리할 타이밍에 갑자기 다른 일에 관심을 돌리며 완성을 미루고는 했다. 흥미를 느끼면 급격히 빠져들어 일에 몰입하지만 웬만큼 성과가 보이기 시작하고 끝이 짐작되는 시점이 오면 금세 흥미를 잃고 새로운 일로 관심이 옮겨간다.

이 일, 저 일 옮겨 다니며 여러 일에 기웃거리는 태도는 친밀한 관계에 집중하고 싶지 않은 회피형의 무의식과 결합하여 더 교묘한 형태를 보인다. 계속 남편이 놀자는 사인을 보내는데 "알았어요"라고 대답해놓고는 딸이 부른다고 급히 간다. 딸이 계속 같이 있어주기를 바라는 낌새를 보이면 갑자기 해야 할 집안일이 떠올라 주방으로 간다. 남편이 친밀감을 요구하면 이 사람을 회피하기 위해 딸에게 가고, 딸이 친밀감을 요구하면 또 딸의 요구도 온전히 들어주지 않고 다른 일을 만든다. 다른 사람의 요구에 응하면서 매이는 것은 싫고, 자신이 내키는 일만 하고 싶은 마음이 관계를 대하는 모습에 그대로 적용된다.

회피형이 느끼는 거부감은 '사랑받지 못했다'라는 피해 의식과 '주고 싶지 않은 분노'에서 비롯된 방어기제다. 원하는 일임에도 안 되기를 바라거나 여러 일을 섞고 미루다가 결과물의 완성도를 떨어뜨리는 모습처럼 회피형의 거부감이 영향을 미치는 행동은 개인의 구체적 경험 속에 각기 다른 형태로 드러난다. 자신이 이 사실을 알든 모르든 거부감은 우리 삶을 피폐하게 만든다.

회피형은 저항형의 끊임없는 요구에 지친다. 아무리 노력해도 끝이 없을 것 같아 겁이 난다. 그러나 이것은 자기 세계를 지키려고 안간힘 쓰느라 그리 보이는 것이지, 실제로 저항형의 요구가 끝이 없는 것은 아니다. 이런 마음이 일어나는 것도 상처 때문이라 어쩔 수 없는 일이지만, 분명한 것은 이 상황의 원인을 상대방에게 두지 말고 자기에게 돌려야 상황을 바로 보는 것이다.

진정으로 자신이 원하는 것이 무엇인지를 봐야 한다. 회피형이 재고하고 회복해야 할 점은 자신이 엄마와의 애착을 원치 않은 것이 아니라 좌절로 인해 절망하고 포기한 것이니, 친밀한 관계에 대한 욕구가 여전히 무의식 속에 살아 있음을 인정하고 받아들이는 것이다. 또한 애착 욕구를 인정한다는 것은 즐겁거나 괴로운 감정이 자기 안에서 꿈틀거리고 있음을 인정한다는 의미와도 통한다. 이것이 진실하고 생동감 있는 삶을 살도록 이끈다.

요즘도 가끔 일이 어긋나기를 바라는 비관적이고 부정적인 생각이 언뜻 떠오른다. 그럴 때는 즉시 그 마음을 알아차리고 잘되리라는 마음으로 다시 생각을 수정한다. 긍정적인 결과를 기대해도 괜찮다 격려하고, 두려워하지 않아도 된다고 위로하며, 현재를 편안하게 받아들이도록 스스로 응원한다.

회피형이 저항형을 인정하고 받아들여야 하는 것은 상대방을 위해서가 아니다. 바로 자신을 위해서다. 자기 안에 봉인되고 방치된 사랑받고 싶은 욕구를 있는 그대로 알아차리고 인정하기 위해서다. 자기 울타리를 지키기 위해 자신이 얼마나 긴장하고 종종거리며 살아왔는가를 알아야 한다. 그 짐을 벗어던져야 비로소 자유를 얻는다.

PART 2

대화로 풀 수 없는 오해는 없다

: 탓하지 않고 이해받는 대화법 :

3

무너진 관계를 바로 세우는 대화의 힘

친밀함이냐, 자유냐

지금으로부터 7년 전 어느 날 남편이 '이마고IMAGO 부부관계 치료 이론'에 관한 책을 읽고는 자신의 상처 치유를 위해 내 도움이 필요하다면서 함께 공부를 해보자고 권유했다. 그때까지 나는 참선 수행만이 내게 의미 있는 유일한 길이라 믿었고, '나는 지금도 충분히 괜찮다. 우리는 이만하면 잘 사는 거다'라고 평가하고 있었기에 남편의 제안이 달갑지 않았다. 이건 꼭 부부가 함께 배워야 한다고 남편이 부탁했을 때도 '제발 날 가만히 놔뒀으면 좋겠다'라는 생각만 들었다. 지난 세월 동안 그가 흥미 있어 하는 일에 따라다니는 것도 피곤했고 때론 그저 아는 체해주는 것만도 버거웠는데, 이제 또 무엇을 함께 해야 한다니⋯⋯. 그때야 내가 많이 지쳐 있었다는 것을 실감했다.

사실 남편이 그 책을 계기로 변한 것은 아니다. 그때로부터 6개월 전, 〈달라졌어요〉라는 TV 프로그램 방영 시간이 저녁 식사 시간과 겹치면서 우리는 매일 이 방송을 시청했다. 저마다 갖가지 사연으로 배우자에게 실망하고 갈등하는 사람들이 출연해서 상대방 입장을 제대로 들을 기회가 생기고 또한 자신의 고통을 드러내 인정받는 경험을 하면 그들에게 변화가 일어났다. 어떤 해묵은 과오가 있더라도 화해하고 새로 시작하고 싶어 하는 모습을 보면서 우리는 놀라고 또한 감명받았다.

'아! 중요한 것은 과거가 아니라 지금 현재구나. 모든 사람이 행복하기를 바라는 마음에서 한순간도 벗어나 있지 않구나.'

싸우고 적대시하는 일상을 살면서도 사랑하고 사랑받기를 원하는 본능적 욕구는 결코 포기되지 않고 있음을 확인했다. 아마 우리도 이때 '수행자'라는 이름에 묻혀 방치돼 있던 내면의 좌절된 욕구와 상처들이 자극을 받아 꿈틀거렸던 것 같다. 그러던 어느 날, 무심코 뱉은 남편의 말에 발끈하여 결혼 이후 처음으로 내가 속마음을 솔직하게 드러내고 싸우는 일이 생겼다. 며칠을 고민하던 끝에 남편이 진심으로 사과했다. 자신의 삶을 돌아보니 자기밖에 모르고 살았다는 생각이 들어 미안하고 앞으로는 나를 위해 살겠다고 약속했다. 결혼 20년이 지나 우리는 그렇게 새로운 국면에 접어들었다.

하빌 헨드릭스Havill Hendreix 박사에 의해 정립된 이마고 이론을 내가 이해한 바에 의거해 간단히 소개하자면, 개인은 어린 시절 성장 과정에서 충족되었어야 할 욕구들이 좌절됨으로써 상처가 발생하고, 이후 이 욕구를 만족시키려는 무의식적 열망들이 생겨난다. 좌절된 발달 과제를 완수하고 자기완성을 향해 나아가고자 하지만 또한 앞서 경험한 부정적 정서들로 인해 자신을 방어하는 체계로 무장돼 있는 것이 현실이다. 그래서 상처 치유를 통해 성숙한 어른으로 성장하기 위해서는 반드시 그 작업을 함께 해줄 상대가 필요한데, 그 짝이 바로 배우자다. 이 이론에서 가장 핵심적인 것은 '상처란 관계에서 발생하고, 때문에 치유 또한 관계 속에서 이루어진다'라는 것이다. 박사는 자신의 배우자에 대해 '나의 짝', '나의 보호자', '나의 안식처'라는 이미지를 만들 수 있다고 말한다.

헨드릭스 박사가 제시한 '보호자', '안식처'라는 이미지는 어떤 상황에도 자기편이 되어 자신을 무조건적으로 받아줄 수 있는 존재여야 하기 때문에 이는 결국 '애착 대상'과 다르지 않다. 자기 안에서 뿜어져 나오는 다양한 욕구, 감정, 생각들을 보호자인 배우자가 부정하지 않고 인정해주면, 거기에서 건강한 자아 정체성이 형성된다. 자신에게 경쟁력이 있다고 느껴질 때 자신감을 갖고 스스로에 대해, 세상에 대해 탐색할 의욕이 생기며 자연스럽게 분리 독립의 욕구가 일어난다. 그 바탕에는 자신이 보호자와 연결돼 있다는 안전감이 있어야 한다. 애착은 애착 자체에 목적이 있는 것이 아니다. 안정된 애착은 자유롭고 질 높은 탐색으로 나아가게 하는 에너지원이라는 데 그 중요성이 있다. 애착의 최종 목적은 건강한 분리 독립이다.

나는 상처 치유를 하는 내내 '안정된 애착 관계를 형성하는 것이 과연 분리 독립을 보장할 수 있을까?'라는 의구심을 떨치지 못했다. 운 좋게 애착 관계가 새로 형성됐다 쳐도 엄마만 쳐다보며 놀자는 아이처럼 의존적이 되면 어떡하나 불안한 마음이었다. 말하자면 '친밀함이냐, 자유냐'라는 양자택일을 고민한 것 같다. 그런데 여기서 자유에 대한 갈망이 사랑을 거부한 상처로부터 파생된 방어기제임을 알았다. 더 이상 친밀함을 원치 않는다는 거부감의 표시로 '그렇다면 내가 원하는 것은 자유다'라고 결정된 것이기에 진실하지 않았다. 즉, 이 자유는 한정되고 고립된 자유이지 함께하는 가운데 누리는 진짜 자유가 아니라는 거다. 자유는 친밀함을 선택한다고 해서 포기되는 게 아니고, 친밀함을 거부한다고 해서 얻어지는 게 아니었다. 사랑받으면 사랑 속에서 성장한다. 성장하면 독립하려 하고, 독립하면 자기 고유의 삶을 사는 것이 자연의 원리다. 의심하거나 두려워하지 않아도 된다.

다르지만 꼭 필요한 존재

결혼한 몇몇 사람들에게 이마고 이론을 소개했지만 그들은 '이마고 짝IMAGO Match'이 의미하는 바를 받아들이지 못했다. 지난 세월을 겪으면서 자신이 익히 알고 있다고 생각하는 배우자의 이미지를 고집했다.

"저 사람이 내 상처를 치유해줄 사람이라고요? 어림없어요."

'나를 부정하고 무시하고 외면하면서 본인 원하는 것만 달라고 요구하는 저 사람이 내 상처에 관심 가지고 들어줄 리 없다'라고 말했다. 자신을 위해 기다려주고 달려와주리라는 믿음이 가지 않는다고 했다. 우리는 여기서 생각을 분리해야 한다. 지금까지 자신에게 상처를 줬고 의지할 수 없었던 이미지를 가진 그가 아니라, 자신의 상처 치유와 성장을 위해 선정된 짝으로서의 이미지를 새로 만들어야 한다. 왜냐하면 치유와 성장은 관계 속에서 이루어지는데, 이것이 반드시 배우자와의 관계에서 가능한 데는 그만한 이유가 있기 때문이다.

대개 배우자는 자신과 기질이 다르고 애착 성향이 다르다. 왜 부부는 같은 유형이 만나지 않고 다른 기질과 다른 애착 성향이 만나서 사는 걸까? 왜 확대형은 축소형에게 끌리고 저항형은 회피형을 선택하게 되는 걸까? 그 이유를 숙고하다 보니 성(性)이 만들어진 기원으로까지 생각이 미쳤다. 처음에 원시적인 형태였을 때 지구상의 모든 생명체는 자신의 유전 형질을 그대로 복사하는 무성생식을 했다. 성의 구별이 없는 무성생식은 자신을 둘 또는 그 이상으로 쪼개 유전자가 동일한 다른 개체를 만들어내는 번식 방법이다. 지금도 세균, 아메바, 짚신벌레 등은 이 방법을 사용한다. 이 방식은 간편하고 효율적으로 자신의 유전자를 퍼뜨릴 수 있다는 장점이 있는 반면, 모두가 동일한 형질을 가지고 있기 때문에 주변 환경에 빠르게 적응하지 못하고 환경이 크게 변하면 집단 전체가 멸종할 위험이 높다. 그래서 생명체는 자신과 다른 성염색체를 가진 새로운 개체를 만들고 암, 수에서 각각의 생식세포인 배우자配偶者를 결합하여 다음 세대를 만드는 유성생식으로 진화했다. 유성생식은 비용이 많이 들고 '짝짓기'라는 복잡한 과정을 거쳐야 하는 단점이 있지만, 서로 다른 유전자를 섞어 결합함으로써 다양한 유전자 패턴을 가진 자손을 만들어낼 수 있으므로 환경에 적응하기가 유리하다.

즉, 우리는 오랜 진화의 흔적으로 새겨진 본질적 충동에 의해 짝짓기할 배우자를 고를 때, 자신과 다른 성질을 가진 존재에게 이끌리도록 적응돼 있다. 예부터 동서고금을 막론하고 전해져온 '부부는 서로 다른 성격이 만나야 잘 산다'는 속설도 근거 없는 말이 아니다. 배우자가 아닌 친구, 동료 등 다른 관계에서는 기질이 같거나 애착 성향이 같으면 이해되는 측면이 많아 잘 맞고 편안하다는 느낌을 받는 것에 반해, 배우자를 고를 때는 같은 유형끼리라면 혼자일 때보다 더 나은 결과물을 만들어내지 못할 것을 알기에 자신과 다른 기질, 다른 애착 성향을 가진 사람을 선택하는 것이다.

"설령 그렇다 해도 살다 보니 나와 다르다는 것을 알았을 것이고, 어쩌면 서로 맞춰 사는 과정에서 점점 달라졌을 수도 있지 않을까요? 어떻게 처음부터 서로가 반대라는 것을 알았겠어요?"라고 사람들은 반문한다. 무의식을 연구하는 학자들의 실험에 따르면, 쇼윈도에 걸린 옷들 가운데서 자신의 취향에 맞는 옷을 고르는 데 평균 6초의 시간이 걸린다. 즉, 무의식은 한눈에 자신이 원하는 것을 알아본다는 뜻이다. 그런데도 우리가 원하는 것을 모르겠다고 생각하는 것은 '저건 비쌀 거야', '저 옷을 내가 소화할 수 있을까?'라는 등의 의식 작용이 개입함으로써 처음에 무엇이 마음에 들었는지를 기억조차 할 수 없게 만들기 때문이다.

우리는 안전한 생존을 위해 보호자를 필요로 한다. 상대방의 '다름'이 자신의 부족한 부분을 보완해주기도 하지만, 더 근본적으로는 다른 성질의 자극으로 하여금 자신에게 활성화되지 않은 부분들을 계발하게 하는 이익이 있다. 부족한 반쪽이어서 둘을 합쳐 하나로 만들고자 함이 아니라 상실된 기능들을 발달시켜 '나'와 '당신'이 각각 독립된 개체로 성장하도록 도울 수 있다. "저 사람은 어째서 저럴까요?"라고 비난하며 불평하는 것은 자석의 N극과 S극을 붙여놓고 '왜 다르냐'라고 불평하는 것과 같다. '나하고 같으면 안 붙는다'라고 가정하면 편하다. 다르니까 붙은 거다. 남자는 여자와 다르니까 붙은 거고, 저항형은 회피형이 달라 보여서 붙은 거다. 그러므로 '내가 회피형이니 회피형으로서의 상처를 치유해줄 짝으로서는 저항형인 저 사람이 필요하다'라는 새로운 인식을 갖는 것이 현명하다.

관계 회복을 위한 대화법은 상대방이 한 말의 내용을 말한 사람의 언어 그대로 거울에 비춰 보여주듯 반영해주고, 그 말을 "그렇구나"라고 인정해주고, 말한 사람이 느낀 감정을 "그랬겠다"라고 공감해주는 일련의 과정을 말한다. 지금 나는 여러 부분에서 이마고 이론과 다른 생각을 갖고 있지만, 반영하고 인정하고 공감하는 대화법이 관계를 안정되게 만드는 데 유효하다는 생각에는 변함이 없다. 이 대화법은 일시적인 기간 동안만 하는 것이 아니라 몸에 배서 익숙해질 때까지 반복적으로 행해야 한다. 조금만 의식적인 주의를 기울이지 않고 방심해도 금세 더 익숙한 방어 본능이 튀어나와 관계를 위협한다. 하지만 이 대화법을 모든 사람에게 적용하라는 것은 아니다. 이것은 에너지 소비가 너무나 큰 일이므로 가족이 아닌 다른 관계와는 굳이 할 필요가 없다. 일반적인 관계에서는 상대방의 말을 부정하지 않고 잘 들어주는 정도로도 충분하다.

4

반영, 부정적인 감정을 해소하는 연습

거울이 되어준다는 것

반영해준다는 것은 상대방이 한 말을 그대로 비춰 보여주는 것이다. 예를 들어 "일을 했더니 허리가 아프네"라고 말했다면, "일해서 허리가 아프구나"라고 상대방의 말을 그대로 반영해서 대답해주면 된다. 이것이 뭐 그리 어려울까만, 실제로 해보면 정말 어렵다. 보통 가까운 사이면 "아이고, 그것 좀 했다고 무슨 허리가 아프다고 그래?"라고 부정과 묵살의 말을 던지게 된다. 나의 경우는 "그러게. 일을 안 하다가 하면 더 피곤하더라고" 한다. 얼핏 들으면 허리 아프다는 말에 동의해준 것 같지만, 이 반응은 반영하기 어법과거리가 멀다. 허리가 아프다는 말은 '내가 아픈 걸 좀 알아줘. 안마를 해주든 내 수고를 인정하는 말이라도 해줘'라는 의미이지, '안 쓰던 근육을 갑자기 쓰면 통증이 생긴다'라는 사실관계를 확인하려는 의도가 아니기 때문이다.

"당신 허리 아프구나"라고 반영해줄 의향이 있다면 이미 '허리 아픈 사람'에게로 마음이 간 것이다. 결정적으로 중요한 것은 '당신의 현재 상태, 심정, 어려움을 내가 알아주겠다'라는 마음이다. 이 마음이 상대방에게 전달된다면 말은 어떻게 해도 상관없다. 굳이 어법에 신경 쓰지 않아도 된다. 하지만 이런 신뢰가 안정적으로 형성되기까지는 말이 마음을 싣는 뗏목이 되기 때문에 어떻게 말할 것인가를 배우고 연습하지 않으면 안 된다.

실제로 반영하기 대화를 하면 '허리 아픈 남편을 위해 내가 뭔가 해줄 일이 있지 않을까?'로 생각이 이어지게 된다. 그러면 나는 "좀 주물러줄까?"라고 묻지 않을 수 없고, 그래야 남편은 얘기를 꺼낸 보람이 생긴다. 우리의 무의식은 상대가 모종의 보상을 바라고 꺼낸 말인 것을 안다. 그것에 대해 아는 체를 해주면 그에 따른 뭔가를 해줘야 한다는 것을 알기에 상대방의 말에 직접적으로 반응하지 않고 슬쩍 비껴가는 태도를 취하게 된다. 이런 반응을 우리는 '방어 작용'이라고 말한다. 보상해주기 싫은 자신의 마음을 감추면서 상대방의 원하는 마음에 대해 방어하는 행위다. 이 경우 말을 꺼낸 당사자는 좌절감을 느끼고 돌아앉는다. 이런 것을 '상처'라고 이름한다.

방어적 태도들

우리가 타인의 말에 흔히 보이는 반응 중 반영하기 어법에서 벗어난 몇 가지 대화 형태를 적어본다. 이 모든 반응은 상대방의 마음에 공감하지 못하기 때문에 보이는 방어적 태도들이다.

① 질문하기

"우리 부모님은 공부 잘하는 형만 쳐다보셨어. 맛있는 것도 좋은 것도 다 형한테만 사주시고. 그때 '아, 나는 뭘 해도 부모님 눈에 안 띄겠구나' 이런 생각이 들더라고."

"아주버님이 어려서부터 공부를 그렇게 잘했어요? 누님도 잘하셨다면서요?"

마치 상황을 잘 이해하려는 듯한 태도로 보이지만 의미 없는 되물음이다. 말을 건 사람은 형에게 모든 사랑을 빼앗기고 초라한 어린 시절을 보냈다는 억울함, 소외감, 슬픔을 위로받고 싶은데 '공부를 형이 더 잘했느냐, 누나가 더 잘했느냐'라는 엉뚱한 사실관계로 대화가 흘러가니 상대방은 애초의 감정에 몰입할 수 없게 된다.

② 일반화하기

"우리 엄마 정말 너무했어. 오빠는 학교 갔다 오면 밖에 나가서 친구들이랑 놀았는데, 나는 딸이라고 맨날 밥하고 청소하고 집안일 시켰다니까."

"참, 우리 시절에는 다 그랬지. 남아선호사상에 오랫동안 물들어 있던 세대라 그랬나 봐."

앞의 대화와 마찬가지다. 말을 꺼낸 사람은 차별받은 자신의 서러움을 알아주길 바란 것이지, 자신이 받은 부당한 대우가 모두가 겪은 일반적인 일이라는 말을 듣고 싶은 게 아니다. 개인적인 경험을 일반적인 일로 치부하는 것은 상대방의 부정적 감정을 감당하는 것이 부담스러워 피하려는 의도인 경우가 많다.

③ 조언하기

"아, 속상해. 시험 또 떨어졌어. 이번엔 정말 준비 열심히 했는데."
"그러지 말고 B 학원으로 옮겨봐."

대안을 권유하는 건 실패한 사람의 속상한 마음을 먼저 알아준 다음에 쓸 카드다. 지금 당장 속상한 감정을 감당하는 것만으로 버거운 사람에게 새로운 제안을 하는 건 따를 수도 거부할 수도 없는 숙제를 안겨주는 꼴이다. 또 자칫하면 그 실패가 '네 잘못'이라고 질책하는 것처럼 비칠 수 있다.

④ 자기 얘기로 돌리기

"요즘은 아침에 일어나는 것도 힘들고 전에 잘 보이던 글씨도 안 보여. 애들 키우려면 아직 할 일이 많은데 걱정이네."
"그러게. 나도 어제 창고에 갔다가 '내가 뭘 가지러 왔지?'라면서 한참 서 있다가 왔다니까."

이야기의 방향을 자신 쪽으로 돌림으로써 먼저 말을 꺼낸 사람의 불안감은 주목받지 못한다. 상대방의 고충이 제대로 들리지 않으면 본능적으로 대화의 초점을 자기에게 맞추게 마련이다.

⑤ 자기 감정 싣기

"지난번에 철수가 외제 차를 산다기에 형편도 안 좋은데 뭐 하러 비싼 차 사느냐고 내가 말렸거든. 생각해보니 저도 오랫동안 벼르던 일이라 한번 타보고 싶었을 텐데 내가 친구 일에 너무 감 놔라 배 놔라 관여한 것 같아서 마음에 걸리네."
"철수 씨도 살 만하니까 사려던 거겠지. 나한테도 무슨 색 차가 좋아 보이느냐고 묻던데."

자신의 행동을 반성하듯 건넨 상대방의 말에 비난으로 응한 경우다. '평소 당신이 얼마나 남 일에 참견하고 간섭하는지 아느냐'고 지적하고 싶은 분노가 이 말을 빌미로 실려 나간 것이다. 이럴 때 이야기를 꺼낸 사람은 다시 방어적인 태도로 돌변해서 자기 모습을 감추고 하려던 말을 끊는다. 반대로 다른 사람을 두고 불평하는데 상대가 마치 자신이 그 사람의 피해자인 양 과도하게 비난하고 맞장구치면 자기 말의 의도가 왜곡되거나 지나치게 확대됐다고 느껴 급하게 말을 끊는 경우도 있다.

부정적인 감정이 쌓이면 사람들은 자신의 감정을 타인에게 공감받음으로써 그 감정에서 벗어나고 싶어 한다. 그러한 감정을 초래한 직접적인 사건은 현재 일어난 것이지만 대개 그 감정은 어린 시

145

절 경험한 부정적 정서에 뿌리를 두고 있다. 즉, 무의식에 내재된 불안, 두려움, 경계심, 불신 등의 정서적 기억이 어떤 일을 당한 현재의 감정과 연결되면서 이때를 계기로 해소되고 치유되기를 바라 떠오르는 것이다. 그러므로 큰일이건 작은 일이건 '내가 이러이러할 때 저러저러했어'라고 말했을 때, '당신이 이러이러할 때 저러저러했다는 말이구나'라고 반영해주면 자신의 부정적 감정을 누군가 들어주고 알아줬다는 사실에 큰 위로를 받는다.

또 자신의 말을 듣고 그대로 비춰 보여주는 거울을 마주하는 경험을 하면 당사자는 자신의 상태를 객관적으로 봄으로써 부정적 정서에 압도되지 않고 감당할 수 있을 만한 일로 느끼는 놀라운 효과가 있다. 반영하기는 부정적 정서, 즉 상처가 쌓이지 않도록 하는 데 목적이 있다. 그 일로 인해 새로운 상처가 생기지 않았으니 감정은 다시 안정된 상태를 되찾는다. 이것이 반영하기의 힘이다.

부부가 처음 반영하기를 하려고 하면 당연히 잘 안 된다. 그러나 자기 말을 들어주고 반영해주려고 애쓰는 모습, 계속되는 시행착오에도 포기하지 않는 성의를 보이면 배우자는 감동하게 마련이다. 그 태도가 서로에게 신뢰감을 주고 안전하다는 느낌을 만들어 간다. 처음에는 '내가 왜 이 사람 얘기에 귀 기울여야 하나' 확신이 없더라도 계속 연습하다 보면 상대방에 대한 기존 이미지가 차츰 '신뢰하고 협력할 만한 사람'이라는 이미지로 바뀌면서 마음이 달라진다. 그 신뢰감을 바탕으로 어린 시절 겪었던 부정적인 감정들과 무의식에 새겨진 정서적 상처들이 치유되는 길이 열린다.

상대방의 감정과 내 감정을 분리하라

처음으로 부부끼리 반영하기 연습을 하려고 하면 도대체 무슨 말을 어떻게 해야 할지를 모른다. 상담사가 옆에서 "말씀하세요", "끊으세요", "여기서 여기까지 반영하세요"라고 조언해주면 모를까, 상대방이 하는 많고 많은 말 중 어떤 말을 반영해줘야 하는지 구분이 안 된다. 그래서 나와 남편은 상대방의 입에서 떨어지는 모든 말을 반영할 대상으로 삼았다. 남편의 모든 말에 촉각을 세워 듣다 보니 그냥 지나쳐버리는 말이 없어 몹시 피곤했다. 하지만 스트레스를 감내해야 변화의 돌파구도 찾을 수 있다고 믿었다. 반영하기를 일상 속에서 생활화하려면 어느 정도 집중적으로 신경 써야 그 말이 반영할 말인지, 아닌지 차츰 분간해낼 수 있다. 우리 부부에 비해 생업이 바쁜 다른 부부들은 특별한 일이 생겼을 때에만 이 연습을 했다. 그래도 한 번 하면 한 만큼 반드시 관계 진전에 성과가 있었다는 것을 분명히 밝히고 싶다.

확대 회피형 여자가 남편에게 속상한 마음을 털어놓는다. "오늘 식당에서 생일 케이크 먹을 때, 너무 맛있어서 내가 한 조각 더 달라고 했잖아. 그런데 당신이 나한테 안 주고 식당 아주머니한테 주니까 순간적으로 '내가 저 여자보다 안 중요한가?'라는 생각이 들어 서운했어." 축소 저항형 남자는 아내의 말에 펄쩍 뛴다. "당신은 내가 그 여자한테 케이크 한 조각 준 걸 가지고 사람을 오해해? 당신이 중요한 사람이지. 비교할 데다 비교를 해."

그게 아니라고 여자가 다시 말하자 이번엔 이렇게 대답한다. "케이크는 칼로리가 높아서 당신 살찔까 봐 더 안 준 거야. 그렇게 맛있었으면 다음에 내가 또 사줄게." 다시 잘 들어보라고 부탁해도 "알았어. 미안해. 앞으로 내가 더 잘할게"라고 상황을 무마하려는 말만 반복한다. 여자는 남편이 자신의 말을 제대로 알아듣지 못했다고 느꼈다. 예전이었다면 이런 시시한 사건을 '문제'라고 인식하지 못했거나 자신의 불쾌감을 무시하고 지나쳤을 것이다. 그러나 관계를 바로잡아야겠다는 목표를 가진 이상 포기하지 않고 끝까지 이해를 요구했다. 몇 번을 더 시도한 끝에 '당신 말은 이러저러했다는 거네'라고 남편이 반영하는 말을 해주자 그제야 마음이 편안해졌다.

반영하기에서 자신의 부정적 감정을 끄집어내는 것은 배우자를 '상처 준 사람'으로 만들어 비난하려는 목적이 아니다. 자신이 느낀 부정적 감정을 인정받고 공감받음으로써 해소하기 위함이다. 도움을 청하는 심정으로 손을 내미는 것이다. 그래서 말하는 사람은 털어놔서 가슴이 후련해지는데 듣는 사람은 힘들고 언짢다. 관계가 그렇게 짜여 있다. 그러면 어떻게 해야 상대방의 말이 자기를 공격하는 것으로 들리지 않을 수 있을까? 상대방의 것과 자신의 것을 분리해야 한다.

앞의 대화 속 남편의 입장을 살펴보자. 그는 아내의 말에 '내가 아줌마한테 케이크를 준 게 잘못된 행동인가?'라는 의문이 들고, 그런 생각이 불안감을 일으켜 짜증스럽다. 남편은 확대형인 아내와 처가 식구들의 극성에 밀려 집이 아닌 식당에서 생일 케이크를 자르고 손뼉 치는 것이 불편했다. 소음을 만들어 시선을 끈다는 사실에 눈치 보였다. 그 불편한 마음 때문에 식당 아주머니에게 케이크 한 조각이라도 주지 않을 수 없었다. 그런데 남편의 사랑을 독차지하고 싶은 아내의 마음 또한 정당한 것이었다. 비록 케이크 한 조각이지만 다른 여자에게 밀려나는 상황은 배신감과 불안감을 준다. 보호자에게 언제나 자신이 우선이고 싶고, 자기편을 들어주길 바라는 마음이 보호자를 향한 아이의 심리임을 인정해줘야 한다.

반영하기를 연습할 때 유의해야 할 점을 구체적으로 알아보자.

첫째, 상대방의 말을 끊지 않고 듣는다. 상대방이 말하고자 하는 핵심을 바로 파악하기란 어려운 일이므로 오직 반영하겠다는 의지로 끝까지 듣는 인내력, 자제력이 필요하다.

둘째, 상대방이 무슨 말을 하려고 하는지 의도를 생각하면서 듣는다. 상대방의 얘기를 잘 들으려고 해도 그 말에 대한 다른 견해가 계속 떠오르면 이야기의 흐름을 놓친다. 말을 꺼낸 사람의 마음을 쫓아 들어가려고 해야 말꼬리를 물고 늘어지는 일을 막는다.

셋째, 상대방이 사용한 표현을 가급적 그대로 사용한다. 자기 방식대로 이해해서 자신의 언어로 바꿔 표현하지 않고 상대방의 언어로 그대로 돌려줘야 부정당하거나 설득당한다는 불쾌함 없이 안전감을 가지고 대화할 수 있다.

넷째, 상대방의 말을 이해하려고 애쓰지 않는다. '이해했다'는 티를 내려고 조급한 마음에 넘겨짚어 반응하면 구조가 다른 상대방은 엉뚱한 반응에 짜증이 난다. 또한 상대방이 원하는 것은 제 마음을 알아달라는 것이지 민원을 처리해달라는 요구가 아니니 감정을 알아주는 것이 답임을 깨달으면 사실관계를 파악하는 것이 중요하다는 생각에서 벗어날 수 있다.

다섯째, 해명하고 싶은 충동을 이겨내야 한다. 당장 억울하고 부당하다는 느낌이 들어도 '일단 이 사람의 아픔을 들어주자'라는 마음으로 자신의 충동을 잠시 누른다.

분노와 마주할 용기

솔직히 나의 경우 반영하기가 잘되지 않았다. 분명히 귀를 세우고 집중해서 들었건만 마치 새가 허공에 글씨를 쓰고 날아간 듯, 듣는 족족 앞 얘기는 지워지고 뒷얘기만 들렸다. 빙빙 돌아가는 줄넘기 안으로 뛰어 들어가야 하는데 들어갈 타이밍을 맞추지 못해 우물쭈물했고, 어쩌다 들어가면 바로 줄이 엉켜버리는 것 같았다. "내가 하는 말을 그대로 반영해주기가 그렇게 어려워?"라며 속상한 표정을 짓는 남편을 볼 때면 죄인이라도 된 심정이었다. 최선을 다해 노력하는데도 계속 아니라고 짜증 내면 그가 밉기도 했다. 이런 과정을 2년 가까이 겪었다. 그렇지만 하다 안 되면 잠시 쉬고, 생각한 뒤에 다시 얘기를 나누는 한이 있어도 우리가 대화를 포기한 적은 없다. 남편은 내게 반영도 공감도 제대로 받지 못했지만 그나마 내가 최선을 다한다는 사실에 만족하며 공부를 계속했다.

도대체 무엇 때문에 반영해주는 것이 이렇게 어렵고 안 되는가를 고민하다 보니, '감정 읽기'가 안 되기 때문임을 알았다. 상대방이 어쩌고저쩌고 했다는 얘기를 꺼냈을 때, 그 사람이 느꼈을 감정이 대충 헤아려져야 그것이 하나의 상황으로 전달될 텐데, 도무지 공감되지 않는 낯선 얘기를 들으니 이는 마치 알아듣지 못할 외국어가 된다. 감정을 공감하려면 그 감정이 뭔지에 대한 자료가 내게 있어야 하고, 해당 자료가 있으려면 나 역시 경험 속에서 그런 감정을 느꼈어야 한다는 결론이 나온다. 그래서 반영하기를 제대로 하려면 '자기 감정 읽기'가 전제돼야 한다는 사실을 발견했다. 이 상관관계를 이해하고 나니 어렴풋이나마 그와 내가 연결돼 있는 관계임을 느꼈다. 감정이란 걸 읽기 시작하면서 그가 하는 말이 어떤 감정 상태에서 하는 말이겠다는 짐작이 가고, 그제야 그가 하는 말의 내용이 그림처럼 그려져 머리에 들어왔다.

그다음 문제는 상대방의 감정 속으로 들어가지 못하는 것이었다. 공감은 일종의 감정이입이다. 회피라는 상처는 내가 그의 부정적 정서에 가까이 가지 못하도록 붙잡았다. 그의 부정적 정서에 공감하면 그 순간 나 역시 어두운 구덩이 속으로 빠져 들어가 도저히 헤어나지 못할 것 같은 두려움을 느꼈다. 이는 마치 기울어지는 배에 올라타라는 명령과 같았다. 나중에 보니 그것은 내 안에 도사린 절망과 상실의 구덩이였는데, 이것을 직면하기 두려워 남편의 감정에도 얼씬거리지 않으려 했던 것이다.

그러던 어느 날, 영화 〈겨울왕국〉을 함께 보고 돌아온 직후였던 걸로 기억한다. 남편이 "더 이상 반영하기를 요구하지 않을 테니 잘

해야 한다는 짐을 벗어버리고 당신 마음 가는 대로 해"라고 말했다. 회피형으로서의 분노와 거부감이 있는데 그것을 부정하고 숨기면서 애쓰려니 오히려 활로를 찾지 못한다고 생각했나 보다.

내 마음을 있는 그대로 드러내도 좋다고, 잘하지 않아도 좋으니 'Let it go' 하라고 그가 응원해주었다. 내 상처를 온전히 인정해주고 받아주는 그의 모습에서 '내가 구덩이에 빠져 허우적거려도 손 내밀어 건져 올려주겠구나'라는 믿음이 생겼다. 나의 절망감을 대면하고 그도 놀랐을 텐데 포기하지 않고 버리지 않고 함께하겠다고 말해주니 고마웠다. 비로소 두려움을 딛고 나의 분노, 절망, 슬픔을 마주할 용기가 났다. 내 상처의 중압감으로부터 한결 홀가분해졌다. 되는대로 해도 된다고 하니 부담이 없어져서 '이렇게 해볼까?'라는 자발적인 마음이 살아났다. 참으로 오랫동안 노력하고 기다리고 바랐음에도 일어나지 않을 것 같았던 일이 마음을 비우고 물러서자 성큼 다가와 있었다.

거울을 발견하다

그 뒤로도 반영하기는 어려웠다. 아무리 마음먹어도 반영하려고만 하면 당황하는 이유가 무엇일까를 다시 고민했다. 그러던 어느 날 내게 '거울에 대한 이미지'가 없기 때문이라는 사실을 발견했다. 한편으로는 슬프고 한편으로는 후련했다. 슬프다 함은 회피라는 상처의 실체를 실감함으로써 가슴 깊이 가둬뒀던 서러움이 복받쳐 올라왔기 때문이고, 후련하다 함은 실체를 똑똑히 목격한 것은 곧 벗어남을 의미했기 때문이다. 무엇이 부족한지 모를 때는 알 수 없는 것들을 찾아 무작정 헤매지만, 없는 것이 무엇인지를 분명히 알아버리면 없는 그것을 찾은 것이다.

내게 없다는 사실을 알아차린 그것이 곧 거울이 생기는 순간이었다. 신기한 일이었다. 그날 이후 나는 남편이 얘기를 하면 길든 짧든 좋은 일이든 나쁜 일이든 긴장감 없이 반영해서 말할 수 있었다. 그전에는 그의 말을 들으면 그 말이 좋은 말인지 안 좋은 말인지, 내 생각과 맞는 말인지 다른 말인지 말뜻을 헤아려 이해하고 판단하려 했는데, 이제는 그런 필터 없이 마법 거울을 가진 요술 공주처럼 그의 말을 비춰 돌려주기만 하면 된다.

거울은 곧 엄마다. 아이가 웃을 때 엄마가 그 웃음에 대해 소리든 표정이든 어떤 반응을 해줘야 그것을 보고 아이는 자기가 웃었음을 인식하고 웃은 행위의 의미를 경험한다. 아이의 웃음에 반응해주는 엄마가 없다면 아이는 더 이상 웃지 않게 된다. 의미 없는 일을 더 이상 하지 않게 된다. 반영하기를 '비춰 보여주기'라고 표현하는 것은 자기 식으로 이해하고 끝내는 것이 아니라 '내가 너의 것을 제대로 받았음'을 상대에게도 보여서 함께 공유한다는 의미가 있다. 이것이 관계를 형성하는 것이다. 스펀지처럼 혼자 흡수하고 돌아오지 않는 메아리처럼 말을 먹어버리면 관계가 성장하지 못한다. 공을 보내면 그 공을 상대방이 받아 다시 자신에게 돌려줘서, '주는 너'가 있고 '받는 나'가 있게 해주는 것, 이것에서 우리는 자신의 존재감을 느끼고 확인한다. 또한 이런 경험으로 안전감이 쌓이면 점차 많은 상황에서 자기 생각, 감정을 관찰하고 인식하는 데 성찰적 태도를 갖는 밑거름이 된다.

부정에 익숙하면 소중한 것을 놓친다

마지막으로 반영하기 어법보다 더 중요한 한 가지를 강조하고 싶다. 바로 '부정하지 않는' 습관이다. 나는 이 공부를 하면서 우리의 일상이 얼마나 많은 부정에 익숙한지를 발견하고 경악했다. 부정하고 부정당하는 일이 너무도 일반적이고 상시적이라서 하는 사람도 당하는 사람도 그것을 의식하지 못할 정도다. 상대방이 자신의 생각, 감정, 욕구 그리고 행위를 부정한다고 매번 의식적으로 인식하는 것은 아니지만 부정당하는 느낌이 무의식에 쌓이면 자존감을 약화시켜 자신 있게 말하고 능동적으로 행동함을 주저하게 된다. 또 자기를 부정하는 상대방에 대해 불신을 가짐으로써 가까이 가지 않게 된다.

어느 이른 봄날, 창문 밖을 쳐다보다가 뒷동산으로 이어지는 길로 어떤 사람이 오르는 것을 보았다. "누가 산으로 올라가네. 날씨가 풀려서 이제 슬슬 산에 가나 보다"라고 했더니 옆에 있던 남편이 "심심해서 올라가는 거야"라고 말한다. 내 말에 쓸데없이 딴죽을 거는 것 같아 불쾌했다. 물론 남편이 의도적으로 내 말을 무시하고 논쟁하려는 건 아니었을 것이다. 산에 오르는 사람에 대해 자기도 나름의 판단을 했을 뿐이다.

"어제 일기예보에서 그러는데 오늘부터 날씨가 많이 풀린대."

나는 기온이 높아졌다는 정보를 내세워 내 견해를 한 번 더 피력해봤다. 그러자 남편도 지지 않고 얘기를 보탰다. 며칠 전 집 앞에서 만난

동네 아저씨가 "심심해서 산이나 가야겠어"라고 말하는 걸 들었다는 거다.

우리는 왜 무심코 한 상대방의 말에 끼어들어 '내가 옳으니, 네가 옳으니' 시비를 가리려 들까? 이것이 뭐 그리 중요하다고 핏대를 세우며 덤벼서 내 어깨를 주물러주고 함께 맛있게 식사해야 할 사람의 기분을 상하게 하는 걸까? 이런 말을 서슴없이 하고도 '너를 사랑한다', '너를 신뢰한다' 말하고 듣기를 원하는지 의아하지 않은가. 이 일을 계기로 남편과 내가 서로에게 어떻게 말하고 있는지를 세심하게 살폈더니 참으로 가관이었다. 남편이 달을 가리키며 "야! 달이 참 밝다"라고 감탄하면 나도 달이 밝다고 말해도 좋을 것을 꼭 '밝다'라는 말은 빼고 다른 표현을 써야 할 것 같은 압박을 느꼈다. "달이 정말 둥그네"라고 말하는 나를 보면서 글짓기 대회에 나온 것도 아닌데 왜 굳이 이러는지 의구심이 들었다.

사람들은 모두 자기 존재를 타인으로부터 인정받고 싶어 하는 본능이 있다. 확대형이건 축소형이건, 어른이건 아이건 형태는 달라도 기본적인 욕구는 다르지 않다. 자신의 생각, 감정, 욕구가 옳다고 주장하면서 돋보이고 싶은 것은 '나'라는 존재의 지속이 정당한 것으로 인정받고 싶은 생존 욕구에서 비롯한다. 지극히 당연한 자아의 작용이다. 그런데 이것이 상대방을 부정하면서 해도 정당하다는 의미는 아니다. 자신의 생각과 다른 타인의 생각을 들으면 자신의 생각이 부정당했다는 느낌이 들고, 이는 곧 내 존재가 부정당했다는 느낌으로 인식되어 불쾌하다.

상대방을 부정하는 태도는 돌이켜보면 상대에게 상처가 될 뿐 아니라 자신에게도 손해로 남는다. 자신 또한 상대에게 사랑받고 싶은데 상대를 부정하고 불쾌하게 함으로써 그에게 받고 싶었던 인정과 사랑을 얻지 못하기 때문이다. 산을 타는 그 남자가 심심해서 올라갔건 날이 풀려서 일거리를 찾아 올라갔건 우리 부부의 행복과는 상관이 없다. 무엇이 진실인지 밝힌답시고 당사자를 붙들고 물어봐야 소용없는 일이다. 옳고 그름을 따지는 문제보다 더 중요한 것은 상대가 자신과 함께 있으면서 안전하다고 느끼는지, 부정당한 느낌을 받고 불쾌하지는 않았는지다. 상대도 자신도 즐겁고 행복하기를 바라는 마음에 한 치의 다름이 없다는 사실만이 가장 중요한 진실이다.

이것은 나의 불안이다

남편과 나는 상대방과 다른 자기 생각을 드러냄으로써 결과적으로 상대방에게 부정당하는 느낌이 들게 하는 일을 멈추기로 했다. 그러다 보니 누구든 먼저 말하는 사람이 장땡인 상황이 벌어졌다. 어느 날 마당에 앉아 있다가 곁에 있는 국화를 보며 남편이 말했다. 국화 끝을 잘라줘야 곁순이 더 많이 나온다고. 그 말은 맞다. 그래서 얼마 전에 우리는 일차로 국화 순지르기를 했다. 전문가들은 한 번 더 순지르기를 해도 된다는데 아마추어인 나로서는 혹시 시기가 너무 늦어서 이미 형성된 꽃대에 손상을 주는 것은 아닐까 불안했다. 그러나 그 말을 꺼내려던 순간 남편의 의견을 부정하지 않기 위해 하고 싶은 말을 참았다.

157

'이것은 나만의 불안이고 나만의 생각이다. 만에 하나 꽃대를 잘라서 올해 국화를 못 보게 된다 해도 남편에게 부정당한 기분을 안겨주는 것보다 나쁜 일은 아니다.'

그러고는 남편의 뜻에 따라 또 한 번 잘랐다. 그해 가을, 어느 해보다 풍성하게 국화가 피었다.

하나의 일을 두고 시시비비를 따지는 일은 중요하지 않다. 사실 세상 모든 일이 자기 결정과 계획대로만 흘러가지는 않지 않은가. 국화 순지르기를 결정해놓고도 갑자기 손님이 오는 바람에 외출했다 때를 놓치고 차일피일 미루다 잊어버릴 수도 있고, 순지르기를 하지 않기로 했다가도 다른 일을 하다가 갑자기 눈에 거슬려 자를 수도 있다. 어떤 일의 성사 여부는 비단 자신이나 타인의 의사에 의해서만 이루어지는 것이 아니라 다른 여러 조건들의 얽힘에 의해 만들어진다. 이런 이치를 유동적으로 받아들이면 지금 자신의 의견이 절대 양보할 수 없는 최후의 제안인 양 덤비지는 않을 것이다. 관계를 위해 가장 좋은 태도는 자신과 다른 타인이 다른 의견을 갖고 있을 때 참고 들어주며 인정하려는 자세다.

반영하기 대화법으로 정서의 상처가 치유되고 자존감이 높아지면 차차 관계가 놀라울 만큼 개선된다. 생각이 다른 상대의 말을 들어도 '저 사람이 나를 무시한다', '나를 부정한다' 같은 불안감이 들지 않아 다른 생각을 인정하고 받아들이기가 수월해진다. 배우자가 자신을 부정하지 않는다는 신뢰감이 형성되어, 훨씬 여유 있고 너그러운 마음으로 서로의 의견을 주고받게 된다.

반영하기만 해주어도, 부정하지만 않아도 관계는 안전해진다. 부정당하지 않으면 자기 존재에 대해 스스로 부끄럽게 생각하는 마음이 없어지고 당당해지면서 인정받고 칭찬받아야 할 필요도 덜 느낀다. 무엇을 잘해서 칭찬받기보다는 살아 있는 존재 자체로 존중받아 마땅하고 사랑받기에 충분하다고 믿어지므로 더 이상 잘하고 못하는 것에 비교당하고 평가당할 필요가 없다. 만약 잘했을 때 잘한 일에 대해서만 칭찬받는다면 계속 칭찬받기 위해, 자기 존재를 인정받기 위해 노력할 것이고, 잘하지 못하면 인정받지 못할까 불안해 세상 눈치를 볼 것이다. 칭찬해주는 것도 중요하지만 더 절실한 것은 상대방을 부정하지 않는 것이다. 실제로 해보면 알겠지만 부정하지 않기는 칭찬하기보다 훨씬 어렵다.

관계 위에 일이 자리하면 함께하는 즐거움은 놓치고 만다. 일 속에 행복이 있는 것이 아니라 그 일을 함께 하는 사람과의 관계에 행복이 있다.

5

인정, 긍정적인 정서를 만들어주는 연습

타인의 말을 인정하는 것은 왜 이리도 어려운가

친구들이 집으로 공부하러 오는 날, 남편이 내게 말했다. "친구더러 들어오는 길에 커피 좀 사 오라고 해. 나는 카페라테 마실 거야. 당신은?"

그 말을 듣자 나는 가슴이 뛰었다. '그럼 안 되는데. 그건 아닌 거 같은데……'

손님이 오면 집주인이 먹을 것을 대접하는 게 당연한데, 꼭 '우리가 상담해주고 공부시켜주니 너희 먹을 건 너희가 챙겨라'라고 말하는 것 같아 내키지 않았다. 남편의 말을 대놓고 반대할 수 없었지만 최소한 그런 염치없는 행동에 같이 끼기는 싫었다. 그래서 "난 필요한 거 없는데……” 하고 슬쩍 멋쩍은 웃음을 지었는데, 그것이 남편 눈에 비웃음으로 읽혔다.

남편이 말했다. 우리가 반영하기를 연습하는 것은 상대방 말에 ‘그럴 수 있다’라고 승인해주기 위함인데, 내가 자기 의견에 동조해주지 않고 쏙 빠져버리니까 자기 욕구를 인정해주지 않고 자기를 버리는 것으로 느껴진다고.

인정하기는 상대방의 욕구, 생각, 감정이 자기 것과 달라도 그의 기질과 애착 성향, 입장을 인정해주는 것이다. ‘친구에게 나의 필요를 요구하는 것은 관계를 위태롭게 하는 일이다’라고 인식하는 나로서는 남편의 욕구에 공감할 수 없었다. 그러나 친구를 어려운 손님으로 생각지 않고 ‘함께 어울리는 사람’으로 인식하는 남편에게는 자연스러운 일이었다. 또 자신이 공부를 가르쳐주니까 가끔 맛있는 커피라도 얻어먹는 보상이 있어야 그 재미에 공부를 계속할 수 있다는 말도 저항형인 그로서는 정당했다. 나는 그 ‘다름’을 인정해줘야 했는데 그러지 못했다.

우리가 타인의 의견을 전적으로 수용하고 인정해주기 힘든 것은 ‘내 것을 버리고 네 것에 동의해야 한다’라고 인식하기 때문이다. 즉, 상대방 생각을 인정해주면 자신의 생각이 부정되는 것 같아서 억울한 마음에 그럴 수 없다. 기본적으로 모든 사람은 자기 생각이 옳다고 여긴다. 자신의 경험과 지식을 바탕으로 축적된, 생존을 위해 필요한 선택들로 짜인 프로그램이다. 그렇기에 아무리 사소한 것이라도 쉽게 버리기가 힘들다. 우리에게 우리 생각이 옳다면 타인에게 역시 그들의 생각이 옳은 것일 텐데 그들의 말은 우리에게 틀리게 들린다. '다른 것은 틀린 것'이라고 인식되고 이 인식은 '틀린 것은 싫다'라는 감정과 맞닿는다. 하지만 '내 것을 버려야만 네 것을 인정해줄 수 있다'라는 압박감은 갖지 않아도 된다. 상대의 것을 인정해주라고 해서 자신의 것을 버리라는 의미는 아니다.

남편이 예취기 작업을 하려고 기계를 꺼낸다. 오래된 물건이라 매번 손을 봐가면서 쓰는데 이번에는 아무리 여러 번 시도해도 시동조차 안 걸려서 애를 먹고 있다. 화가 난 남편이 예취기를 향해 냅다 짜증을 낸다. 곁에서 구경하던 나는 남편의 태도에 겁을 먹는다. 나는 겁을 먹으면 그 즉시 얼어붙기 때문에 남편은 이것을 민감하게 감지한다. "예취기가 말을 안 들어서 짜증 냈는데 왜 당신이 겁을 먹어?" 남편이 억울해한다.

"나는 화내는 당신 태도를 보면 무섭기부터 한데 어떡해."

남편은 이 말을 반영해주고 인정해줘야 한다는 것을 알지만 쉽게 입을 떼지 못한다. 왜일까? 무섭다는 내 말을 인정해주고 나면 다시는 그런 상황에 짜증을 내서는 안 되는 것으로 여겨지기 때문이다. 앞으로는 절대 화를 내지 않겠다는 약속 같은 구속력이 느껴져 선뜻 내 말을 받아들이고 인정하기가 힘들다.

우리를 당혹스럽게 만드는 상황들이란 대개 타인의 행동에 타당한 이유가 있다고 인정되면서도 그에 반하는 자기 감정과 행동이 일어나고 이를 억제해야만 하는 경우다. 이를테면 꼭 필요한 물건이어서 눈이 빠져라 택배를 기다렸는데 며칠 뒤 기사가 와서 명절

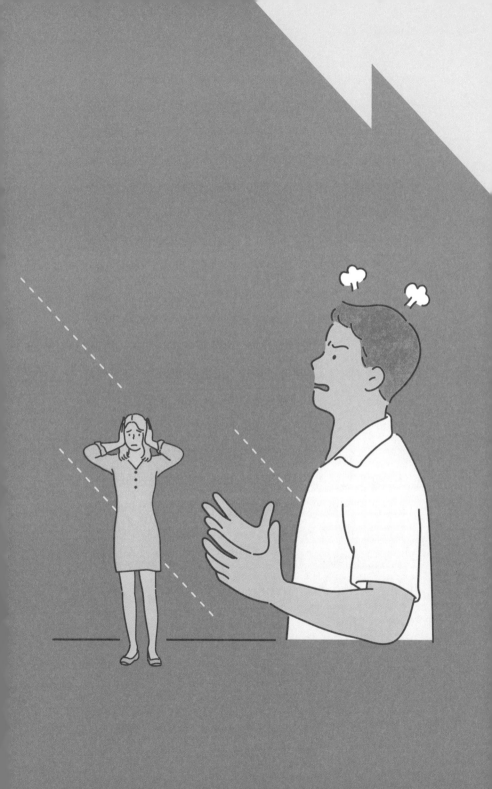

이 가까워 택배량이 많다 보니 배달이 늦었다고 말하면 그것에 대해 불평하는 것은 온당하지 않다고 여겨진다. 정황을 보면 이해가 되니 짜증 내서는 안 될 것 같은데 그런데도 짜증은 나니 이래저래 본인만 답답하고 꼴이 우습게 된다. 아저씨도 그럴 만한 이유가 있었지만 기다리는 물건이 도착하지 않는 상황에서 짜증 나는 '나'의 감정도 정당하다.

이럴 때 우리는 상대방의 감정과 자기 감정을 분리해야 한다. 예취기 시동이 안 걸려서 짜증 나는 것은 당연한 일이다. 하려는 일이 뜻대로 안 되면 분노라는 감정이 일어나는 것은 본능이다. 또한 화난 사람 곁에서 두려움을 느끼며 경계심이 생기는 것 또한 당연하다. 언제 어떻게 상대방의 화가 자신에게 불똥 튈지 알 수 없는데, 아무런 감정적 동요가 없다고 하면 그것은 사람이 아니라 목석일 것이다. 남편의 분노도 내가 느낀 두려움도 모두 정당한 반응이라 인정한다면, 이 문제를 어떻게 처리해야 할까?

제일 먼저 할 일은 나와 남편 모두 불안정 애착 상태임을 받아들이는 것이다. 만약 기분이 아주 좋은 날이었다고 가정한다면, 예취기 시동이 안 걸린 것은 순간적으로 짜증스럽지만 굳이 짜증 내지는 않을 수 있다. 즉, 예취기 때문에 일어난 짜증이 전반적으로 기분 좋은 분위기에 묻혀 대수롭지 않게 넘어갈 수 있다는 뜻이다. 이처럼 우리가 예취기 시동에, 불친절한 점원의 말투에, 병뚜껑이 즉각 안 열리는 상황 따위에 쉽게 짜증 나는 것은 기본적으로 불만이 누적된 불안정한 상태에 놓여 있기 때문이다. '세상이 나를 알아주지 않는 것도 성질나는데 이깟 예취기조차 내 뜻을 안 받아주고 무시한다' 느끼니까 그 일을 핑계 삼아 불쾌감을 드러내서 불만족을 인정받고자 함이다. 그래서 화낼 만한 일이라고 여겨지는 것에 화를 터뜨리고 나면 순간 후련하게 느껴지는 측면이 있다.

나의 경우도 마찬가지다. 스스로를 지키지 못한다는 자괴감과 패배감, 내 편이 없다는 불안감에 젖어 있지 않았다면, 시동이 안 걸려서 짜증 내는 남편의 입장을 인정하고 도리어 위로해줬어야 한다. 그런데 나 역시 상처가 있어서 불안하니까 남편이 예취기에 화내는 것이 아니라 내게 화내고 있는 것처럼 두려움을 느낀 거다. 만약 '남편은 나를 부정하지 않는다. 남편은 나를 보호한다'라는 신뢰가 있었다면 남편의 짜증을 내게 화내는 것으로 왜곡하지 않았을 것이고, 무섭다고 반응하지 않았을 것이다.

상처는 진실을 왜곡한다

타인의 반응을 공격이나 무시로 인식하는 것은 전적으로 자기 안의 상처 때문에 왜곡돼서 보이거나 들리기 때문이라는 사실을 인정해야 한다. 우리의 애착이 불안정함을 알지 못했을 때는 화낼 일이 아닌 때 화내는 것이 불만스럽고 겁먹지 않을 일에 겁먹는 것이 비참하게 느껴졌지만, 남편도 나도 모두 안정된 애착이 형성되지 않아 그렇다는 걸 받아들이고 나니 조금은 살길이 보였다. 서로가 드러내 보이는 모습들이 사실은 진심이 아니라 상처로 인해 자신을 보호하고 방어하기 위해 마련한 어쩔 수 없는 장치들이라는 사실을 알고 나니 서로를 가엾이 여기는 마음이 일어났다. 즉, 상대가 보여주는 모습이 인정받고 사랑받고 싶은 욕구에서 발현된 방어적인 행동임을 파악하면 '네 상처로서는 그럴 수 있어'라고 인정해주는 것이 가능해진다. 처음에는 화내고 무서워하는 자신의 행위가 정당하고 당연한 것으로 여겨지지만, 차츰 상처를 인정받고 치유가 이루어지면, 이것이 자신을 방어하기 위한 무기였음을 알게 된다.

"안 돼. 난 무서움이 많으니까 네가 버릇을 고쳐서 절대 화내지 말아야 해"라고 주장하는 것은 무서움이라는 명분을 내세워 자신의 욕구에 복종하도록 상대의 행동을 통제하는 태도다. 자신의 욕구나 생각, 감정이 상처로 인한 왜곡에서 비롯됨을 깨달으면 점점 그 무기를 손에서 내려놓고 싶어진다. A가 B보다 낫다는 내 생각을 고집하기 위해 안간힘을 쓰는 것이 상처로 인한 방어임을 알게 되면 그럴 필요가 없어져서 B가 A보다 나을 수도 있고, A나 B보다 제3의 의견인 C가 나을 수도 있다는 식으로 생각이 유연해진다. 상대의 생각, 감정, 욕구, 행동을 부정하면서까지 자기 것을 지키려고 대립하는 힘겨루기가 약화된다.

모든 것은 조건 지어져 있다. 성별도 기질도 애착 성향도 모두 물리적·심리적·사회적 조건에 따른 발현이다. 우리의 애착 성향이 어떤 조건에 의해 형성된 것이라면 그 조건을 바꿔줄 때 우리의 모습도 달라질 수 있다. 모든 존재는 변화한다. 우리는 그것을 믿는다. 하지만 달라질 수 있는 조건을 만들지 않고 달라지고 싶다는 마음으로 기대만 한다면 그것은 헛된 망상이다. 무서워하는 내가 정당하다고 해서 남편이 화내서는 안 되는 게 아니고, 화내는 남편이 정당하다고 해서 내가 무서워해서는 안 되는 게 아니다. 무섭다는 내 감정을 인정해주는 것과는 별개로 남편은 짜증 날 수 있고, 같은 상황에서 다시 화낼 수도 있다는 것을 인정받아야 한다.

긍정적 반응이 긍정적 정서를 부른다

내 경험에 따르면 인정을 받으면 부정적 감정이 해소되고 나 또한 상대방 처지를 이해하려는 의욕이 생겼다. 반면 아직 도덕 관념이 형성되지 않은 어린아이들에게 옳고 그름을 가르쳐야 하는 부모 입장에서는 인정하기를 실행하기가 어렵지 않을까 싶었다. 그러나 얼마 전 들은 이야기를 통해, 감정을 다루는 원리는 어른이나 아이나 다를 것이 없다는 확신을 가졌다.

올해 일곱 살 된 쌍둥이를 포함해 네 아이를 둔 엄마가 있다. 남편 생일이 다가왔는데, 명절 이틀 뒤여서 따로 생일상을 차리지는 않기로 했다. 고등학생인 맏이가 동생들에게 세뱃돈에서 얼마씩을 걷어 아빠 생일 선물을 사자고 제안했다. 등원하는 차 안에서 쌍둥이 중 언니인 형아가 자기는 돈을 낼 수 없다고 울었다. 엄마가 아이를 붙들고 반영하기를 해주었다.
"형아는 아빠 선물 사는 데 돈을 보태고 싶지 않구나."
그런 다음 왜 그러느냐고 물었다. 아이는 그 돈으로 사고 싶은 인형이 있다고 했다. 엄마는 아이의 마음을 인정해주고 '돈을 내고 싶지 않으면 안 내도 된다'라고 허용해주었다.

다음 날 큰오빠가 동생들에게 돈을 내라고 하자 형아는 아무렇지 않은 얼굴로 흔쾌히 돈을 꺼냈다. 그런데 이번엔 쌍둥이 동생 민아가 닭똥 같은 눈물을 떨어뜨리며 울었다. 민아도 돈을 내기 싫다는 것이었다. 엄마가 물었다. "그럼 민아는 아빠 생일에 뭐 하려고 했어?"

아이는 카드를 써서 드리려 했다고 말했다.

"그래? 그럼 다음에 민아 생일에도 엄마가 카드만 주면 되겠네"라고 했더니, 아이가 한참을 생각한 뒤에 시무룩한 얼굴로 다시 돈을 내겠다고 말했다. 형아와 민아는 왜 다른 반응을 보였을까?

그녀가 처음에 형아 얘기를 들었을 때는 마음의 여유가 좀 있는 상황이어서 반영해줘야 한다는 생각이 떠올라 제대로 해주었고, 민아가 내기 싫다고 말할 때는 그 행동은 잘못이라는 생각과 가르쳐야 한다는 마음이 앞서는 바람에 예전에 하던 대로 반응했다고 한다. 결과적으로 돈을 낸 행위는 형아와 민아 모두 같았지만, 이 일을 기억하는 두 아이의 마음은 같지 않을 것이다. 자신의 욕구를 인정받은 형아는 자발적으로 돈을 냈으니 아빠를 위해 보람 있는 일을 했다는 기쁨을 느꼈을 것이다. 반면 엄마의 은근한 협박에 몰려 타협하듯 돈을 낸 민아는 마지못해 돈을 내놓은 억울함이 가슴속에 남았을 것이다.

아이의 말을 들었을 때 엄마는 그에 대해 즉각적으로 긍정적이거나 부정적인 느낌이 들고, 그 느낌에 입각해서 반응한다. 그리고 아이는 엄마의 반응에 따라 그것을 자신의 상태로 인식한다. 이것이 정체성이다. 거울에 비친 이미지에 의해 형성되고 축적된 기억들이 '나'라는 정체성의 일부가 된다. 시간이 흐르면 '돈을 냈다'라는 일회적인 사건은 기억에서 지워져도 엄마와의 상호작용에서 자신이 느꼈던 정서는 자기 것으로 저장되어 남는다. 만약 엄마가 돈 내지 말라고 말은 했지만 실망스럽다거나 짜증 내는 태도를 보여줬다면 아이는 엄마가 허락했다는 말보다 엄마의 부정적인 태도를 기억할 것이다. 즉, 사실관계보다는 상대방의 태도가 어떠했느냐가 서로의 관계에 더 깊은 영향을 끼친다.

'인정받은 나'와 '부정당한 나'

놀이터에서 돌아온 아이가 엄마에게 하소연한다.

"엄마, 철수가 나 때렸어. 나쁜 새끼. 내일 가서 내가 때려줄 거야."

이럴 때 엄마가 "우리 영훈이, 친구가 때려서 속상하구나. 영훈이는 철수를 때리고 싶구나"라고 아이의 말에 공감의 반응을 해준다면 어떤 변화가 있을까? 아이는 너무 분하고 억울해서 내일 친구를 만나면 반드시 때려줄 거라 생각했다. 그런데 가장 가까운 엄마가 자신의 감정을 반영하고 인정해주는 순간, 마음속에 도사리던 화가 밖으로 정체를 드러내 눈앞의 실재로 보인다. 그러면 그 감정은 의미를 다하고 소멸한다. 영훈이는 때리고 싶을 만큼 분하고 속상했던 것이고, 이를 인정받음으로써 누군가 그 마음을 알아주기만 하면 된다는 것을 경험하게 된다. 시간이 좀 흐르고 나면 그래도 심심할 때 놀아주는 친구로는 철수가 제일이라는 생각도 든다. 엄마한테 말은 안했지만 자기가 먼저 철수를 놀린 탓도 있다는 생각이 슬그머니 고개를 든다.

'나'가 따로 있는 것이 아니다. '나에게서 일어난 생각'이 '나'이고,

'나에게서 일어나는 감정'이 '나'다. 자기 자신에게 속한 것이 자기 것이다. 그때그때 상황에서 '돈을 내기 싫은 나', '때리고 싶은 나', '짜증이 솟구치는 나', '억울한 나' 등 온갖 욕구와 생각, 감정, 행위의 형태로 '나'의 존재가 드러날 때 우리는 그것을 '나'라고 이름한다. 자신에게서 나온 그것을 상대방이 비난하고 부정하면 그것은 곧 자신을 부정하는 것으로 인식되고, 자신도 자신을 그렇게 취급해야 할 것처럼 느껴진다. 자신을 있는 그대로 가치 있다고, 사랑받을 만하다고 느끼고 싶어 하는 마음에 상처가 된다.

앞의 상황에서 만약 엄마가 "안 돼, 그럼 못써. 친구가 때린다고 너도 때릴래? 친구랑은 사이좋게 지내야지"라고 말한다면 아이는 엄마에게 제지당한 데다 착한 행동까지 강요받았기에 친구가 더 얄미워진다. 자신의 감정과 생각이 부정당해서 기분이 언짢아져 엄마의 훈계에도 불구하고 반드시 철수를 때리고 싶어진다. 왜냐하면 이미 자신은 부정적인 반응을 얻은 부정적인 아이니, 친구를 때리는 나쁜 행동을 하는 것이 이상한 일이 아니기 때문이다. 그래서 엄마 앞에서는 친구를 때리지 않을 수 있지만 지나가는 개에게 돌을 던진다거나 동생에게 과자를 나눠주지 않는 것 등으로 분풀이를 한다. 어떤 식으로라도 자신이 느낀 부정적 정서를 드러내 해소하고자 한다.

반대로 때려주겠다는 생각을 일으킨 아이가 부정당하지 않고 인정받으면 '인정받은 나는 긍정적인 나'로 인식되고, 이것은 '긍정적인 행위를 하는 나'로 연결된다. '엄마가 때리겠다는 내 생각을 인정하고 지지해줬으니 난 마음 놓고 때려도 돼'라고 생각할 리가 없다는 말이다. 엄마가 자신을 '정당한 나', '예쁜 나'로 비춰 보여주었기 때문에 친구를 때리려던 생각이 '예쁜 행동이 아닐 것 같다'라는 생각으로 바뀌어 친구를 때리고 싶은 마음이 사라진다. 자신을 인정해주는 사람의 기대에 부응하려는 마음이 생겨나고 협력하기 위해 노력하는 것은 아주 자연스러운 반응이다.

자신의 욕구, 생각, 감정, 행동이 인정받고 존중받으면 그 순간 '나'는 '있는 것', '존재하는 것'이 된다. 흔히 말하는 자존감은 이렇게 형성된다. 설령 '나쁜 생각을 일으킨 나'라도 엄마로부터 온전히 인정받는 경험은 매우 중요하다. 때리고 싶은 억울함과 분노의 감정을 엄마에게 인정받고 나면 그때 그것이 '나'인 것으로, '나의 것'으로 인정된다. 그것이 부정당하지 않음으로써 '해도 되는 생각', '느껴도 되는 감정'인 것으로 스스로 인정되어 '나의 것'으로 통합된다. 남들로부터 칭찬받을 만한 생각을 하건, 비난받을 우려가 있는 생각을 하건 그것이 온전히 '내 것'인 것으로 받아들여지는 경험을 해야만 자신의 생각과 감정과 행동에 책임지는 어른으로 성장할 수 있다. 우리가 인정하기를 하는 것은 '나'의 모든 것을 타인에게 인정받음으로써 왜곡된 상처를 치유하고 '있는 그대로의 나'를 인정하기 위함이다.

6

공감, 서로에게 진정한 어른이 되어주는 연습

회피형과 저항형이 공감을 표현하는 방식

확대 회피형인 여자가 이모가 아프다는 연락을 받고 언니와 함께 병문안을 갔다. 조카 된 도리로 위로하는 차원에서 병원비나 좀 보태드리려고 간 것인데, 확대 저항형 언니는 이모를 보자마자 달려들어 어찌 된 일이냐고 얼싸안고 울기까지 했다. 이 모습을 보자 자신이 무정한 사람이라는 생각이 들고 부끄럽다는 자책감마저 느꼈다. 자기 일이나 된 양 이모의 처지에 공감하는 언니가 부러웠다. '난 왜 감정이입이 안 될까?' 생각하니 기분이 우울해졌다.

공감이란 타인의 감정에 대해 자신이 겪거나 상상한 경험을 토대로 유추하여 '내가 그러했듯 너도 그러하겠다'라고 느끼는 마음이다. TV에서 위험에 빠진 사람을 볼 때, 그에게 행운과 도움의 손길이 있기를 바라는 마음이 일어나는 것은 그에게 자신의 처지가 동일시되는 측면이 있기 때문이다. 아이를 낳고 양육해야 하는 여자에게는 여성호르몬이 많은데, 전반적으로 여자가 남자보다 공감 능력이 뛰어난 것은 여성호르몬의 영향이라고 한다. 생존 욕구를 상대방과의 관계에서 채우려는 저항형이 회피형보다 공감적인 요소가 발달한 것도 어쩌면 옥시토신 같은 호르몬과 관련 있을 수 있다. 어쨌건 남자 또는 회피형이 공감 능력이 약하다 단정할 수 없고, 여자 또는 저항형이 상대방의 감정에 잘 공감한다고 말하는 것은 무리인 것이, 공감 능력에도 개인차가 있는 것이 분명하다.

고통은 셀프

회피형이라고 해서 이모의 고통을 모르는 게 아니다. 하지만 '감정을 느끼고 인식하고 드러내봐야 뭐 하겠느냐'라는 좌절감 때문에 자신이 느낀 감정을 못 느낀 것으로 덮는 구조가 자리 잡은 것뿐이다. 상대방 감정에 공감하면 그 사람 일에 얽히게 되고 자신이 해야 할 일이 늘어난다는 것을 알기 때문에 그것을 회피하려는 심리다. 엄밀히 따지면 그 감정을 생생히 느끼는데 얽히기 싫어서 모른 체하는 것은 아니다. 자신의 감정에 대해서도 '사실관계'로 파악해서 '외롭다', '아프다', '속상하다'라는 식의 개념으로 저장돼 있다. 병들어 누워 있는 사람을 봐도 '아프겠다', '속상하구나', '외롭겠는데'라고 짐작할 뿐, '그래서 어쩌라고?'에 부딪히면 그것으로 끝

173

이다. 더는 나아갈 수가 없다. 고통은 각자가 감당할 몫이라고 선을 그어버리는 것에서 마음이 움직이지 않는다.

하지만 세상으로부터 무정한 사람이라고 비난받는다면 관계에서 배제될 것이기에 그것을 티 내지는 못한다. 인간은 사회적 동물인데 몰인정한 사람으로 낙인찍히면 생존에 불리하기 때문이다. 그래서 자신의 감정은 분명치 않지만 상황은 그런 것이 아니어서 이성적으로 그럴듯한 감정을 만들어 다시 그것에 의지하는 형국이 된다. 분명 안타깝고 속상한 것 같은데 남의 감정인 양 서먹하여 낯선 느낌을 지울 수 없다. 그러므로 회피형은 상대방의 어려움을 일로 해석해서 상황이 급박한지, 심각한지를 파악하고 도와줄 일이 무엇인지를 살펴 처리해주는 것으로 자기 마음을 표현했다고 생각한다. 원만하게 일이 처리되도록 실질적인 도움을 주는 것이 옳지, 상대방의 감정을 알아주는 것이 의미 있는 일이라고는 생각되지 않는다.

네 고통이 내 고통을 자극한다

이성보다는 감정으로 반응하는 저항형은 직접적이고 구체적이며 신체적인 행동을 선호한다. 그들은 누군가 힘들다거나 외롭다거나 걱정스럽다는 등의 말을 하면 그 말과 자기 마음을 동일시하여 감정이 증폭된다. 자신이 어떤 돌봄을 받고 싶은지에 관심이 집중돼 있기 때문에 다른 사람이 당하는 고통에도 마치 자신이 고통을 당하는 양 압도된다. 재난사고 방송을 보면서 일이 손에 잡히지 않는다고 하소연한다. 이는 마치 사고 당사자들의 고통에 공감하는 것처럼 보이지만, 실상은 자신의 불안감과 공감받고 싶은 욕구를 그 사건에 실어 드러내는 아우성이다. 보호받지 못하고 방치된 자신의 처지를 동일시함으로써 슬픔을 넘어 분노로 호소하고자 한다. 상대방의 속상한 마음을 십분 이해한 듯 맞장구치지만 사실은 상대방의 감정에 편승하여 불안감을 더 부채질하는 경우가 많다.

병문안 가서 이모를 위로해야 할 상황 앞에 서면 저항형의 무의식은 이렇게 작동한다.

'이모도 엄마에게 위로받아야 하는데 그걸 못 받고 있어서 화나겠다. 그게 날 불안하게 하네.'

무의식 속에서 저항형은 아이다. 자신은 엄마의 위로를 받아야 할 사람이지 다른 누구를 위로할 의무가 있는 사람이 아니다. 아픈 이모를 위로해주게 된 상황이 짜증 난다. 그래서 기껏 울며불며 위로해주고는 그 일을 감당하고 있는 자신의 처지가 짜증 나 돌아서서는 불평한다. 이모 입장에서도 공감적인 위로를 받았다면 마음이 편안해졌어야 하지만 그렇지 않기 때문에 "쟤는 왔다 가면 시끄럽다"라는 말을 한다. 이렇듯 공감과 자기 동일시는 분별하기가 어렵다. 어느 때는 상대방에게 공감적으로 반응하여 고통을 덜어주는 직접적인 돌봄의 행위를 하고, 어느 때는 자기 감정에 매몰되어 자신을 달래는 상태에 몰두하느라 상대방은 안중에도 없다.

위로하기보다는 위로받기를 원하는 것이 자연스러운 인간 본능이다. 누군가 자신의 마음을 알아주기를 바라는 마음이 크지, 타인의 마음을 더 많이 알아줘야겠다는 생각은 들지 않는다. 병원에서

175

의 두 사람 행동은 회피형과 저항형이 공감을 보여주는 방식이 다름을 보여주는 예다. 이는 모두 상처에 의한 반응 방식이어서 누가 더 낫고 누가 더 못하다고 말할 수 없다. 그러니 회피형이 '나는 감정이 메말랐다'라고 자책할 일이 아니고, 저항형이 '나는 정이 많고 인간적이다'라고 내세울 일도 아니다. 자신의 상처가 만든 방어기제임을 분명하게 인식하는 것이 중요하다.

책임을 함께 감당하는 마음

남편이 너무 오래 비가 안 온다고 짜증을 낸다. 비가 오고 안 오고는 인력으로 어찌할 수 없는 일이건만 왜 그런 일에 신경을 곤두세우며 짜증 내는지 나는 이해할 수가 없다. 지하수를 사용하는 우리 집 사정으로 볼 때 가뭄이 걱정할 거리인 건 맞다. 하지만 우리 집 지하수가 끊길 만큼 지독한 가뭄이려면 연일 가뭄 보도로 전국이 들썩일 정도는 돼야 한다. 비 온 지 오래된 것은 맞지만 그것 때문에 생활이 불편한 것은 아직 없다. 설령 그런 상황이 온다 해도 차와 물통이 있으니 약수 몇 번 길어 먹으면 될 일이다. 나는 가뭄 걱정보다 그의 투덜거림을 듣는 것이 더 힘들다.

그러다 며칠 후. 기다리던 비가 온다. 시원하게 쏟아지는 비를 보니 반갑다. 이제는 더 이상 그의 투덜거림을 듣지 않아도 되겠구나 싶은데, 아뿔싸, 이번엔 비가 적당히 안 내리고 한꺼번에 너무 많이 온다고 처마 밑을 서성이며 구시렁거린다. 비가 안 오면 안 온다고 짜증,

비가 오면 너무 많이 온다고 짜증. 이 마음을 어떻게 공감해줄 수 있을지 난감하다.

나는 칼에 베여 손에서 피가 나도 남편에게 알리지 않는다. 참고 견디면 고통은 지나간다. 알린다 해서 통증이 사라지는 것도 아닌 데다 알려봐야 일만 복잡하다. 자꾸 물어보는 데 대답하는 것도 힘들고, 이래라저래라 간섭받기도 귀찮다. 나 혼자서는 감당하기 힘든 일이라고 판단될 때만 남편에게 도움을 청한다. 그래서 나는 남편이 다치면 "아이고, 피 나네. 내가 가서 밴드 가져올게" 하고는 그것으로 내 할 일은 다 했다고 여긴다. 남편에게는 이게 불만이다. 솔직히 대화법을 연습하기 전까지 남편의 불만이 무엇인지 몰랐다. 다친 손가락을 붙들고 앉아 있을 것도 아닌데 도대체 내가 뭘 어쩌기를 바라는지 짐작할 수 없었다.

저항형이 원하는 것도 손가락을 붙들고 울어달라는 게 아니다. 그저 다쳐서 속상한 마음을 헤아려달라는 거다. 저항형은 손가락이 베이기만 해도 불안감이 든다. 이성적으로는 아무 일도 아니라는 것을 알지만 본능적인 무의식에서는 다친 손가락이 아무 이상 없이 잘 나을지가 불안하다. 심지어 이 일이 잘못돼서 죽을지도 모른다고 상상할 수도 있다. 이때 보호자가 곁에서 관심 가져준다면 혹시 손가락이 잘못돼서 더 나쁜 상황이 되더라도 이 사람이 나를 버리지 않고 계속 돌봐줄 거라는 신뢰가 생긴다. 그런 보살핌을 느끼면 마음이 안정돼서, 다친 것으로 인한 불안과 고통이 수그러든다. 그러면 이성적으로 현실을 직시하여 '아, 이건 큰일이 아니지'

라고 생각된다.

아무도 알아주지 않을 때는 약을 바르고 밴드를 붙여도 '괜찮을까? 괜찮겠지. 병원에 가봐야 하나?' 하고 다친 손가락에서 마음이 떠나지 못해 안절부절못하지만, 배우자가 자신의 상황에 진심으로 마음을 기울여주면 믿고 의지할 사람이 곁에 있으니 안심하고 평온을 되찾는다. 아이가 아플 때 의사나 간호사가 여럿 있는 병원이라도 엄마가 없으면 아프다고 계속 우는 것과 같다.

우리가 원하는 건 이런 관계다. 아플 때 아픔으로 인한 자신의 감정 상태에 공감하고 적절한 반응을 보일 거라 믿어지는 사람을 갖고 싶은 거다. 그런 반응을 받지 못할 때 저항형은 절망감을 느낀다. 배우자인 회피형이 불안한 마음을 인정하고 공감해줄 때 과잉으로 활성화된 불안감과 그로 인한 매달림이 더 이상 그럴 필요가 없음을 알고 차차 진정된다. 그런데 회피형은 이 회로가 왜곡돼서 곁에 엄마가 있어봐야 귀찮기만 하다. 처치는 의사가 해주지 엄마가 하는 게 아니니까 엄마한테 알아달라고 의지할 필요가 없다 느끼고 엄마의 존재를 거부한다. 그러나 저항형의 감정에 공감하고 그 요구에 귀 기울이는 노력을 통해, 자기 마음속에도 아플 때 그로 인한 불안감이 있고 또 자신에게 관심 가져주는 사람이 있기를 바라는 욕구를 찾아낼 수 있다. 그러면 배우자의 관심이 귀찮지 않고 원했던 배려를 받았으니 진심으로 고맙다는 느낌을 갖는다.

이런 것을 알기 전까지 나는 남편이 원래 짜증이 많아서 별일도 아닌 걸 불안해하며 호들갑 떤다고 생각했다. 말하자면 '짜증 내기 위해 짜증 낼 일을 찾는 사람' 같았다. 그런데 이제 그와 짝이 되어 상처를 치유해줘야 할 처지가 되고 보니, 내가 무엇을 어떻게 해야 할지를 고민하지 않을 수 없었다. 정해진 답이란 원칙대로 반영하고 인정하고 공감해주는 것이었다.

공감하려고 의도적으로 주의를 기울이다 보니 그의 불안감이 내 안에서도 느껴졌다. 물이 끊기면 물론 나도 함께 가겠지만 직접 운전하고 호스를 준비해서 통으로 물을 나르는 일은 남편의 몫이었다. 큰비가 오면 삽 들고 집 주변을 둘러보는 것도 남편의 일이었다. 그러니 큰일이 생기지 않을까, 자신이 잘 대처할 수 있을까 불안한 마음을 내가 알아주는 것이 중요했다. "나는 내가 맡은 영역을 감당하는 것으로도 충분히 벅차다. 너는 네가 맡은 일을 하는 게 당연한 것 아니냐"라는 논리는 친밀한 관계에서 가질 태도가 아니었다. 무심한 회피형로서 내가 불안감을 도외시하고 내 일과에만 충실한 동안, 번거롭고 불편한 일들로 인한 불안감과 부담을 그가 혼자 감당하도록 방치했음을 알았다. 함께 신경 쓰면서 언제든 책임을 나누어 짊어질 마음이 준비된 사람이 필요했는데 그런 사람이 없다는 느낌이 그를 외롭게 하고 불안하게 했던 것이다.

공감받는다는 기쁨

남편과 함께 사람들을 만나고 있을 때 일이다. 모임 시간이 길어지자 그날따라 몹시 피곤해서 남편에게 "그만 집에 갑시다" 말하자 남편이 선뜻 그러자고 동의했다. 예전 같으면 갈등이 생길 것을 우려해 남편의 마음에 반하는 의사 표현을 가능한 한 참았을 것이다.

이제 막 자리가 더 재미있어지려는 확대 저항형에게 '그만 놀고 집에 가자'는 제안은 마치 물고 있던 사탕을 빼앗기는 일과 같을 것이다. 그런데 남편은 하기 어려운 선택을 흔쾌히 했다. 자신에게 진짜 사랑을 주는 사람은 모임 사람들이 아니라 아내이며, 그래서 최우선으로 소중하게 대해야 할 사람이 나라는 사실을 그는 알기 때문이다.

집에 가자는 내 말에 남편이 동의해주자 놀라운 일이 일어났다. 들어가고 싶다는 생각이 들 때부터 피로감이 밀려와 참기 힘들었는데, 갑자기 기운이 났다. 불편하고 피곤했던 마음이 가라앉고 다시 좀 더 놀 여유가 생겼다. 이것이 공감의 힘이다. 상대방이 피곤하다고 말할 때 입으로는 "피곤하면 쉬어"라고 말하면서 머릿속으로는 '이 일 안 하면 안 돼. 네가 이 일을 해줘야지 안 그러면 내가 더 해야 해'라고 외친다면 상대방의 무의식은 쉬라는 말이 가식임을 귀신같이 알아차린다. 자신의 피로를 알아주지 않는 상대를 위해 힘써 일할 의욕이 나지 않는다. 하지만 그때 "당신 힘들구나"라고 진심으로 알아주면 공감받았다는 만족감 때문에 편안하고 뿌듯해져서 갑자기 약이라도 먹은 듯 힘이 솟는다.

상대방을 인정하고 공감하려는 마음은 돌보는 마음에서 비롯된다. 그리고 돌보는 마음은 상대방의 행복이 자신의 행복과 연결돼 있다는 유대감에서 나온다. 다른 사람 입장을 인정하고 공감해준다는 것은 자신의 이익에는 대치되는 일이다. 누군가를 돌본다는 것은 불안하고 불편한 것을 참고 견딘다는 의미를 포함한다. 그러므로 상대방 입장을 인정해주려면 반드시 자신이 양보하거나 감수해야 할 일이 있다는 사실을 분명히 알 필요가 있다. 남편의 부정적인 감정들을 외면하지 않고 모두 수용하고 감당하리라 마음먹고부터 나는 비로소 어른이 되었다. 그를 품어주고 돌볼 의무가 있음을 받아들이겠다는 마음이 서자 그 힘이 나를 변화시켰다. 남편 역시 나를 돌봐야겠다는 마음을 내고부터 불안한 마음을 다스리는 것이 가능해졌다고 한다.

PART 3

당신의 감정과 내 감정이 친해질 수 있을까

: 서로의 마음을 있는 그대로 받아들이는 힘 :

7

상처를 보듬는 용기

우리는 왜 상처를 외면하는가

칼에 손을 베이면 상처가 났다고 말하듯, 즐겁지 못한 경험으로 부정적인 감정을 느끼고 이것이 마음에 남으면 우리는 '상처를 받았다'고 표현한다. 즉, 마음의 상처란 부정적 감정의 새김이다. 사건에 대한 기억은 시간의 흐름을 따라 희미하게 잊히지만 그 상황에서 느낀 부정적 감정은 우리 의식 밑바닥에 쌓여 불안정한 정서로 잠재한다. 그리고 잠재된 감정은 그것을 소환해낼 만한 조건과 만났을 때 즉시 활성화되어 즉각적이고 반사적으로 튀어나온다. 도무지 이성적으로는 이해할 수도, 설명할 수도 없는 밑도 끝도 없는 우울함, 외로움, 분노, 불안, 무력감에 때때로 당황스러운 것은 그 때문이다.

사람들은 자신의 상처를 거론하는 것을 거북해한다. 상처가 있다고 하면 마치 '장애가 있다'고 인정하는 듯해 기분이 불쾌하다. 스스로 밝고 건강하고 잘난 사람이기를 기대하고 또 그렇게 되도록 애쓰고 있는데 그 희망에 찬물을 끼얹어 주저앉히려는 음모로 느껴진다. 그래서 설혹 있어도 있는 것이 아니라고 외면한다. 실제로 육체적인 상처는 생존과 직결된 문제이기 때문에 즉시 꿰매거나 약을 먹어 처치하지 않을 수 없지만, 정신적인 상처는 분명하게 드러나지 않은 채 잠복되므로 본인조차 알지 못한 채 살아가기 쉽다. 그런데 나는 정신적 상처야말로 갈등과 고통을 일으키는 가장 큰 원인이며, 우리 삶의 안전을 위협하는 괴물이기에 육체적 장애 못지않게 취급돼야 한다고 말한다. 상처 위에 엉긴 딱지 밑에서 곪고 있는 병균을 찾아 고약을 붙이고 고름을 빨아내야 새살이 돋아나고 건강해진다는 얘기를 하려고 한다.

어느 확대 회피형 여자가 남편 생일이 다가오자 가까운 지인들을 불러 식사 대접을 하겠다고 했다. 그런데 남편이 이번 생일에는 조용히 쉬고 싶다고 대답한다. 여자는 남편이 자신을 아내의 역할에서 소외시켰다고 느낀다.
'당신을 위해 내가 할 일이 아무것도 없네. 그럼 난 뭐야? 우리가 부부인 게 무슨 소용이지?'
그녀는 이때 남편이 자기 손발을 다 묶어버린 것 같은 무력감을 느꼈다고 한다.

나는 그녀에게 말했다. "만약 당신이 진정으로 남편을 위해서 무엇을 해주고 싶다면 그 사람이 원하는 것을 해주는 게 맞지 않나요? 남편이 조용히 쉬고 싶다고 했다면 이번 생일에는 아무 계획 잡지 말고 그가 원하는 대로 쉬게 해주세요. 그러면 남편이 정말 무엇을 원하는지 다시 말할 거예요." 그리고 덧붙여 말했다. '아마도 당신 남편이 진짜 받고 싶은 선물은 누구의 방해도 받지 않고 당신과 오래도록 침대에서 사랑을 나누는 일일 것'이라고. 그녀는 그날 남편의 말대로 집에서 푹 쉬게 해주었고, 그와 사랑을 나누었다. 오후가 되자 기분이 좋아진 남편이 밖으로 나가자고 제안해서 외식을 하고 영화도 보며 즐거운 저녁 시간을 보냈다.

자신이 뭔가를 할 때 존재감을 느끼고 무언가를 하지 않으면 존재 가치가 없는 듯 무기력을 느끼는 것은 확대 회피형이라는 구조의 상처에서 나온 것이다. 그들은 무기력감을 느끼지 않기 위해 끊임없이 무언가를 시도한다. 그러나 앞의 상황에서 그녀가 남편을 위해 진정으로 할 수 있는 일은 그의 처지를 이해하고 그가 편안하게 느끼도록 배려해주는 것이었다. 그녀의 남편은 축소 저항형이었다. 분명히 말하면 그는 마냥 쉬고 싶었던 것이 아니다. 아내의 방식이 아닌 자신의 방식으로 생일을 보내고 싶었던 거다. 남자 입장에서는 확대형인 아내가 생일을 챙겨주겠다고 나서는 판이 자기 생일을 핑계로 사람들을 불러들여 놀려는 것으로 보일 수 있다. 실제로 그녀가 매년 함께한 사람들은 평소 왕래가 잦은 친정 식구들과 친구들이었다. 두 사람 다 알고 지내는 가까운 사람들인 건 맞지만, 파티는 축소형인 남자가 선호하는 스타일이 아니어서 재미도 없고 도리어 소외감을 느끼곤 했다.

저항형인 그는 사람들의 관심을 아주 싫어하지는 않지만, 원치 않는 파티의 주인공이 돼서 꼭두각시처럼 앉아 있는 것은 불편했다. 그래서 한번은 식사만 하고 일을 핑계로 슬며시 나가려고 했는데, 그런 행동을 아내는 이해해주지 못했다. 이를 이해한 여자는 자신이 지난날 '자기 생일이라고 손님 초대해놨더니 주인이 돼서 손님 접대는 안 하고 나가버리는 이상한 사람'이라고 남편을 비난했던 것이 너무 미안하다고 했다. 사실 그녀는 사회적 관계를 추구하는 자신의 방식이 남편에게 저지당해서 자기 욕구대로 하지 못하니 짜증 났던 것이었다. 생일을 조용히 보내고 싶다는 남편의 말을 '아내 역할을 빼앗는 행위'라고 왜곡되게 인식한 것도 그 때문이었다. 자신의 마음을 몰라주는 상대로 인해 부당한 처지에 놓였다고 원망하는 마음이다. '너를 위해'라는 그럴듯한 명분을 내세우면서도 실상은 자기 뜻대로 하기를 원하고 그게 좌절되면 분노하는 것은 상처를 가진 사람들이 흔히 보이는 모습이다.

서로의 상처가 맞물리는 지점

몇 년 전, 초등학생 절반이 스마트폰을 쓴다는 시절에야 우리 부부는 스마트폰을 구매했다. 처음 세 달은 의무적으로 높은 요금제를 써야 해서 데이터가 넉넉했는데, 네 번째 달부터 요금제를 낮췄더니 쓸 수 있는 데이터가 1기가로 한정되었다. 게임을 하는 것도 아니고 업무 상 할 일이 있는 것도 아니어서 그 정도면 충분할 줄 알았는데, 멋모르고 영화 예고 동영상을 몇 개 봤더니 잔여 데이터가 거의 바닥났다. 그 뒤로는 데이터 소비가 큰 업데이트나 쇼핑은 카페에 갈 기회를 기다렸다가 해야 해서 여간 불편한 일이 아니었다. 아예 없으면 모를까, 있으면서 노래 한 곡도 편히 듣지 못하니 은근히 부아가 났다.

어느 날 남편에게 이런 심정을 털어놨다. 1기가를 넘기지 않으려고 노력하지만 어쩔 수 없이 넘게 되면 그때 가서 몇천 원쯤 더 내면 될 일을 너무 조심스러워하는 것이 갑갑하고 쩨쩨한 기분이 든다고. 남편의 반응은 예상 밖이었다.

"어떻게든 기준치 안에서 쓸 생각을 해야지, 왜 1기가를 넘길 생각부터 해?"

"아니, 넘기겠다는 게 아니라, 사람 일이란 게 하다 보면 넘을 수도 있지 않느냐는 거지. 사람 나고 기계 났지 기계 나고 사람 난 게 아닌데 내가 얘 눈치 보면서 조마조마하는 꼴이 싫다고."

"1기가 안에서 써야 하는 요금제면 딱 거기까지만 쓰려고 신경 쓰는 게 당연하지. 당연히 신경 써야 할 일에 신경 쓰는 걸 마치 눈치 본다고 비유하는 건 억지 아닌가? 요즘 뉴스 보면 소액결제 사기니 요금 폭탄이니 말이 얼마나 많은데 그렇게 아무 생각 없이 쓰다가 무슨 사기를 당하려고."

말을 하면 할수록 도대체 무엇 때문에 실랑이를 벌이고 있는 건지 알 수가 없었다. 도대체 뭘 어떻게 해야 남편의 터무니없는 불안이 가라 앉고 그가 나를 믿어줄까 답답했다. '데이터가 초과됐을 때 내가 얼마 우리는 다시 대화를 시도했다. 이번엔 꼭 반영하기를 성공하리 라 마음먹고 정신을 바짝 차리고 들었다. 남편은 말했다. 지금 내 가 하고 있는 행동은 마치 어린 시절 엄마가 나가면서 장남인 자신 에게 "시렁 위에 올려둔 꿀단지에 손대지 마"라고 하셨는데 동생이 자꾸 꿀단지 내려서 먹자고 졸라대더니 나중에는 "내가 형 몰래 내 려서 먹어버릴 거야"라고 협박하는 것같이 느껴진다고. 그에게는 '엄마의 지시를 어기고 싶지 않고 어겨서도 안 된다'라는 강박이 있 었다.

남편의 부모는 싸움이 잦았다. 어린 시절 학교 끝나고 집으로 돌 아갈 때면 '혹시 오늘도 싸우고 계시려나'라는 걱정에 긴장되고, 제 발 싸우지 않고 있길 바라는 마음에 발걸음이 무거웠다고 한다. 조 용히 하루가 넘어가는가 싶다가도 아주 사소한 일로 다툼이 시작 되면 소리 지르고 물건을 부수는 큰 싸움으로 번지기 일쑤였기 때 문에 어떻게든 조그만 빌미라도 제공하고 싶지 않은 마음이 컸다. 남편의 가정환경을 익히 아는 나로서 새삼스러운 얘기는 아니었지 만, 그런 성장 분위기가 이렇게 사소한 일에까지 영향을 미쳐 그를 불안하게 한다는 사실에 놀라지 않을 수 없었다.

　그런데 남편의 불안감을 이해하는 것과 그것을 받아주는 것은 별개의 일이었다. 바로 그 지점에 내 상처 역시 맞물려 있었기 때문이다. 내가 그의 불안감을 받아들이고 앞으로 데이터 기준량을 넘기지 않기로 약속하면, 그 약속을 지키기 위해 수시로 데이터 사용량을 체크해야 할 것이다. 하지만 나는 그 상황을 받아들일 수 없었다. 안 쓰면 안 썼지 그게 얼마나 대단한 일이라고 사소한 검색 하나 마음대로 못하나 싶은 강한 분노가 일었다. 데이터 사용량을 계속 의식하면서 체크한다는 건 내게 주의와 감시를 의미하는 것이어서, 통제당하며 괴로웠던 내 상처를 건드리는 일이었다.

　나는 남편에게 내가 자란 집을 '수용소'라고 표현했다. 유복하고 화목한데 이상하게 답답한 것이, 거의 수용소나 다름없었다. 나는 토요일을 좋아한다. 토요일이면 뭐든 좋은 일만 있을 것 같다. 왜 그런지 곰곰이 생각해보니, 학창 시절 학교 수업이 모두 끝난 후 집까지 걸어갔던 기억이 떠올랐다. 평일에는 그럴 여유가 없으니 버스로 등하교를 하지만 토요일은 낮에 수업이 끝나니까 오래도록 걸을 수 있었다. 소도시 외곽에 있는 학교에서 출발해 시내 한복판을 거쳐 반대편 끝에 있는 집까지 걷는 그 길이 내게 허락된 유일한 자유 시간이었다.

　일단 집에 들어가면 자유는 물 건너간다. 다시 나오는 법이 없었다. 집을 나와 갈 데도 없거니와, 간혹 나가고 싶어도 3층에 있는 내 방에서 내려와 밖으로 나가려면 1층 가게에서 일하는 부모님 눈

길을 거치지 않을 수 없었다. "너 어디 가냐?" 물으면 고지식한 나는 마땅히 둘러댈 핑계가 없어 곤란했다. "샤프심 사러 가요" 대답하면 "그런 건 학교 앞에서 미리미리 사놓지, 뭐 하러 집에 왔다가 다시 나가는 거야" 핀잔하거나 "남은 게 하나도 없어? 있으면 내일 사" 하고 나가지 못하게 하셨다. 아무튼 잔소리 한마디를 안 듣고는 곱게 나가는 법이 없어 그런 충돌이 싫은 나로서는 무조건 안 나가는 게 상책이었다.

내가 기억하는 아버지의 음성은 "시끄러워", "올라가", 아니면 "넌 아버지가 시키는 대로만 하면 돼" 같은 말들이다. 어쩌다 일요일에 친구에게 전화라도 하려면 2층 거실에서 가족들이 식사하는 시간을 틈타 아버지보다 빨리 식사를 마치고 1층 가게로 내려왔다. 수화기를 들 때부터 신경을 곤두세우며 다이얼을 돌리다가 계단을 내려오는 발걸음 소리가 들리면 곧장 수화기를 내려놓았다. 운 좋게 통화를 시작하게 되더라도 아버지가 무슨 일로 전화하느냐 물으면 그 퉁명스러운 말투에 벌써 꾸지람을 듣는 것 같아 주눅이 들었다. 괜히 하는 게 아니라 물어볼 것이 있어서 전화하는 거라고 둘러대면 "넌 학교에서 정신을 어디다 두고 있느라 숙제도 똑똑히 못 들었느냐? 용건만 간단히 물어보고 빨리 끊어라"라고 또 나무라셨다. 형제들의 말에 의하면, 아버지는 막내인 나를 어려서부터 가장 예뻐했다. 내가 다니는 학교에서 학부모 이사도 맡고, 동문 체육대회에 가시면서 나를 데려가기도 했다. 추첨으로 배정받은 중학교가 멀어서 버스를 타야 하건만 멀미 때문에 차를 타지 못하는 나를 위해 아버지는 한 학기 동안 아침마다 자전거로 데려다주셨다. 그런 친절하고 자상한 아버지의 모습보다 윽박지르고 재촉하고 통제적인 확대 저항형으로서의 모습을 먼저 기억한다는 사실이 한편으로는 씁쓸하고 죄송스럽다.

관계에서 생긴 상처는 관계에서 치유하라

남편은 내가 데이터 사용량을 넘길까 봐 불안해했고, 나는 데이터 사용량에 묶이는 것을 '구속'이라고 인식했다. 우리는 드러난 갈등의 이면을 봐야 했다. 표면적으로는 휴대폰 사용에 관한 견해 차이로 두 사람이 대립하고 있는 것 같지만, 갈등이 빚어진 근본 원인은 정서적 마찰에 있었다. 남편의 불안한 마음을 내가 알지 못하고, 구속이라 느끼는 내 분노를 남편이 알지 못했기에 우리는 데이터 요금에 관한 견해에서 옳고 그름을 가리려 했던 것이다. 남편의 불안한 마음과 나의 거부감, 즉 우리의 상처는 어디에서 비롯됐을까?

상처는 소홀하거나 억압적인 부모의 양육 태도와 자신의 욕구 사이의 갈등에서 생겨난다. 어린 시절 마땅히 충족됐어야 할 욕구들이 충족되고 받았어야 할 지지와 보호를 받아 건강한 자아 정체성이 형성됐다면 안정된 정서를 가진 사람으로 성장했을 것이다. 그러나 양육 과정에서 돌봄이 충분히 실현되지 않음으로 인해 여러 부정적 감정에 반복적으로 노출되면 우리는 불안정한 정서를 갖게 된다. 즉, 근본적으로 우리의 상처가 생겨난 곳은 '지금 싸우는 그 사람'과의 관계가 아니다. 어린 시절 원가족과의 관계에서 발생한 부정적 정서가 지금 우리가 느끼는 부정적 감정들의 뿌리를 이룬다.

우리가 '상처'라는 단어를 언급하길 꺼리는 것은 자기 상처의 근원에 부모가 맞닿아 있다는 사실을 직감하기 때문이다. 자신을 낳고 길러주신 부모에 대해 객관적으로 분석하고 평가한다는 것은 본능적으로 두려운 일이다. 더구나 전통적으로 효를 강조해온 우리 사회의 문화에서 보면 이는 관습에 대한 도전이고 자부심의 파괴이며 공동체로부터 비난과 따돌림을 당할 위기감까지 준다. 하지만 성장 환경에 대한 고찰 없이 현재 자신의 모습을 해명하려고 시도하는 것은 피상적인 수준에 그칠 수밖에 없다. 부모의 양육 태도를 살펴보는 것은 자신의 상처를 분명하게 보기 위함이고, 어린 자신이 겪었을 고통을 연민하고 치유하기 위함이지 부모의 허물을 들추어 탓하거나 책임을 묻기 위함이 아니다. 이것이 분리되지 않으면 부모를 욕보인다는 죄책감에 짓눌려 자신의 과거를 바로 볼 수가 없다.

저항형의 경우 부모의 양육 태도 때문에 상처받은 자신의 정당한 분노를 인정해줘야 할 때조차 그 감정을 스스로에게 허용하지 못하는 경향이 있다. 여전히 부모에게 인정받고 사랑받고 싶은 욕구에서 벗어나지 못한 상태이기 때문이다. 부모를 비난한다는 것은 곧 부모를 저버리는 것이고, 이는 자신의 존재 기반을 스스로 부정하는 일로 인식되기 때문에 일시적으로 부모와 불화를 겪을 수는 있을지언정 부모와의 관계를 근본적으로 파헤칠 엄두를 감히 내지 못한다. 또한 성인이 되어 가정을 꾸리고 보면 자신이 부모 역할을 하느라 겪는 고충과 부모의 입장이 동일시되기에 더욱 부모에게서 독립하지 못하고 부모를 기쁘게 하려고 노력한다. 한편 회피형은 '효도'라는 명분과 '주위의 이목' 때문에 부모에게 잘해야 한다는 도덕적 의무감을 재생산한다. 그분들도 최선을 다해 애쓰셨다는 생각에 눌려 부모의 처지를 이해하고 감사하는 마음으로 자신의 상처를 정리한다.

그런데 관계는 상호적인 것이어서, 부모 역시 자녀가 보여주는 반응에 따라 각기 다른 이미지를 갖는다. 예를 들어 취향이 분명해서 선물을 받고 제 마음에 들지 않으면 다른 색으로 바꿔달라고 요구하는 아이가 있다. 확대형인 아버지는 아이가 의사 표시를 분명하게 해주니까 당장은 귀찮지만 오히려 만족시키기가 편하다 말하고, 축소형인 어머니는 고분고분하지 않고 까다로운 아이라 선물 고를 때마다 애를 먹어서 결국 자주 안 사주게 되더라고 말한다. 즉, 부모에 따라 아이의 특성에 대응하는 태도가 다르고, 그 아이에 대한 평가와 기억도 다를 수밖에 없다.

이 세상은 관계로 이루어져 있다. 상처는 '나와 부모의 관계'에서 생겨난 것이지, 일방적으로 '부모의 어떤 태도가 나의 상처를 만든 것'은 아니라는 얘기다. 우리의 모습은 자신의 특성과 부모의 특성이 상호작용하는 과정에서 만들어진 결과물이다.

자전적 기억

사람들은 모두 자신의 성별과 기질과 애착 성향이 만든 구조에 근거하여 산다. 다만 개개인마다 환경 조건이 다른 까닭에 조금씩 다른 무늬의 옷을 걸치고 있을 뿐이다. 그래서 같은 경험일지라도 자신의 성격 유형에 따라 다르게 받아들이고 기억한다. 사실에 대한 기억이란 자신이 가진 기존의 인식 체계에 맞추어 각색해서 기억하는 특징을 갖는다. 세계적인 뇌과학자 안토니오 다마지오Antonia Damasio는 기억이 가진 이런 특성을 반영하여 '자전적 기억autobiographical memory'이라는 용어를 사용한다. 심리학자들도 이를 뒷받침하는 많은 연구 결과를 발표하고 있다. 그중 한 가지 재미있는 실험이 있다.

수십 명이 모여 술을 마시고 있는 칵테일 바에 갑자기 한 남성이 뛰어 들어와 춤추고 있는 한 여성을 끌어안고 키스하고는 사라진다. 그리고 이를 지켜본 사람들에게 그 상황을 설명하게 했다. 실험 대상자들은 '남자가 검은 옷을 입고 있었다', '흰색 옷을 입고 있었다', '남자가 여자의 머리를 손으로 감쌌다', '허리를 잡고 뒤로 젖혔다' 등 제각각 다른 이야기를 했다. 이 실험이 보여주듯 우리가 하나의 현상을 '있는 그대로' 인식하고 기억한다는 것은 쉬운 일이 아니다. 마찬가지로 우리의 정서적 경험 또한 개인의 특성에 따라 다르게 인식되고 저장된다.

그런 맥락에서 축소 회피형은 어떤 상황이 좋은지 싫은지, 유리한지 불리한지를 재빠르게 인식하지 못한다. 알았다 해도 호불호로 표현하기를 주저하는 구조여서 상황을 '받아들일 수밖에 없는 결정적인 것'으로 인식하는 경향이 있다. 그래서 나는 집을 수용소로 인식하며 수용소에 갇힌 사람처럼 굴었고, 아버지를 '상대하기 까다롭고 무서운 사람'으로 여겼다. 이를테면 고등학생 시절 나는 또래 다른 아이들이 신는 맹꽁이 운동화를 신고 싶었는데, 아버지는 나를 양화점으로 데려가서 구두를 맞춰주셨다. 부드럽지만 빨리 닳는 운동화 대신 딱딱하지만 튼튼한 구두로 바꿨더니 학교를 졸업할 때까지 그 구두만 신었다. 어른이 된 후 우연히 신발장을 열었다가 아직도 멀쩡하게 보관 중인 그 구두를 본 순간 화가 치밀어 던져버리고 싶었던 기억이 난다. 그 후 나는 그 흔한 검은색 구두를 한 번도 사본 적이 없다. 최근 친구가 검은색 반부츠를 선물했는데 한동안 신을까 말까 망설였다. 그제야 내게 '검은색 구두 트라우마'가 있다는 걸 알았다. 선물한 친구의 성의를 봐서라도 신어야겠다고 마음먹었지만, 만약 상처 치유 과정을 거치지 않았다면 과연 그 신발을 신을 수 있었을지 모르겠다.

아마도 내가 겪은 상황을 다른 유형이 겪었다면 나와 다르게 대응했을 것이다. 이제 막 초등학교에 들어간 확대 회피형 여자애가 양말 신고 나가라는 엄마와 한동안 실랑이를 했다. 딸은 엄마의 엄포에 눌려 양말을 신고 나갔다. 그러나 나중에 엄마는 현관 밖에서 아이가 벗어놓고 간 양말을 발견했다. 축소 저항형인 엄마는 딸이 어린데도 하는 짓이 제 아빠를 닮았다며 혀를 내둘렀다. 만약 이런 아이였다면, 아버지가 신발을 맞추러 가자고 할 때 구두는 싫다고 짜증을 내든지 아니면 적당한 때 구두를 몰래 버려버리지 그걸 졸업할 때까지 얌전하게 신고 다니지는 않았을 것이다. 그런 방법도 있을 수 있다는 걸 지금 이 나이가 돼서야 알게 되다니, 나로서는 참 안타까운 일이다.

'나는 옳다'에서 '너도 옳다'로

우리의 삶은 주관적 경험을 어떻게 해석하고 의미를 부여하는가에 따라 달라진다. 즉, 경험 그 자체보다 중요한 것은 그 경험을 어떻게 인식하느냐의 문제다. 실재하는 무엇을 우리가 어떤 의미로 인식하는가에 따라 같은 경험도 다른 감정으로 받아들이고, 이에 따라 경험의 가치가 달라진다. 이것이 각자의 세계를 다르게 만드는 결과를 낳으며, 이런 과정을 거쳐 소위 '성격'이라고 불리는 개인적 특성이 형성된다. 그러므로 같은 부모 밑에서 여러 형제가 자라면 기질과 애착 성향이 각각 다르기 때문에 같은 상황에서도 다른 정서적 경험을 하고 그로 인해 부모에 대한 기억도 다르다.

그런데 상담실 문을 두드리고 찾아오는 내담자들의 경우 자신의 기질과 애착 성향의 특성은 무시한 채 자신이 기억하는 부모님과의 사연을 얘기하기 때문에, 그것을 들은 상담사는 부모의 양육 태도에서 그 사람이 고통스러워하는 문제와 접목되는 부분을 찾아내는 방식으로 문제를 이해한다. 지금까지 우리가 접한 상담 심리학 책 속에 등장하는 사례들은 모두 이런 관점에서 조명되었다는 한계가 있다. 나는 이를 분리하여 개인의 기질과 애착 성향으로 인한 구조적 특성에서 비롯된 상처가 있고, 부모의 양육 태도와 성장 과정에서 개인이 경험한 부정적 정서라는 상처가 있다고 말한다. 비유적으로 말하면 여자이고 축소형이면서 회피형인 불안정 애착의 체질 위에 이런저런 구체적 경험에서 생긴 개별적 상처가 얹혀 있다는 얘기다. 상처는 증상에 따라 약을 써야 하지만 궁극적으로는 이 또한 체질이라는 특성에서 비롯된 문제이므로 체질에 맞게 약을 써야 효과적이다.

예전에 나는 책 읽고 참선하면서 마음을 다스리고 남편을 이해하려고 노력했다. 그를 이해할 수 없었지만 이해해야만 내가 살 수 있을 것 같았다. 그 시도에는 '그는 옳지 않고 나는 옳다'고 생각하는 전제가 깔려 있었음을 시인한다. 그러나 '상처'라는 개념을 알고 치유를 시작하고부터는 그와 나를 보는 관점이 달라졌다.

'저 사람이 저렇게 되고 싶어서 저렇게 된 게 아니구나. 성장 과정에서 그럴 만한 조건에 의해 형성된 것이구나.'

그도 나도 애착 형성 과정에서 경험한 정서적 상처가 있고, 생존하기 위한 방어 본능으로 저항하거나 회피하는 반응 구조를 갖추었다. 잘잘못의 문제가 아니라 좌절의 경험에서 비롯된 태도임을 원천적으로 받아들였더니 서로의 모습이 충분히 설명되었고, 나와 다른 그를 이해할 수 있게 됐다. 나아가 그가 편안해지도록 도와주고 싶은 마음이 들었다.

상처는 관계에서 생긴다. 그리고 관계에서 생긴 상처는 관계에서 치유되어야 한다. 엄마와의 관계에서 안정적인 애착을 형성했어야 하지만 엄마 또한 상처를 가진 사람이었기에 충분히 돌봐주기 어려웠음을 받아들여야 한다. 이제 우리는 부모의 영역에서 떠났고 성인이 되었다. 부모의 태도에 따라 일방적으로 욕구가 실현되거나 좌절되던 수동적 입장의 어린아이가 아니다. 기혼자는 결혼을 통해 다시 한 번 친밀한 애착 관계를 만들 수 있는 기회를 얻은 셈이다. 이 기회를 놓치지 않으려면, 배우자가 과거 양육자인 엄마의 대역이 되어 어린 시절의 부정적 경험을 재해석하고 받아들일 수 있도록 도와줘야 한다. 서로의 무의식에 내재된 상처를 들춰내도 그것이 갈등의 시작은 아니라는 안전감을 주고받아야 한다.

또한 관계 속에서 경험한 부정적 정서지만 그것을 해석하고 받아들이는 주체는 궁극적으로 자기 자신이다. 자신의 기질과 애착 성향의 특성을 파악하여 스스로 상황을 감당하고 변화시키려는 주체적 역량을 이끌어내야 한다. 요약하자면 상처 치유의 실질적인 변화와 성장은 '환경'이라는 외적 조건의 힘과 '받아들이는 마음'이라는 내적 수용 능력이 50 대 50으로 협력해서 이루는 작품이다.

8

당신의 감정은 잘못이 없다

내 안의 신호등에 너그러워지기

내가 사는 곳 면 소재지에 농협이 있다. 비료나 면세유를 사려면 담당 직원을 통해야 하는데, 평소 그 남자 직원의 태도가 조금 불편하게 느껴졌다. 딱히 일을 잘못 처리하는 것도 아니고 부당한 서비스라 지적할 만한 부분은 없는데 어딘가 퉁명스러웠다. 그러던 어느 날 직원이 자리에서 일어나 밖으로 나가는 것을 봤다. 한쪽 다리를 절고 있었다. '장애인이었구나.'

순간 그 사람에 대한 불쾌가 한결 가벼워짐을 느꼈다. 몰랐을 때는 그의 퉁명스러움이 불평의 대상이었는데, 그가 장애인임을 알자 퉁명스러움 정도는 너그럽게 보아 넘길 사안처럼 느껴졌다.

나는 사소한 일에 감정이 움직이는 옹졸한 사람이 아니라 웬만해서는 불쾌감을 모르는 온화한 사람이고 싶었다. 다른 사람 때문에 부정적 감정을 느낀다는 사실을 인정하기가 싫어서 불쾌라는 감정을 외면하고 싶었는데, 마침 그 직원에게 장애가 있음을 발견한 순간 그 감정을 버릴 만한 마땅한 명분을 찾은 것이다. 장애로 인한 불편한 심기 때문에 친절한 태도를 갖추지 못한 것뿐, 내가 싫어서 불친절한 것은 아니라 생각하니 마음이 누그러졌다.

'저 사람이 바빠서', '아파서', '몰라서' 등의 이유를 들어 그의 태도가 그럴듯하게 여겨지면 나는 더 이상 부정적 감정에 묶이지 않아도 되고, 그 감정을 버림으로써 그 사람을 미워하지 않을 수 있다. 세상은 어수선하고 불합리하지만 나는 그것으로부터 독립되어 고요한 삶을 유지하고 싶었다. 그것이 나의 안전과 평화를 지키는 방법이었다.

감정은 자극에 대한 무의식적 반응이다. 자신의 생존과 번식에 유리한가, 불리한가에 의해 쾌, 불쾌의 감정이 즉각적으로 일어난다. 신체적·생리적·심리적 조건을 기반으로 내재된 체계와 그것에 대한 인식에 의해 생겨나는 것이기에 의식적으로 조종하고 막을 수 있는 것이 아니다.

우리에게 감정이 있는 것은 그때그때 일어나는 감정에 적합한 행동을 의식이 택하게 하기 위함이다. 만약 절벽 앞에 서 있는 사람이 그 상황에서 두려움을 느끼지 못한다면 사소한 부주의로 인해 떨어져 죽는 일이 발생할 수 있다. 다리가 떨리고 심장이 쿵쾅거리는 신체적 변화를 감지하고 이를 '두려움'이라고 인식하여 뒤로 물러서는 행동을 취해야 우리는 살아남는다. 그런 조치를 취했던 사람만이 살아남아 후손을 남겼기 때문에 우리의 유전 정보 속에는 어떤 상황에서 어떤 감정을 느끼고 인식하도록 프로그래밍되어 있다고 진화생물학자들은 말한다. 즉, 우리 안에서 일어나는 모든 감정은 자신의 생존과 번식을 위해 유리한 행동을 취하도록 명령하기 위해 설치된 신호등이다.

농협 직원은 특별히 내게 퉁명스러울 이유가 없었을 수 있다. 그는 자신의 정서 상태나 평소 습관대로 행동한 것이다. 또한 내가 불쾌하지 말아야 할 명분이 특별히 필요한 것도 아니었다. 퉁명스럽게 사람을 대하는 태도가 언짢고 상대하기 껄끄러운 것은 자연스러운 일이다. '저 사람 태도가 마치 나를 무시하는 것 같아서 짜증나네'라고 인식될 때 '그럴 수 있다'라고 인정하면 된다. 그런데 나는 이 감정에 대해 '저 사람이 내게 명백히 잘못한 일이 없는데 기분 나빠하고 비난해서야 되겠어? 그래서는 안 되지. 그건 바람직하지 않고 나답지 않아'라는 생각을 일으킴으로써 해서는 안 되는 일을 한 사람으로 스스로에게 취급되니 이것이 부정당한 기분을 갖게 하고 자존감 상해서 속상한 것이다. 내 감정을 부정하고 나무라고 자책하느라 인정해주지 못했고, 내 것을 인정받지 못하니까 퉁명스러운 상대방의 행동도 그럴 수 있다고 인정해주지 못했다. 짜증이라는 감정을 분명히 읽지 못했기 때문에 '저 아저씨는 불친절하니까 만나기 싫다'라는 생각으로 흐르고, 그 사람을 피해 다른 직원한테 말하려고만 했었다.

작년에 군 내 다른 면에 있는 농협을 들어갔다가 창구에서 근무

하는 그 직원을 보았다. 몇 년 만에 뜻밖의 장소에서 만나니 마치 타지에서 고향 사람을 만난 듯 반가웠다. 내가 반갑게 대해서 그랬는지 그 직원도 우리에게 잘 지내시느냐고 안부를 물었다. 어쩌면 그도 사람을 상대하는 것이 어색하고 서툰 사람이었나 보다.

감정은 억제하는 것이 아니라 이해하는 것이다

감정은 어떤 행동을 할 것인지 동기를 유발하는 직접적인 원동력이니 잘 살펴보라고 말했더니, 한 축소 회피형이 따지듯 물었다.

"만약 시댁에 제사가 있는데 내 감정이 '가기 싫다'는 것을 알았어요. 그럼, 싫다는 감정을 읽었으니 가지 말라는 건가요? 싫다는 감정을 읽었다 해서 안 가는 거라면 모를까, 어차피 갈 수밖에 없는 상황이라면 그냥 하던 대로 가서 일하고 오는 게 낫지, 그걸 읽어서 뭐 해요?"

기본적으로 인간이 어떤 행동을 하게 되는 동기는 그 사람의 감정에 있다. 즐거우면 그 일을 하는 쪽으로 움직이고, 즐겁지 않으면 그 일을 안 하는 쪽으로 움직인다. 그러나 무의식 체계에서 일어나는 신체 반응인 감정과 과거 경험의 기억을 동원하여 이것을 추리하고 종합, 판단하는 이성의 기능이 올바르게 짝지어지는 것은 아니어서 많은 경우 왜곡, 조작, 착각하는 자기 기만적 형태로 작용한다. 특히 회피형을 힘들게 하는 점은 짜증, 불안, 두려움, 혐오, 즐거움 등의 감정을 느끼면 그것에 따르는 행위를 꼭 해야 하는 것으로, 또는 하게 되는 것으로 연결된다는 것이다. 만약 그녀가 제사에 가기 싫은 감정을 읽어서 제사에 안 가겠다고 결정한다면 우선 명분 없는 행동을 꺼리는 자신의 구조가 이것을 불편해한다. 게다가 남편과 다투거나 시댁 식구들 눈 밖에 나는 사태를 감당해야 하는데, 그런 출혈을 감수하면서까지 굳이 안 가겠다고 버틸 일이 아니다. 그러니 감정을 읽고도 감정대로 할 수 있는 게 아니라면 아무 이득도 없고 필요도 없는 것을 알아서 뭐 하느냐는 말이다. 감정과 행동이 일치해야 한다는 공식은 잘못된 연결이다. 짜증을 느낀다고 해서 짜증 내는 행위가 수반되는 것은 아니므로 불안해하지 않아도 좋다.

정확히 말하자면 '제사에 가고 싶지 않다'라는 것은 감정이 아니라 행동을 결정하는 이성의 영역이다. 제사에 갈 것이냐, 말 것이냐를 판단하기 이전에 제사를 떠올리는 순간 일어난 자기 감정이 있다. 만약 불쾌감을 느꼈다면 분명 그것과 연관되는 어떤 기억들이 있었을 것이다. 생각들이 떠오를 수 있도록 시간을 두고 그 문제에 머문다. 그러고는 떠오른 기억을 좇아 감정에 이름을 붙인다. 이를테면 수치심인지, 열등감인지, 굴욕감인지, 두려움인지를 살펴본다. 가능한 한 이름 붙이기를 해야 하는 이유는 자신의 감정으로 분명하게 인식하는 훈련을 돕기 위함이다. 뭔가 아쉽고 서운하고 찜찜하기는 한데 정체를 알 수 없는 상태로 남아 있으면 그 감정은 스스로에게도 인정을 못 받고 배우자에게도 인정받지 못해 미해결의 과제로 남는다. 또한 마치 책 제목을 알아야 필요한 책을 서재에서 바로 빼낼 수 있듯이, 자기 감정에 분명한 식별이 돼 있어야 상대방의 감정을 이해하고 인정해줘야 할 때 교감의 기회를 놓치지 않고 해줄 수 있다.

말할 수 없는 고통

무엇 때문에 불쾌한가를 떠올리게 하는 중요한 변수는 상대방과의 관계가 얼마나 안전한가에 달려 있다. 말할 수 없는 것, 인정받을 수 없고 감당할 수 없는 것은 생각으로 떠올리는 것조차 억눌린다. 받아들여지고 해소될 수 있는 것이 아니라면 그것의 존재 자체로도 자신의 생존을 위협하는 것으로 인식되어 불안감을 주기 때문이다. 상대방과의 대화가 처음에는 사소하고 가벼운 얘기로 시작해서 반영하기가 되고 그것이 받아들여지는 경험들이 쌓이면 차차 좀 더 솔직한 기억을 떠올리고 말할 수 있게 된다.

제사에 참석하기 싫은 여자가 남편에게 다음과 같은 하소연을 했다고 치자.

"지난번에 아가씨가 나한테 뭐라 뭐라 했잖아. 잘하려면 자기나 자기 엄마한테 잘하지 왜 나한테 잘하니 못하니 잔소리하는지 모르겠어. 그래도 내가 손윗사람인데 그렇게 함부로 말하니 기분 나빴어."

듣는 남편 입장에서는 일단 불쾌하다. 자기 가족을 험담하는 것이 꼭 자신을 비난하는 것으로 들리기 때문이다. 더구나 저항형 인간에게 아내의 하소연은 사랑받고 싶은 자신의 기본적인 욕구에 치명타를 날리는 위험으로 와 닿는다. 어느 한쪽을 편들 수 없는 곤란한 처지에서 어떤 말로 반응해야 할지 모를 당황스러운 상황에 자신을 빠뜨렸다는 생각에 화만 난다.

여기서 남편이 알아야 할 것은 여동생은 원가족이지 자신이 현재 지키고 돌봐야 할 가족이 아니라는 사실이다. 지금 아내는 속상했다는 감정을 털어놓고 있다. "그랬느냐", "정말 속상했겠다"라는 인정을 받고 싶은 것이지 '당신 여동생 나쁜 사람이니 같이 미워하자'라고 종용하는 게 아니다. 집안을 시끄럽게 만들고 관계를 이간질하려는 것이 아니다. 이런 상황에 여동생을 두둔한답시고 "당신이 그렇게 들었다면 오해야", "딱히 틀린 말 한 것도 아니잖아?", "그래도 당신이 손윗사람인데 참고 봐줘야지 그렇게 생각하면 안돼"라는 식으로 배우자를 부정하는 말을 한다면, 아내의 몸은 제사에 갈지언정 마음은 영영 남편을 향하지 않을 것이다. 반대로 "당신 입장에서는 그렇게 생각할 수 있겠네. 많이 속상했겠다" 하고 인정하고 공감해준다면 아내는 가기 싫던 제사도 기꺼이 참석하려는 마음으로 변한다. '이런 사람이라면 내가 어떤 불편하고 불리한 상황에 처해도 내 편을 들어주겠구나'라는 마음이 생겨서 그와 함께라면 어디든 가지 못할 곳이 없겠다는 든든한 기분이 든다.

'저 사람이 내 편이다', '저 사람은 나를 돌봐줄 사람이다'라는 신뢰는 하기 쉬운 행동을 할 때 생기는 것이 아니다. 하기 어려운 상황, 할 수 없는 상황에서 자신의 편을 들어주는 모습을 보일 때 진실로 감동받고 깊은 신뢰가 형성된다.

회피형 입장에서 볼 때 제사에 가기 싫은 진짜 이유를 밝힌 것은 엄청난 위험을 무릅쓰고 관계 개선을 위한 의욕으로 시도한 것이다. 배우자가 그 말을 받아주지 않고 짜증 내거나 이러쿵저러쿵 변명하거나 도리어 가르치는 태도를 보이면 어렵게 열었던 마음이 다시 닫혀버린다. 그러나 배우자의 반응이 실망스럽다 해서 대화의 문을 닫아버리면 자신에게도 손해다. 상대에게 끝까지 자신의 감정을 인정해주는 반응을 보여달라 요구해야 한다. 앞의 대화에서 핵심은 '제사에 가느냐, 안 가느냐'가 아니다. 시누이의 태도 때문에 안 가고 싶다는 생각을 일으킨 여자의 불쾌감이 남편에게 인정받는 것에 초점을 맞춰야 한다. 설령 흡족한 대화를 마무리하지 못한 채 제사에 가는 상황이 되더라도 시누이 때문에 불쾌했다는 말을 나눴다는 것만으로 의미는 있다. 시누이의 태도가 불쾌했음에도 불구하고 제사에 참석해서 일하는 자신의 고충을 배우자에게 분명히 전달했기 때문이다.

자신에게서 일어난 욕구, 감정, 생각을 인정하는 것과 그 일의 실현 여부는 다른 문제다. 먹고 싶어도 돈이 없으면 참아야 하고, 더 자고 싶어도 애들 깨워서 학교 보내려면 더 잘 수가 없고, 하고 싶지 않아도 해야 할 역할이 있다면 참여해야 한다. 그것을 받아들여야 하는 것이 인생이다. 그러나 먹을 수 없는 형편이라고 해서 먹고 싶은 마음마저 없는 것은 아니다. 먹기 어려운 상황이라고 해서 배고픈 자기 감각을 속이는 것은 인과적으로 순서가 바뀌었다. 먹고 싶은 마음은 그 마음대로 인정을 받아야 하고, 그것과 분리하여 '그래도 음식을 살 것인가, 말 것인가'에 대한 결정은 또 다른 것으로 취급되어야 한다. 이것이 자기 감정, 생각, 욕구를 있는 그대로 인정하고 존중하는 인식 체계다. '어차피 내 뜻대로 안 될 거 내 마음 알면 뭐 해?'라고 절망하지 말자. 실현되지 않는다 해서 감정을 알 필요가 없고 노력할 필요도 없는 건 아니다. 요점은 자신의 구조를 알아야 그 구조에서 벗어날 기약이 있고, 자신이 원하는 것을 스스로 지키는 길이 열린다는 거다.

감정을 알아차리고 인정해주는 일이 중요함을 실감하고 실천하면 특정 상황에서 '어떻게 처신할까'를 따로 생각하지 않아도 된다. 어떻게 대응할 것인가는 그때그때 상황과 상태에 맞게 자연스럽게 결정된다. 가기 싫은 자신의 감정이 충분히 인정되고 나면 상황에 따라 제사는 갈 수도 있고 안 갈 수도 있다. 반면 자기 감정을 못 읽은 채 '되는대로 하지, 뭐' 생각했다가 일이 뜻대로 흘러가지 않으면 그 원망의 화살은 고스란히 상대방에게 날아간다.

휘발성 감정에 휘둘리지 않으려면

감정 읽기를 설명하기 위해 남편이 비유를 들어서 내게 물었다. "만약 당신이 더운 여름날 시원한 카페에 있다가 밖으로 나가려고 문을 여는 상황이라고 할 때, 당신은 어떤 감정을 느낄까?"

나는 이 말에 강하게 저항했다. "아니, 그런 사소한 일에 무슨 감정이 있어? 여름이니까 더우려니 생각하면 되지. 굳이 좋으냐, 싫으냐 따져서 뭐 할 건데? 이런 일에까지 감정을 살피면서 살라면 난 하루도 못 살겠다."

내 기억 속에서 감정적인 사람들은 기분 좋을 때는 웃고 떠들며 들떴고, 기분 나쁠 때는 매몰차게 성내거나 땅이 꺼져라 한숨을 쉬었다. 자기 기분 따라 옆 사람들을 들었다 놨다 하기 때문에 나는 어느 장단에 어떻게 맞춰야 할지 몰라 긴장했고 그런 내가 비참했다. 얼굴에 감정을 드러내고 그 감정에 이끌려 행동하는 사람을 보면서 '도대체 저 사람은 왜 저래?'라며 비웃고 경멸했다. 그런데 이제 와서 나더러 감정을 알아야 한다니. 나도 감정을 알게 되면 그 사람들처럼 되는 것은 아닌지 두려워 도저히 받아들일 엄두가 안 났다.

뜨겁고 칙칙한 열기가 얼굴에 닿으면 누구나 순간적으로 불쾌감을 느낀다. 열기라는 자극과 피부가 만나는 촉각 경험에서 불쾌가 일어나는 것은 '일차 감정' 또는 '기본 감정'이다. 쾌적한 신체 상태를 유지하는 것이 생존에 유리하다. 갑작스럽게 열기를 만나자 몸은 생존에 불리하다는 각성을 일으키고 '빨리 이 상황에서 벗어나라'라는 신호로 '분노'라는 감정이 일어난다. 즉, 분노는 지금의 상황을 타개하라고 알려주는 신호등 역할을 하기 때문에 반드시 필요하고 중요한 감정이다.

분노가 생존을 보호한다는 긍정적 역할이 있음과 동시에 어떻게 다뤄지고 표현되느냐에 따라 관계에서 독이 되기도 하는 사실이다. 사람은 누구나 상대방이 분노를 드러낼 때 곁에 있기가 싫다. 실제로 울고 있는 사람을 보는 것보다 화내는 사람을 보기 힘들어한다는 임상 실험 결과가 있는데, 화난 사람과 눈 마주치기를 꺼리고 피하는 것은 본능적으로 자신의 생존에 직접적인 위협이 된다고 감지하기 때문이다.

그러므로 '감정은 일어나는 것이지 옳다, 그르다 나눌 시비의 문제가 아니다'라거나 '자기에게서 일어난 감정을 인정해줘라'라는 말을 듣고 '내 감정이니까 이것은 정당하다'라고 주장해도 되는 줄로 알면 안 된다. 그건 오해다. 자신에게서 일어난 감정을 읽고 인정한다는 것과 그것을 표출하는 것 사이에는 큰 차이가 있다. 어린 아이의 경우 배가 고프면 배고픔을 해소하기 위해 울음을 터뜨린다. 배고픔으로 인한 분노를 알림으로써 엄마를 부르고 자기에게 젖을 먹이도록 유도하기 위함이다. 분노는 원하는 것을 성취하기 위해 상대방에게 욕구를 표시하는 효과적인 수단이다. 그러나 분노의 기능이 원하는 것을 성취하기 위한 수단이라면 원하는 것을 얻는다는 목적에 부합하기 위해 분노를 조절하고 변화시킬 수 있다는 논리가 성립된다. 자신이 원하는 것을 얻기 위해서 분노를 어떻게 표현할 것인가를 고민해봐야 한다.

감정과 상처를 분리하라

축소 저항형이라면 분노를 점진적으로 느끼며 드러낼 때도 우회적이겠지만, 확대 저항형은 순간적으로 화가 훅 올라온다. '화'와 '나'가 하나로 붙어버린다. 천지 분간이 안 되는 화를 억지로 누르려고만 해서는 눌러지지 않는다. 바로 이때 불쾌감을 알아차리고 '네가 지금 화났구나'라고 스스로에게 말해줌으로써 자신이 화났음을 인정해준다. 이것이 되면 '나의 화'가 보이는 것 같고, 화와 자신이 분리된 느낌이 든다. 그런데 이것이 안 되는 이유는 화는 나는데 자신을 화난 사람으로 인정하고 싶지 않기 때문이다. 화낸다고 상대방이 지적하거나 싫은 내색을 하면 '내가 무슨 화를 낸다고 그래?'라면서 더욱 신경질이 난다.

자기 안의 분노를 인정하기 힘든 것은 상대방에게 면죄부를 주고 싶지 않아서다. 분노가 지속되어야 '자, 한번 봐라. 너 때문에 내가 이렇게 고통받는다'라고 상대방을 탓하고 책임을 물을 수 있다. 그런데 스스로 분노를 인정하고 처리하면 이로써 마치 상대방의 책임을 면제해주는 것 같고 모든 걸 자신이 책임지는 것 같아 그 억울함을 견딜 수가 없다. 또 '내 안의 분노'와 '나를 화나게 한 저 사람'을 분리하면 그 순간 그 사람과 자신이 아무 관계가 아닌 것처럼 되는 것이 두렵다. 두렵고 억울한 마음이 '저 사람이 잘못한 거야', '저 사람 탓이야'라는 생각을 계속하게 만든다.

쾌적하고 평온하기를 원하는 마음이 갑자기 더운 열기를 만나 어긋난 기대 때문에 짜증이 나는 것은 당연하다. 그런데 이때 일어난 일차 분노를 알아차리지 못하고 지나쳐버림으로써 연달아 일어난 이차 분노에 자연스럽게 붙들린다. 이차 분노는 자신의 불안정 애착 구조가 만든 왜곡된 감정이다. 이차 분노는 자신이 느낀 짜증의 원인을 상대방에게 돌리게 만든다. '하필 한낮에 만나자 해가지고 더운 시간에 움직이게 하네'라거나 '남편이 차를 멀리 주차해놓은 바람에 많이 걸어가야 하잖아'라는 등의 생각으로 이어진다. 상대방에게 불쾌한 감정을 실어 말을 뱉으면 듣는 사람은 당황스럽고 무안하다. 당연히 기분이 나빠져 그가 원하는 걸 들어주고 싶지 않게 된다. 분노는 스스로 알아주는 것으로 처리하고, 상대방에게는 "생각보다 덥네요. 당신이 가서 차를 가지고 오면 좋겠어요"라고 부탁했더라면 자신이 원하는 것을 얻을 수 있었을 것인데, 감정에 휘둘려 말함으로써 자신이 원하는 것을 얻지 못하는 안타까운 결과를 맞는다.

확대 저항형은 화를 그대로 표출하지 말고 한 박자 쉬었다가 감정을 말로 전달할 필요가 있다. '이 상황에서 당신이 그런 행동을 하니까 나는 이런 기분을 느낀다'라고 가능하면 '나'로 시작하는 말을 하도록 노력하면 좋다. 이것은 단지 언어의 기술적인 문제가 아니다. 무엇 때문에 그런 감정을 느꼈는지 생각하는 과정에서 일단 거친 감정이 가라앉는 효과가 있다. 이것은 감정에 매몰되지 않고 그 감정에서 한 발 물러서는 성찰적 태도를 가질 때 가능하다. 또한 '너 때문'이라는 원망이 아니라 '내 기분을 당신이 알아줬으면 좋겠어'라는 협조를 구하는 표현이기에 회피형인 배우자가 받아들일 수 있는 심리적 여유를 준다. 상대방을 존중하고 배려하는 마음을 내지 않으면 할 수 없는 일이므로 많은 생각을 하게 한다.

우리를 괴롭히는 것은 일차 감정이 아니라 자신의 상처와 결부돼서 이차로 일어난 감정이다. 우리가 상처 치유를 하고 안정된 애착 관계를 맺고자 하는 것도 상처로 인해 형성된 왜곡된 인식이 천연의 감정에 결부되어 우리를 구속하고 지배하기 때문이다. 회피 애착형인 나의 경우를 예로 들자면 단체 카톡방에 글을 올렸는데 아무도 반응이 없자 불쾌했고 좌절감을 느꼈다. 나는 인기가 없다는 부끄러움과 내가 평소 그들에게 자상하지 못했기 때문이라는 자책, 그리고 어려운 글을 올렸다는 자괴감과 친구들에게 인정받지 못한다는 비애감, 나아가 그들을 비난하는 마음마저 일었다. 이 감정들을 다 인정해주고, 그러나 무반응을 버림받음으로 인식함으로써 나도 그들을 버리겠다는 원망의 마음을 낸 것은 옳지 않다고 수정하고 나자

비로소 마음이 홀가분해졌다. 그리고 다음 날 하나둘 답장이 와서 반갑게 맞이했다. 중요한 것은 '어떤 행동을 취할 것인가', '이 일은 어떻게 될 것인가'라는 결과물이 아니다. 순간순간 느낀 감정을 읽고, 그것을 조절하고 전환하고 해소하는 과정을 어떻게 경험했는가의 문제다.

감정을 읽는다 함은 짜증 내고 있는 자기 모습을 보고서 아는 것이 아니라 짜증이 일어나는 마음 상태를 알아차리는 것이다. 그래서 처음에 감정 읽기에 성공해보면 '아! 두려워하는구나', '아! 부끄러웠구나'라고 자기도 모르게 감탄사가 앞서 붙는다. 이성으로 인식하는 것과 감정을 읽는 것은 뭔가 다른 회로에서 일어나는 일이라는 것을 본인이 감지할 수 있다. 자기 감정을 읽기 시작할 때 사람들은 마치 '양파 껍질을 벗기는 기분'이더라고 표현했다.

감정의 속성은 휘발성이다

감정은 드러나서 인정받으면 그 역할을 다하고 사라진다. 최근 밝혀진 연구 결과에 따르면, 어떤 감정과 관련되는 호르몬이 분비되는 시간이 수 초에 지나지 않는다. 어린아이들이 울다가도 과자를 주면 금세 웃는 것이 그 때문인가 보다. 하지만 우리는 같은 감정이 지속되는 것처럼 느낀다. 왜일까? 자신이 느낀 있는 그대로의 감정은 인정받지 못하고 묻혀 있는 상태에서 이것이 어떤 상황인지, 앞으로 이 일을 어떻게 풀어야 할 것인지 고민하느라 이전에 일어났던 감정의 이미지를 의식이 붙들고 되새김하기 때문이다. 그러므로 언제 어디쯤에서 의도적으로 개입하여 감정의 전환을 시도

할 것인가를 생각해볼 수 있다.

　나는 감정 읽기를 천연 염색에 비유한다. 염색은 한 번을 들여도 색이 난다. 하지만 이것은 견뢰도가 떨어져서 옷으로 만들어 입기 어렵다. 두 번, 세 번 같은 색을 여러 번 물들여야 색이 선명해지고 물 빠짐을 견디는 힘이 생긴다. 마찬가지로 한 번 알게 된 감정은 다시 경험하기가 쉽다. 가본 길이기 때문이다. 그것이 반복되지 않으면 느낌이 희미해져 찾아 들어가는 감각을 잃는다. 감정 읽기가 거듭될수록 분명하고 빠르게 감정을 읽을 수 있고 해명하고 전환하는 일이 가능해진다.

　매번 모든 일에 감정 읽기가 되는 것은 아니다. 상처가 극복되는 정도에 발맞춰 조금씩 그 영역을 넓혀간다. 또 불안하고 두렵고 허탈하고 짜증 난 감정을 읽고 인정받는다 해서 그 감정이 완전히 사라지는 것은 아니다. 그 감정의 영향력은 한동안 남아 있다. 하지만 무엇 때문에 이렇게 힘든지 스스로 그 감정의 정체를 알고 인정하면 한결 감당할 만해지는 것은 분명하다. 최소한 그 감정의 여파로 엉뚱한 일에 짜증 내거나 우울해져서 일을 더 크게 만들고 관계를 악화시키는 상황은 막을 수 있다. 불안하고 짜증 나고 두려운 일은 없으면 좋지만 그런 일이 생기는 것이 우리의 삶이고 보면, 정확하게 읽고 빨리 해소할수록 부정적 상태에서 벗어나 행복할 기회를 좀 더 많이 가질 수 있고, 행복을 느끼는 시간을 좀 더 늘릴 수 있다는 말이 된다.

9

축소 회피형과 확대 저항형 커플

축소 회피형의 뿌리 깊은 피해 의식

만약 어떤 존재가 끊임없이 변화하는 현실에 맞서 내부 혹은 외부와의 갈등 상황에 신속하게 대처하기 어렵고 또 누군가에게 도움 청하기를 꺼린다면, 그 개체가 안전하게 살아남기 위해 선택할 수 있는 유일한 생존 전략은 '순응'이다. 즉, 가능한 한 상황을 긍정적으로 해석하고 협조적으로 대처함으로써 안으로는 부정적 정서에 빠지지 않고 밖으로는 적을 만들지 않을 수 있으니 최선의 방어를 최선의 공격으로 삼는 격이다.

축소 회피형은 가급적 비난받을 일은 애초에 하지 않으려고 한다. 자기 소임에 충실함으로써 세상으로부터 비난받지 않고 살 수 있다고 생각한다. 그들은 새벽 2시에도 횡단보도에 빨간불이 켜져 있으면 멈춰 섰다가 건넌다. 정직과 성실을 최고의 덕목으로 여기는 이들에게 도덕적 태도는 자신을 떳떳하게 만드는 원천이다. 또 한편으로는 '내가 이렇게 법을 준수하듯 세상 사람들도 양심에 따라 법과 원칙을 지켜주기 바란다'라는 암묵적인 항변이다. 요령 좋은 사람들이 새치기를 하고 악착같이 차지하려 덤빈다면 앞질러 나갈 수 없는 그로서는 상대적인 박탈감을 느껴야 하기 때문이다. 자신에게만 특혜를 주길 바라지 않는 것처럼, 다른 사람들도 반칙이나 술수 없이 공정하게 플레이하기를 바란다. 서로가 서로를 이용하거나 시기하지 않고 온유하고 사이좋게 살아가는 세상을 원한다.

스스로 알아서 개척하는 능력은 떨어지지만 하나를 배우면 배운 대로 따르고 실천한다. 했다, 안 했다, 이랬다저랬다 하지 못하니 이것이 장점으로 작용할 때는 '요령 부리지 않는다'고 말하고, 단점으로 작용할 때는 '융통성이 없다'고 말할 수 있다. 한 번 익혀 안 것을 습관적으로 반복함으로써 숙련된다는 이로움이 있지만 유연성과 창의성은 부족하기에 기존 체계를 고수하려는 것으로 보인다. 어떻게든 원하는 것을 얻고 싶은 확대 저항형 입장에서는 아무리 찾아도 다른 카드가 없는 것으로만 보이는 축소 회피형의 태도가 쉽게 포기하는 것으로 보여 '무슨 대책이든 만들어볼 생각은 않고 저렇게 나 몰라라 한다'라고 비난하게 된다. 또 순응적인 구조이기에 해야 하면 하고 안 하게 되면 안 하는 거지, 하긴 하되 조금만 한다거나 '이것을 하는 대신 저것은 안 한다'는 식이 아니어서 다양한 조건에 능동적으로 대응하기가 어렵다. 결정적인 순간에 아무리 다른 대안을 제시해도 안 한다고 버티는 축소 회피형을 볼 때 확대 저항형은 무력감을 느끼며 고집쟁이라 비난한다.

수렴적 경향을 지닌 축소 회피형은 일상을 무리 없이 꾸려가기 위해 자신이 감정을 통제하면서 사느라 얼마나 긴장하는지를 거의 깨닫지 못한다. 지금 자신이 아픈지, 아프면 얼마나 아픈지, 슬픈지, 화가 났는지 등 부정적 정서를 민감하게 읽지 못한다. 몸이 보내는 신호들을 몰라야 순응하기가 편하기 때문이다. 남편과 싸움을 한 후 나는 이성적으로는 내 눈치를 살피며 화해를 시도하는 남편을 위해 '어서 그의 사과를 받아들여'라고 스스로를 다그치지만, 동시에 자꾸만 같은 패턴의 생각으로 되돌아가는 나를 본다. 생각을 정리하는 데 왜 이리도 많은 시간이 걸릴까 괴로웠는데, 알고 보니 '나를 화나게 한 것은 당신의 어떤 행동이야'라고 따지는 것을 두려워하는 감정이었다.

순응이란 자신을 괴롭게 한 대상을 "너 때문이야" 하고 똑바로 쳐다보지 못하게 하는 장치다. 대상에게 책임을 묻는 것은 스스로를 위험에 빠뜨리는 행위라고 프로그래밍되어 있기 때문에, 그것을 말해도 되는지 망설이느라 이러지도 저러지도 못하는 사이 시간이 간다. 매번 성공적인 것은 아니지만 나는 가능하면 남편의 짜증에 영향받지 않고 의연한 척하고 싶었다. 내가 다른 사람의 무례함에 예민하지 않았고, 내게 닥친 불이익에 너그러웠던 것도 이것과 연관된다.

자신의 생존 구조가 '마땅한 응징을 할 수 없다면 대항하지 않는다'라는 것을 받아들인다는 것은 고통스러운 일이다. 자신을 적극적으로 방어하기에 취약한 물리적 조건을 가진 자로서 무례한 상대방에게 대항하여 공격하기보다는 그런 취급을 당하는 자신에게 탓을 돌림으로써 갈등을 피하는 편이 살아남기에 유리했다. 부당한 현실에 적응하기 위해 어느 정도의 불충분과 불만족을 인식하지 못하도록 '부정', '외면', '무시'라는 방어기제가 발달했다. 최소한의 자존심은 지켜야 살 수 있기 때문이다. 그래서 축소 회피형에게는 '나는 하고 싶은 일을 하지 못했고, 하고 싶지 않은 일도 해야만했다'라는 피해 의식이 있다. '세상은 내가 무엇을 마음대로 하도록 허용하지 않았다'라는 원망이다. 축소 회피형의 모든 문제는 근본적으로 이 피해 의식에서 출발한다고 봐도 무방하다.

괜찮습니다, 나를 내버려두세요

일반적으로 축소 회피형들이 세상을 향해 보이는 얼굴은 두 가지다. "괜찮습니다"라고 말하면서 '나는 당신에게 적의가 없고 공생을 원하는 평화주의자다'라는 표시로 항상 엷은 미소를 준비한다. 또는 '아무것도 재미없으니 제발 나에게 관심 두지 말고 가만히 내버려둬'라는 무표정한 얼굴을 한다. 이에 대한 세상 사람들의 평가도 크게 두 가지다. 긍정적인 측면으로는 '착하다', '겸손하다', '한결같다'라고 반응하고, 부정적인 측면으로는 '속을 모르니 무섭다', '답답하다', '재미없다'라고 말한다. 종합적으로 말하자면 '그를 특별히 싫어하는 사람도 없지만 그렇다고 특별히 좋아하는 사람도 없다'라는 표현이 가장 적합하다. 이는 있는 듯 없는 듯 무리 없이 살다가 조용히 죽고 싶은 축소 회피형의 마음과도 통한다. 이 모습은 적도 많고 친구도 많은 확대 저항형의 특성과 정반대로 보인다.

축소 회피형인 친구가 학부모 모임에 참석해도 말이 없고 그저 자신이 맡은 일만 묵묵히 하고 돌아오니까 뒤에서는 "자기 딸이 공부를 잘해서 반장 하니까 엄마가 도도하게 군다"라고 수군덕거렸다. 축소 회피형은 대인 관계에 서툴러 어느 타이밍에 어떤 말을 해야 할지 몰라 그것을 들키지 않으려고 끼지 않는 것인데, 이것을 알 리 없는 타인은 자기를 무시하는 행위라고 해석한다. 게다가 이런 평판을 본인은 모르고 산다. 자신에 대해 뒤에서 누가 어떻게 수군대든 관심이 없기 때문이다. 자기가 다른 사람을 눈여겨보지 않고 간섭하거나 흉보지 않으니 다른 사람들도 그럴 거라 믿는다. 축소 회피형의 이런 태도는 '아무도 나를 원하지 않을 것'이라는 관계에 대한 두려움과, 아무나하고 특별히 가까워지기를 원치 않는 거부감이라는 이중적 의미를 갖고 있다.

무력감을 부르는 구조

축소 회피형 남자가 이웃에게 연장을 빌려줬다가 다음에 필요해서 달라니까 그쪽에서 이런저런 핑계를 대며 차일피일 미룬다. 돌려받지 못한 상황에서 배우자가 다그치자 남자가 볼멘소리를 한다.

"아니, 그 사람이 안 주겠다는데 내가 어떡해? 그 사람을 때릴 거야, 아니면 졸졸 따라다니면서 달라고 할 거야?"

축소 회피형은 관계를 감당하기에 순발력이 떨어진다. 대인관계 속에서 '내가 원하는 것을 얻으려면 어떻게 해야 할까?', '이 상황을 어떻게 바꿀까?'를 고민하면서 주고받은 경험이 많았어야 과거의 유사한 경험을 근거로 상황을 타개할 방법이 떠오를 텐데, 욕구를 충족하기 위한 수단들을 계발하지 못해 마땅한 대응책이 없으니 결과적으로 상대방의 선처를 바라는 수동적 위치에 놓이기 쉽다.

그래서 그들은 자기 것을 지키지 못하는 상황이 자주 발생하고, 이런 상황에서 무력감을 느낀다. 무력감을 직시하지 않기 위해 '그까짓 물건 중요한 것도 아닌데, 뭐'라면서 일의 의미를 축소하여 넘어가거나 상대방을 탓하며 단죄하는 쪽으로 생각의 방향을 돌린다. 자신은 사람과의 신의를 소중히 여겨 진실로써 대했는데 상대는 선의를 이용해 제 이익만 챙기고 모른 체했다고 생각한다. 인간에게 뒤통수 맞았다는 배신감이 연장을 잃은 것보다 더 큰 상실감을 준다. 이런 무력감과 피로감이 쌓이면 사는 게 재미없고 대인관계에 의욕이 떨어진다. 더 이상의 피해를 막기 위해 그 사람과 상대하지 않는 쪽으로 가닥을 잡는다. 관계를 가급적 피하는 것으로 문제를 해결하기 때문에 세상과의 교류가 점점 좁아진다. 그러면서 자신이 좋아하고 자신을 위한 것을 하려고 하면 이것은 이기적인 행동, 욕심부리는 짓, 옳지 못한 행위라는 생각이 들어 결국 그 행동을 안 하는 쪽으로 결론 내리게 한다.

사람을 만나서도 놀 때는 재미있게 노는 것 같은데, 본인이 먼저 사람을 청하는 경우는 드물고 대부분 다른 사람의 부름에 응한다. '어째서 나는 사람 만나는 것을 이토록 힘들어할까? 같이 놀자고 불러주는 사람이 있는 것만도 고마운 일인데'라고 자책한다. 무엇이 문제였을까? 예를 들어 카페에서 상대방이 베이글을 먹자고 할 때, 베이글이라는 말을 듣고 부정적인 느낌이 들었다면 "나는 머핀 먹을래요"라고 편하게 말할 수 있어야 한다. 그런데 자신은 원하는 것이 특별히 없는 줄 알고, 베이글도 나쁠 것 같지 않아서 "난 괜찮아요. 아무거나 먹어요"라고 상대방이 하자는 대로 맞춰주면서 놀다 돌아오니까 시간이 지날수록 점점 기분이 찜찜해진다. 순간순간 좋은지, 싫은지를 알아차리지 못했기에 불쾌한 줄을 모르고 있다가 뒤늦게 불쾌한 상황 속에 자신이 방치되어 있었다는 사실에 화가 난다. 무엇이 기분을 망쳤는지 분명하게 알지 못하지만 어쨌든 불쾌한 느낌은 남아서 다음에는 안 만나고 싶다는 생각만 자꾸 든다. 우울해하면서도 그 우울의 원인을 정확히 모르기 때문에 그 와중에 다른 일이 생기면 마치 그 일 때문에 언짢아진 줄로 착각하기도 한다.

축소 회피형들이 사람 만나기를 재미없어하는 건 '난 이렇게 하고 싶다'라는 말을 그때그때 솔직하게 못하기 때문이다. 가고 싶을 때 가겠다 말하고 보내고 싶을 때 그만 가라고 말할 수 없기 때문이다. 기본적으로 세상살이가 낯설고 관계가 어색한 축소 회피형은 그 서먹함을 극복하고자 애를 쓴다는 것이 또한 서툴다. 자신이 하고 싶은 일과 하기 싫은 일의 구분이 모호하고, 해야 할 일과 안 해도 되는 일의 구분도 어렵다. 어떤 경우에는 달라져보겠다는 의욕으로 안 해도 되는 일인데 해야 하는 일로 알고 덤빈다. 겨우 해내고 나면 수고에 비해 성과가 없으니 허탈한 기분이 든다. 애썼음에도 실패했다는 좌절감과 수치심의 경험이 더 이상 시도하지 않을 구실이 돼버린다.

축소 회피형들에게 '원하는 대로 하고 사는 세상'이란 딴 나라 이야기다. 마치 확대 저항형이 자신이 원하는 것을 하지 못하고 사는 세상을 상상할 수 없는 것과 같다. 물리적 측면에서 남성에 비해 자신을 지킬 힘이 약하고 더구나 여성의 지위를 지원해주지 않는 남성 중심의 사회 문화적 구조 때문에 축소 회피형 여자는 자신을 지키기에 더 불리하다. 축소 회피형인 친구는 임신 중에 라면이 너무 먹고 싶었는데 남편이 곁에 있을 때는 먹을 수가 없어 아무도 없을 때 종종 끓여 먹었다고 한다. 드러내지 않고 은밀히 해야 상대방의 비난과 간섭으로부터 안전할 수 있다는 계산에서 비롯된 습관이다. 축소 회피형은 주위의 반대에 부딪혔을 때 다른 사람을 설득하는 힘이 약하고, 타인과 욕구가 얽히면 뜻대로 할 수 없는 구조로서 좌절감을 맛보기 쉽기 때문에 꼭 하고 싶은 일이면 차라리 혼자서 감행하는 경향이 있다. 그것이 훨씬 홀가분하다.

축소 회피형은 사람을 만나 노는 과정에서 얼마나 적극적으로 자신의 의사를 표시했는지, 그리고 그것이 상대방에게 얼마나 받아들여졌는지가 그 모임이 즐거웠는지, 괴로웠는지를 결정한다. 자기 뜻대로 하는 게 없으면 타인과의 만남이 기다려지지 않고, 이 세상이 오래 머무르고픈 즐거운 곳이 되지 못한다. 그러므로 이 유형은 더 주도적이고 적극적으로 변할 필요가 있다. 더 나서도 괜찮다. 갈등과 비난에 대한 두려움을 무릅쓰고 자기 감정, 욕구, 생각을 허용하고 지지하는 연습이 필요하다. 그래야 자신이 만든 세상을 산다.

연장을 돌려받느냐, 머핀을 먹느냐, 가고 싶지 않다고 말하느냐는 사소한 문제 같지만 궁극적으로 볼 때 이것은 자기를 지킬 수 있느냐, 아니냐의 문제로 모아진다. 물건이든 신념이든 욕구든 그것이 자신에게 의미 있고 소중한 것이면 상대방도 그것을 존중해주길 기대하게 되건만, 상대방이 그것을 존중해주지 않고 함부로 취급하면 그 무례함에 화가 난다. 하지만 이것은 마치 자기 땅에 금 그어놓고 상대가 알아서 안 넘어오기를 바라는 것과 같다. 자신에게 소중한 것이라고 해서 세상 모두에게 의미 있는 것은 아니다. 상대방은 동의하지 않았으므로 자신이 그은 선을 소홀히 생각하는 것이 당연하다. 이것이 현실임을 인정해야 한다. 자신으로 하여금 무력감을 느끼게 한 사람에게 복수하는 것으로는 일이 해결되지 않는다. 자신에게 소중한 것이었으면 무슨 수를 써서라도 적극적으로 지켜야 한다. 자신의 감정, 생각, 욕구를 스스로 알아주고 지키면 상대방이 거칠든, 욕심이 많든, 예의가 없든, 무능하든, 그건 어디까지나 그 사람 사정이므로 그로 인해 상처받지 않을 수 있다.

회피형이 원하는 것을 더 표현해야 하는 이유

얼마 전부터 냉장고에서 소리가 나더니 냉동실도 작동이 잘 안 되기 시작했다. '오늘은 수리를 맡겨야지' 생각하고 남편에게 "냉장고 고치게 서비스 기사 부를까요?" 물었다. 그러자 남편이 "꼭 오늘 해야 돼?

오늘은 할 일도 많은데"라고 대답했다. 나는 "그래요, 그럼 다음에 합시다" 하고는 더 이상의 대화를 시도하지 않았다. 뭐가 아쉬워서 조를까 싶었다. 이쪽에서 말을 뚝 끊어버리니 남편은 자신이 뭔가를 잘못한 것 같아 속상해졌다. 자신의 말 때문에 사랑받지 못할 거라는 불안감이 머릿속을 떠나지 않아 계속 찜찜했다. 자신도 모르게 반대하는 말이 불쑥 나와버린 것이 후회됐지만, 다시 취소하자니 자존심이 상해 그도 내키지 않았다.

축소 회피형은 냉장고 고치고 싶은 욕구를 포기한 것이 단지 자신만의 문제가 아니라는 것을 알아야 한다. 대화를 포기하고 요구를 철수해버리는 태도는 상대방에게 큰 절망감을 준다. 함께 뭘 도모하지 않는 소극적이고 배타적인 태도는 배우자에게 '나를 믿지 못하나? 나를 인정하지 않나? 나를 필요로 하지 않나?'라는 의구심과 버림받은 느낌을 갖게 한다. 왜냐하면 배우자인 확대 저항형은 원하는 것이 있고 그래서 함께 주고받는 관계이고 싶기 때문이다. '내가 너에게 무언가를 해줬다'라는 뿌듯함이 있어야 사랑받을 수 있을 것으로 기대되는데, 그것이 없다면 자신도 원하는 것을 얻을 수 있는 기회를 박탈당한 셈이다. 자신이 거절함으로써 아내가 냉장고 수리를 못 하게 됐으니 그의 무의식에서는 '내가 저 사람이 원하는 것을 못 하게 막았다'라는 자책감이 들어 속상하다. 언제든지 파트너와 친밀하고 싶은데 상대방이 '해도 그만, 안 해도 그만'이라는 식으로 얘기를 끝내버리니 오기도 난다.

축소 회피형은 억울하다.

'네가 안 된대서 안 되는 줄 알고 그 의견을 존중해준 건데 대체 뭐가 문제야?'

그러나 저항형 입장에서 '한 번 더 의견 조율을 시도하지 않은 것'은 회피형의 잘못이다. '네가 내 요구를 거부했지? 두고 봐'라는 듯 김 샌 얼굴로 여러 날을 데면데면하게 지내게 될 것이 분명하니, 이는 명백한 '가해 행위'라고 주장하고 싶다.

회피형은 또다시 억울해진다.

"우울하고 속상하면 말을 안 할 수도 있지 아무 말 안 한 것도 잘못인가요?"

먼저 공격하지 않았으니 괴롭혔다는 게 말이 안 된다는 주장이다. '아무것도 하지 않는 행위'가 잘못일 수 있다는 걸 축소 회피형은 이해하지 못한다. 엄밀히 말하면 이것도 '한 것'이다. 물을 먹지 않은 것은 아무것도 하지 않은 게 아니라 '물 안 먹기를 한 것'이다. 원하는 것을 쟁취하기 위해 단식투쟁을 하듯, 상대방에게 말을 하지 않는 것도 관계를 거부하는 하나의 행위다. 자신은 최소한의 방어였다고 말하겠지만 가까운 사람에게 그것은 분명한 공격으로 다가온다. 축소 회피형다운 공격 말이다.

내가 며칠째 말문을 닫고 지내면 남편은 말했다. "당신이 계속 화내고 있으니까 당신한테 벌 받는 기분이야."

처음에는 이 말이 무슨 뜻인지 몰라 당황했다. 나는 지금 쥐구멍이라도 있으면 숨어 들어가고 싶을 만큼 창피하고 우울한데, 그런 내가 화를 내고 있고 자기는 벌을 받는 중이라니. 그러나 시간이 흐른 뒤 내 행동의 진의를 깨달았다. '자, 보면 알겠지? 나 지금 화났으니까 건드리지 말고 가만둬' 하고 평소 부리지 못한 성깔을 휘두르고 있는 상태였다. 갈등을 핑계로 그에게 신경 쓰지 않고 나만의 세계로 들어가 머무르니 불편한 와중에도 익숙한 고향 집에 온 듯 편안했다. '그러니 너는 내게 뭘 더 바라서는 안 돼'라고 강력하게 시위하고 있었다. 외면과 무시는 상대방의 공격적 태도에 대항해서 '지렁이도 밟으면 꿈틀한다'라는 것을 보여주려는 소심한 응징의 표현이라고 말한다. 이는 축소 회피형이 자신을 상대방과 대등한 관계로 보지 않고 저항할 수 없는 지렁이로 인식하고 있음을 보여주는 대목이며 사실은 그것이 속상한 거다.

피해자라는 의식

관계로 이루어진 세상에서 '난 너에게 특별히 원하는 것도 없고 별 불만도 없다'라는 태도로 일관한다는 건 관계를 부정하고 회피하는 태도다. "당신 뭐 먹을래?"라고 물었는데 "뭐, 아무거나"라고 말하면 상대방은 뭐든 혼자 정해야 한다는 고충을 느끼고, 함께 감당하고 싶었던 마음에 좌절감이 온다. 남편은 내게 '무임승차'라는 표현을 사용했다. 밖에서 쿵 하는 소리가 들리면 확대 저항형인 남편은 무슨 일인가 싶어 바로 문을 열고 나가보는 반면, 나는 '포클레인인가? 뭐, 별일 아니겠지' 하면서 나가보지 않는다. 남편은 자신만 계속 뭔가를 신경 쓰며 주의를 기울이고, 태평한 나는 그 덕에 어부지리로 사는 것 같다고 여겼다. 자기에게 필요한 것을 꼭 말해야만 얻을 수 있고 내가 알아서 해주는 법이 없어 힘들었다. 언제나 먼저 나서야 하는 역할을 맡은 것이 때로는 서글펐다.

모든 사람은 자신이 상대방에게 있는 그대로 받아들여지기를 바란다. 그런 의미에서 축소 회피형의 소극적인 태도, 수세적인 반응은 상대방에게 '더 이상 나를 괴롭히지 말고 어서 내게서 떠나줘'라는 경고 내지 협박으로 여겨진다는 것을 말하고 싶다. 축소 회피형이 "나는 최선을 다해 애썼다"라고 말하는 것으로는 충분하지 않다. 배우자로서, 부모로서의 기능적인 역할에, 그것도 자기 방식으로의 최선을 다했을 뿐 관계를 대하는 50퍼센트의 책임은 외면한 것이다.

예를 들어 단풍 구경을 간다고 할 때 그 과정에서 차가 막히거나 바가지를 쓰거나 아이들이 싸우는 등 힘들고 불쾌한 일이 벌어지게 마련이다. 만약 자신이 좋아서 시작한 일이라면 우리는 기꺼이 부정적 상황들을 감당할 마음이 난다. 그런데 축소 회피형은 평상시에 확대 저항형의 주도성에 밀려 자기가 원하는 것을 양보하며 사니까 함께 하는 일을 되도록 안 만들려고 한다. 일상을 같이 보내는 것도 벅차기 때문에 그런 불편을 감수하면서까지 단풍 구경 갈 필요를 못 느끼게 된다. '별로 살고 싶은 의욕도 없는 내게 왜 방법을 찾으라 하고, 무엇을 함께 하자고 요구하느냐'라고 항변한다. 그러나 축소 회피형도 살기 위해 '순응'이라는 생존 전략을 택한 것이지 삶 자체에 의욕이 없는 게 아니다. '굳이 하고 싶은 일이 없는 느낌'을 드러냄으로써 불리할 때마다 이것을 방어막으로 내세우며 사는 것이다.

축소 회피형이 갈등 상황을 만들지 않고 피하려는 마음에는 갈등 자체가 주는 두려움도 있지만 관계를 책임지고 싶지 않은 회피형의 상처도 있다. 자신을 자극한 상대에게 화를 내고 그 때문에 상대방의 기분이 상하면 어떤 식으로라도 그의 기분을 풀어줄 조치를 취해야 하는데 그것이 귀찮다. 같이 놀자는 친구의 요청에 거절할 명분이 없는 경우 웬만하면 맞춰주는 것도 그런 심리다. 친구가 불러서 나가면 '네가 결정한 일이니 나는 네 즐거움에 책임이 없어'라는 식으로 부담이 덜하다. 만약 친구의 부름에 응하지 않으면 그 때문에 친구가 화가 나거나 서운해하지 않을까 신경이 쓰인다. 이 또한 부담이 되는 일이다.

현실이 뜻대로 되지 않을 때 느끼는 좌절감 때문에 욕구를 미루고 상대방의 주도에 수동적으로 따른다면 책임에 대한 부담에서 벗어날 수 있을지는 모르나 당당함을 가질 수는 없다. 자기 뜻대로 하는 게 없다는 절망감에 이런저런 경우를 싸잡아 묶어서 취급하면 곤란하다.

남편을 가해자로 만든 것은 나였다. 내가 순응적 구조인 탓에 쉽게 위축되고 포기한 것을 모르고 그 책임을 모두 남편에게 뒤집어씌웠다. 피해자라는 의식을 내 행동의 기반으로 삼았고, 비난에 대항하는 방패로 삼았다. 내가 피해자라는 의식을 버리지 못하는 한 남편을 계속 가해자로 남아 있게 만든다는 사실을 알고 반성했다. 상호 의존의 원리를 알지 못했기에 나에게도 해야 하는 무엇이 있음을 알지 못했다. 축소 회피형은 관계에서 자신이 감당해야 할 몫이 있음을 받아들여야 즐거운 삶을 산다.

본능에 충실한 확대 저항형의 불안감

　살아 있는 존재로서 우리는 자신의 생존이 지속되기를 바라며 사는 동안 많은 즐거움을 만끽하기를 바란다. 또한 생존의 지속을 방해하는 것들에 불안과 두려움을 느낀다. 이는 모든 인간의 기본적인 욕구이며 공통된 감정이다. 이러한 본능적 성질이 가장 잘 드러나는 유형이 확대 저항형이다. 확대 저항형은 감정 체계가 발달한 애착 유형으로서 자극에 감각적이고 즉흥적으로 반응한다. 또한 생존을 위협하는 조건에 대한 불안감을 직접적이고 현실적으로 느끼기 때문에 다소 민감하고 과장된 형태로 대응한다.

　몇 년 전 여름, 친구 아들이 수술을 받기 위해 병원에 입원했다. 아직 어린 두 동생이 아이스크림을 먹으려다 침대에 붙은 '금식'이라는 팻말을 보았다. 축소 회피형인 막내딸은 오빠 앞에서 먹지 못하겠다고 망설였고, 확대 저항형인 큰딸은 "오빠, 많이 아프지? 우리끼리 먹어서 미안해"라며 아이스크림을 쪽쪽 빨았다. 그러고는 엄마에게 "오빠가 아프니까 불편해서 마음 편히 먹지 못했어"라고 투정했다.

　이런 일도 있었다. "너희들이 먹고 싶은 것으로 사다 먹어라"라며 엄마가 만 원을 주자 아이들은 봉지 한가득 과자를 사 와서는 거실 바닥에 부었다. 그들의 행동을 가만히 지켜보니. 막내딸이 A에 손을 뻗자 큰딸이 잽싸게 A를 집어가고, 다시 동생이 B를 집으려 하면 언니는 A를 내려놓고 B를 잡았다. 그래서 C를 고르려는데 언니가 C를 집어들더니 품에 안았다. 동생이 집으려고 하면 순간 그것이 좋아 보여서 자기가 갖고 싶은 마음이다. 억울한 동생이 화를 내며 울었다. 큰딸에게 왜 동생을 울리느냐고 나무라자 아이는 인심 좋게 C를 동생에게 양보했다. 그전까지 나는 친구로부터 큰딸이 욕심 많은 동생에게 자기 것을 잘 나눠주고 인사성 밝다는 말을 듣곤 했다. 그렇게 상황은 일단락됐는데, 나중에 보니 큰딸의 주머니에는 바닥에 꺼내지 않은 초콜릿이 있었다.

이것이 자기 욕구에 충실한 확대 저항형의 모습이다. 확대 저항형은 현재 손에 든 떡이 있어도 그것에 만족하지 못하고 '지금 저것을 놓치면 안 돼'라는 충동에 이끌려 또 다른 뭔가를 원하고 요구하고 싶은 기대감에 깔려 산다.

확대 저항형은 말한다. "내가 뭐 큰 걸 바라는 게 아니에요. 사람이 집에 들어오면 잘 갔다 왔느냐고 아는 체해주는, 뭐 그 정도죠."

맞다. 특별한 걸 바라는 게 아니다. 얼굴 보면 아는 체해주고, 식탁에 앉으면 오손도손 얘기 나누는 것. 입 짧은 아이는 밥 좀 팍팍 먹었으면 좋겠고, 약속 시간에 친구들은 빨리빨리 모였으면 좋겠고, 꼴 보기 싫은 저 연예인은 TV에 안 나왔으면 좋겠다. 자신은 그것뿐이라고 말하지만 실상은 매 순간 자기 뜻대로 되기를 바라는 것이 확대 저항형의 마음이다. 비교적 욕구가 집중되고 직선적인 남자에 비해 정서적인 확대 저항형 여자의 욕구는 더 복잡하고 다양하다. 이것이 단순한 축소 회피형 남자에게는 시시각각 모양을 바꾸며 움직이는 구름 같아서 마치 요지경을 보는 듯 다채롭고 어지럽다.

원하는 것을 손에 넣을 수 있다면 조금 비굴하고 자존심 상해도 참아낼 수 있다. 다른 사람 눈에는 이런 태도가 의아하다. '아니, 방금 그렇게 무안을 당했는데 어떻게 저렇게 아무렇지 않은 얼굴로 또 말을 걸 수가 있지' 싶어 놀란다. 기억상실증에 걸린 것도 아니고 자존심이 없는 것도 아닌데 그렇고 어찌 모르겠는가. 하지만 그보다 더 강력한 힘, 즉 자신이 원하는 것을 얻어내고 싶은 욕구는 그에게 무안당한 불쾌감을 잊으라고 명령한다. 이것은 확대 저항형이라는 구조에서 나온 것이어서 이성으로 볼 때는 그런 자신이 구차하게 느껴져 비참한 기분이 들기도 하지만, 이성적인 논리는 무의식적 구조를 이기지 못하기에 알면서도 재연된다. 계속 화내면서 버티는 건 욕구 실현을 원하는 자신의 이익에 부합되지 않는다. 그래서 금방 기분을 풀고 상대에게 다가가 그의 마음에 들 만한 말이나 표정, 행동을 한다.

함께 공부하던 확대 저항형 여자가 들려준 이야기다. 사무실에서 종종 직원들이 음식을 가져와 함께 먹는데, 어느 날 동료가 가져온 팥떡을 집어 입에 넣으려는 순간 "어머, 맛있다. 언니"라고 말하는 자신을 발견했다. 아직 음식이 혀끝에 닿지도 않았는데 맛있다는 말을 미리 뱉다니. 이제껏 자신이 알아차리지 못하는 동안 이렇게 행동하며 살았을 것을 생각하니 충격적이었다. 상대방 비위를 맞추느라 꼬리치는 태도가 피곤하고 짜증스럽기도 하지만, 상대방의 기대를 거스르는 것은 그들의 생존 기반을 위협하는 일이어서 신경 쓰지 않을 수가 없다.

사랑받아야 한다는 강박

저항형은 사랑받고 싶다. 가까운 사람에게 의지하고 싶고, 많은 사람과 친밀한 관계를 맺음으로써 그 안에서 안정감을 느끼고 싶다. 이들의 생각은 '상대방의 관심이 나의 생존에 필요하다'라는 욕구를 기반으로 형성된 구조이기 때문에 죽는 한이 있어도 이 기대를 버릴 수는 없다. 저항형에게는 '나'가 가장 중요하다. 자신한테 뭘 준다고 해야 좋고 자신과 놀아줘야 좋지, 자기 부모, 자신의 배우자에게 잘해줘봐야 소용없다. 이것이 '생존'이 최우선인 그 사람의 시스템이다. 본인도 이것을 분명히 모르면 "우리 부모한테 잘해라", "아이들한테 줬으면 됐지"라고 말하지만 이 말에 속으면 안 된다. 관계 속에서 자신이 관심받지 못한다면 이 세상은 살 이유가 없을 만큼 황량하다.

확대 저항형에게 삶은 모험도 여행도 아닌 생존 그 자체다. 혹시 일이 제대로 되지 않으면 어쩌나 불안한 마음에 아직 일어나지 않은 부정적 상황들까지 예상하고 대비하느라 마음이 급하다. 불안한 마음과 사랑받고 싶은 마음이 주변에서 일어나는 소소한 일에도 예외 없이 참견하게 만든다. 일이 성에 차지 않으면 직접 팔을 걷어붙이고 나서야 직성이 풀린다. 이런 특징 때문에 인생을 열정적으로 사는 사람으로 보인다. 무엇보다 다른 사람의 처지에 자연스럽게 이끌리는 공감 능력은 사람들과 친밀한 관계를 맺는 데 결정적인 도움이 된다.

하지만 때로 많은 생각과 많은 걱정과 많은 일이 그들을 지치게 한다. 강한 생활력도 자의적인 것이 아니기에 억울하다. 본심으로 말하자면 자기도 보호자의 돌봄을 받으며 편히 살고 싶다. 그러나 현실은 그렇지 못해서 자신과 가족의 생존이 위협받는 상황이 오지 않도록 살아남겠다는 본능으로 할 일을 찾아 기꺼이 해내야 하는 처지가 때론 서글프다.

끊임없이 뭔가를 바라는 마음을 안고 산다는 것은 그 자체로 힘든 일이다. 원하는 마음은 계속해서 새롭게 생겨나는데 상대방이 이리해도 안 주고 저리해도 안 주는 상황이 지속되면 뭘 어떻게 해야 자신의 욕구를 채울 수 있을지 몰라 지친다. 사랑받을 가망이 안 보일 때면 좇는 마음을 내려놓고 포기하고 싶다. 더는 매달리고 싶지 않다. 상처받고 싶지 않다. 하지만 이 또한 뜻대로 되지 않는다. 기대감에 상처를 입고 절망적인 기분에 빠질 때가 돼서야 비로소 쉴 수 있다.

확대 저항형은 자신의 무의식적 욕구에 지칠 때마다 더더욱 독립적이 되고 싶다는 생각이 사무친다. 사랑받지 못할까 두렵고, 불안감 때문에 의존적이 되는 자기 모습에 대한 반발심이 독립적이고 싶은 욕구를 키운다.

'내가 원하는 마음을 가지고 저 사람만 쳐다보는 것은 저 사람을 힘들게 할 뿐 아니라 우리 관계에도 좋지 않아. 이제 나도 내가 좋아하는 일에 집중하면서 나를 돌보자.'

평온한 정서 상태에서 이렇게 생각을 정리하면 의젓해진 자신에게 대견한 마음이 든다. 지금보다 더 독립적이고 강한 사람이 될 수 있으리라는 기대에 기분이 좋다. 하지만 시간이 좀 지나면 다시 알 수 없는 오기가 올라온다. 왜일까? 이것은 진심이 아니라 저항감이기 때문이다.

상대에게 원하면 안 되고 의지하면 안 된다고 하니까 어쩔 수 없이 혼자 놀 궁리를 한 것이지, 사실은 자신이 왜 그런 결심을 해야 하는지 납득하지 못한다. '축소 회피형은 너와 다르다'라는 말이 마치 '그 사람은 네가 원하는 것을 주지 않을 것이니 그리 알고 받을 생각 마라'라는 말로 들려서 왜 내게 받지 말라고 하는지를 이해할 수 없다. 서로의 상처를 이해해야 한다는 얘기를 듣고 이성적으로는 기억하려 하지만 저항형 무의식에서는 받아들일 마음이 안 일어난다. '도대체 나더러 뭘 배워서 뭘 고치라는 거야? 네가 그냥 내가 원하는 것을 주기만 하면 되는데, 그것이 뭐가 어렵다고 그래?'라는 반감이 든다. 확대 저항형 생각에 자신은 이미 충분히 잘하고 있기 때문에 만약 노력해야 한다면 그것은 당연히 소극적인 축소 회피형이지 자신은 아니다. 자신이 더 무엇을 해야 한다는 말은 용납할 수 없다.

확대 저항형이 할 일은 이런 결심이 오기에서 만든 생각임을 알아차리는 거다. 그의 무의식은 '네가 좀 잘했으면 내가 너한테 사랑받고 잘 살 수 있을 텐데, 네 꼬락서니가 줄 것 같지 않으니 나도 내 살길 찾으련다'라고 말하고 있다. '나는 너에게 의지하고 싶다. 그러니 내가 의지할 수 있도록 네가 잘해라'라는 자신의 욕구를 부정하지 말고 철저히 인정하고 받아들이자. 과자를 보면 과자가 먹고 싶고, 예쁜 옷을 보면 예쁜 옷이 갖고 싶은 욕구는 단지 물질적 필요가 절실해서는 아니다. 이것은 본질적으로 '뭘 어떻게 요구해서 엄마의 관심을 차지할까'라는 정서적 욕구와 맞물려 있다. 관계 지향적인 저항형은 자신의 욕구와 아픔을 스스로 인정해야 한다. 그래야 어떻게 하면 그걸 현실에서 충족할 수 있을까를 진지하게 고민해볼 수 있다.

사랑받아야 한다는 자기 상처 때문에 과도하게 불안하고 또 그 때문에 짜증 난 것임을 스스로 알아야 한다. 자기가 불안하고 심심해서 고기 사러 시장을 두 번이나 갔다 오고, 아이 성적 올릴 욕심에 학원을 옮기려고 여기저기 알아보러 다니고는 "아이고, 내가 아니면 누가 이 일을 다 하냐" 생색내며 세상 모든 짐을 진 듯 하소연한다. 배우자인 축소 회피형은 원하지도 않는데 본인 짐작으로 이것저것 비위 맞추느라 잘해주고는 '나는 이렇게 애쓰고 노력하는데 너는 그런 공도 몰라주고, 내가 원하는 그것 하나 못 들어주느냐'라고 분통을 터뜨린다. 불안감을 인정하고, 성취되지 못한 부분과 해결할 수 없는 부분은 불충분한 상태로 받아들여야 한다. 그래야 짜증이 줄고, 필요 없이 상대방 비위를 맞추려고 계속 뭔가를 하는 시스템도 멈춘다.

각자가 원하는 친절

상처 치유 공부를 하기 전까지 나는 남편의 고충을 전혀 이해하지 못했다. '너는 맘에 안 들면 안 든다고 짜증이라도 내지, 나는 싫어도 싫다는 표도 못 내는 약자다'라는 생각에 갇혀 나보다 강자로 보이는 남편의 사정을 알 수도 없고 알아주고 싶은 마음도 안 생겼다. 그가 원하는 대로 내가 따라주는 생활을 당연시하는 사람이니 남편은 요구를 쉽게 하는 줄로 알았다. 하지만 이것은 오해였다. 상대방이 자신의 욕구를 들어주길 기대해서 요구하고 그것이 받아들여지지 않으면 불평하게 되는 것은 맞다. 그렇지만 '저 사람은 내가 말하면 들어준다'라는 믿음이 있는 것은 아니어서, '들어줄까, 안 들어줄까'를 의심하고 눈치 보며 불안한 마음으로 요구하는 것이 항상 힘들었다고 한다.

그도 힘들고 불행했다니…… 내 마음에 큰 돌 하나가 쿵 하고 떨어졌다. 그 사실을 몰랐으면 모를까 이제라도 알게 됐으니 달라져야 했다. '부인인 내가 그의 마음을 알아주지 않으면 누가 그 상처를 위로해줄까' 싶었다. 죽을 때까지 이 공부를 놓지 말아야겠다는 각오가 생겼다. 그가 자신의 욕구를 참고 나를 돕는 성의를 보인 만큼, 나 역시 해내야겠다는 결의를 다졌다.

그동안 내가 남편의 관심을 부담스러워했던 건 남편이 관심을 표현하는 방식이 내가 원하는 방식이 아니었기 때문이다. 누구나 보호자의 돌봄을 바라지만 각각의 관계에서는 성별과 기질과 애착 성향과 경험에 따라 다른 특수성이 존재한다. 그리고 자신이 받기를 원하는 방식으로 상대방에게 친절을 베푼다. 따라서 상대방이 원하는 배려를 해주려면, 그 사람의 기질과 상처의 특성을 알고 그가 원하는 방식으로 대해야 한다. 남편과 내 경우를 예로 들어보겠다.

우리 집은 거실이 없고 방만 둘이다. 안방에 있던 남편이 물을 마시려면 주방을 겸한 내 방으로 와야 한다. 그는 책상에 앉아 있는 나를 그냥 지나칠 수 없어 슬쩍 어깨라도 만지면서 "책 재밌어?", "잘돼?" 정도의 인사를 하고 간다. 이것이 그 사람의 방식이다. 남편은 책을 보고 있다가도 내가 바깥으로 나가기 위해 안방으로 들어가면 어김없이 고개를 들어 나를 보았다. 그러니 만약 내가 책을 보고 있는 남편 곁을 아무런 기척도 없이 옆으로 쌩하니 지나간다면 그는 마치 유령 취급을 받은 것 같아 불쾌할 것이다. 하지만 나는 남편의 사소한 접근에도 방해를 받았다. 한창 집중하고 있는데 뜬금없이 재미있냐고 물어보면 뭐라 대꾸해야 할지 몰라 당황스럽다.

'책이라는 게 재미로 보는 건가?'

재밌게 봐야 한다는 주문을 받은 것처럼 부담을 느낀다.

내가 말했다. "당신은 책 보다가 일어나서 일하고 다시 들어와 책 보는 게 익숙하지만 나는 한 번 흐름 깨지면 다시 집중하는 데 시간이 걸려."

한마디로 건들지 말라는 뜻이다. 지금에 와서 보면 이것도 회피형 기질에서 나온 '접근 거부를 위한 전략'이었지만 아무튼 그때는 그것이 어쩔 수 없는 나의 특성이라고 생각했다.

남편은 자신이 원하는 것이 내가 원하는 것과 다르다는 것을 알지 못했다. 자기 방식대로 하는 행동이 문제가 된다고 생각지 않았다. 그러다 대화법을 통해 그걸 깨달은 이후로는 아는 체하고 싶은 욕구를 자제하고 나를 위해 조용히 지나쳐갔다. 나의 특성을 인정하고 나니까 '놀자'는 의사 표현을 참아야 하는 것이 힘들었다고 한다. 그전에는 물 먹는다고 들어오고, 과자 찾는다고 들어오고, 마당

나간다고 안방 문을 열었다 닫았다 하면서 나의 주의를 끌며 함께 놀 기회를 엿보았는데, 이제 전적으로 내가 놀아주기를 기다려야만 하니 오기가 났다. 확대 저항형에게 자신이 아닌 상대방을 위해 기다리고 참아야 한다는 사실을 받아들이기란 어려운 일이다. 말을 참고 안 하는 한 시간은 하루처럼 길다.

하지만 남편은 기다렸다. 불안감을 감내하면서 기다렸다. 기다리다 보면 언젠가 놀아주는 때가 있으리라는 믿음을 갖고, 지금 당장 원하는 것을 안 줘도 짜증 내지 않기로 작정했다. 그랬더니 한두 시간 뒤에 내가 일을 끝내고 돌아와 흔쾌히 놀아주더란다. 내가 절대 떼먹지 않더라고 한다. 이것이 서로 간의 훈련이고 신뢰를 쌓아가는 과정이다. 이를테면 내가 아플 때 남편은 자신이 하고 싶은 만큼보다 더 힘을 빼고 조금만 들여다봐서 내가 스스로 안정감을 느끼도록 시간을 두고 지켜봐야 한다. 반대로 남편이 아플 때 나는 자주 물어봐주고 내가 적당하다고 생각하는 것보다 더 적극적으로 할 수 있는 일을 찾아서 해줘야 한다. 그런 노력의 결과 상황은 완전히 변했다. 내가 지나가는 남편을 그냥 보내지 않고 붙잡아 말을 걸고 논다. 일에 방해되지 않는다. 그와 사랑을 확인하는 이 순간이 나의 피로 회복제임을 알았기 때문이다. 능력은 필요에 따라 개발된다. 이제는 남편이 나를 원하건 그냥 지나치건, 내가 남편을 그냥 보내건 붙잡건 서로의 마음에 걸림이 없다.

이 과정을 통해 남편은 중요한 사실을 깨달았다.

'내가 원하는 것을 말하지 않으려고 애쓰는 순간, 내가 진짜 원하는 것을 얻을 수 있는 길이 열렸다.'

여기서 분명히 짚고 넘어갈 것이 있다. 안전한 관계를 만들고 싶을 때 기억해야 할 가장 중요한 명제는 '상대방이 원하는 때에 원하는 것을 줘야 한다'라는 것이다. 사람은 기본적으로 자신이 원하는 것을 원하는 때에 얻어야 만족감이 생긴다. 축소 회피형은 이 점을 인정하고 확대 저항형의 요구에 좀 더 민감하게 반응할 필요가 있다. 둘 사이에 속도 차이가 있음을 분명히 알고 인정하는 대화가 필요하다.

함께 보폭을 맞추는 연습

모든 사람이 궁극적으로 원하는 것은 '안전한 생존'이다. 안전하면 즐기고 위험하면 도망치고 싶은 것이 모든 존재의 생존 본능이다. 축소 회피형도 위험한 상황이 아니라고 판단되면 피하지 않고 즐긴다. 그런데 확대 저항형은 축소 회피형을 자유롭게 놔두지 않는다. 조금만 틈을 보이면 금세 달려와 붙는다. 축소 회피형은 상대방이 끊임없이 '난 네가 필요해. 같이 놀아줘'라는 메시지를 보내고 있으니까 그 주파수에 걸리기만 하면 거미줄에 걸린 곤충처럼 제 뜻대로 하지 못하고 꼼짝없이 끌려가리란 걸 안다. 그래서 그럴 여지가 없도록 원천적으로 차단하기 위해 긴장감을 내려놓지 못하고 산다.

예를 들어 확대 저항형이 "밥 먹자"라는 일상적인 말을 한다고 할 때, '네 밥 네가 먹고, 내 밥은 내가 먹는 것'이라는 마음에서 말했다면 부담스럽지 않다. 하지만 '우리 같이 밥 먹자'라는 의미로 말한다고 들리면 이때는 두렵다. '나한테 원하는 게 있구나'라는 뉘앙스를 느낄 때 회피형은 거부감을 갖는다. 밥 먹는 것조차 마음 편히 못 하고 '이 사람과 같이 해야 하는 일'로 느껴지는 것이 불편하다. 즉, 상대방은 자신이 함께 가주길 원하고 자신은 그 요구에 보조를 맞춰줘야 한다는 인식으로 다가올 때, 그 말에 무게가 느껴져서 발을 빼고 숨고 싶다. 마치 거북이가 고개를 슬쩍 내밀어 좌우를 살피려는데 이를 본 토끼가 기다렸다는 듯 다가와 "뭐 해?"라면서 달려들면 '어? 내가 이 사람 눈에 띄어버렸네?'라며 겁을 먹고 다시 숨어버리는 것과 같다. 지금 자신이 상대에게 노출됐으니 자유롭지 못하고 구속, 간섭, 강요를 받는다 느끼는 것이다.

확대 저항형 스스로는 특별한 의미를 품지 않고 한 말이라고 생각하지만 '밥 먹자'라는 말속에는 뭔가 다른 진의가 실려 있다. 만약 부드럽게 말했다면 그건 그냥 단순히 '같이 놀자'라는 뜻이다. 하지만 그 반대의 마음일 때는 불만으로 퉁퉁거리는 말투가 나온다. 또한 축소 회피형의 순응적인 태도를 자기 식으로 해석해서 '저 사람도 동의했다', '저 사람도 좋아서 같이 한 거다'라고 생각한다. 그렇게 생각해야 마음이 편하다. 자신만 원하고 강요한 게 아니어야 책임 없이 가벼운 마음으로 만남을 즐길 수 있기 때문이다. 분명 상대도 동의했는데 기대와 달리 상대방이 협조적으로 움직이지 않거나 뒤늦게 "그건 내 뜻이 아니었어", "당신이 원했잖아"라는 말을 들으면 뒤통수 맞은 기분이 든다.

확대 저항형은 이럴 때마다 자신을 피하는 상대방의 태도에 화가 난다.

'내가 뭘 어쨌다고 그래? 내가 널 잡아먹기라도 해? 난 그냥 너와 친하게 지내고 싶어서 가까이 다가간 것뿐인데.'

자신에게 책임이 돌려지는 상황이 억울하다.

'네가 외면하지만 않았어도 내가 날뛰었다고 비난받을 이유가 없잖아. 내가 화를 좀 냈기로서니 왜 살살 피하고 무시하느냐고.'

그들 입장에서는 '아이가 떼를 좀 쓴다고 엄마가 무서워서 피한다는 게 말이 되느냐' 따지고 싶은 심정이다. 이들이 짜증을 내고 부정적인 태도를 보이는 건 상대방을 겁주거나 싸움을 걸려는 게 아니다. 자신이 원하는 걸 얻고 그저 같이하고 싶은 마음을 표현하는 수단이다.

또한 확대 저항형도 축소 회피형의 마음을 이해해야 한다. 확대 저항형은 지금 당장 화내지 않아도 언제든 화를 낼 잠재적 가능성이 크다. 화는 욕구에서 비롯된다. 원하는 것이 많으면 많을수록 좌절로 인한 불만이 생기기 쉽고, 이는 자연스럽게 분노로 이어진다. 본인은 화나고 짜증 나는 일이 있어도 열에 아홉을 참고 어쩌다 한 번 터뜨리는 것인데 이런 고충과 수고를 모르고 오해한다고 억울해하지만, 말 안 하고 꾹 참고 있는 동안에도 마음속의 불만이 얼굴에 드러나서 주변 사람을 불안하게 하고 눈치 보도록 압박하고 있음을 인정해야 한다. 이 때문에 안전하지 않다고 느끼는 축소 회피형은 왠지 모르지만 혼자 있고 싶고 그래서 배우자를 피해 자신만의 일을 하게 된다.

도넛을 공유하는 법

저항형의 유일한 관심은 '내가 원하는 것을 엄마가 알아서 해주기를 바라는 마음'이다. 자신에게는 아무 책임도 없다. 방에서 나간 것도 엄마고 다시 방으로 들어온 것도 엄마다. 자신이 상대방을 위해 해줄 수 있는 건 아무리 찾아봐도 없다. 세상이, 엄마가 제 마음에 맞춰주기를 바라지, 억울하고 속상하고 짜증 나는 제 마음을 스스로 받아들이고 감내하기는 잘 안 된다. 저항형의 관심은 '받는 것'이지 '주는 것'이 아니어서, 이 의식은 새로 배워 익히지 않으면 저절로는 되지 않는다.

끊임없이 '엄마'를 찾는 저항형의 짝은 대개 '엄마'라는 존재의 필요조차 느끼지 못하고 사는 회피형이다. 관계의 친밀함보다는 일이 주는 만족감에 큰 의미를 두고 사는 사람이다. 저항형과 회피형은 본질적으로 같은 공간에 있지 않다. 멀어도 너무 멀다. 혼자 축구장에 서서 "내 얼굴 보면 몰라? 내가 뭘 원하는지 그렇게 모르겠어?" 소리쳐봐야 상대방은 못 알아듣는다. 하더라도 상대방을 축구장에 들여놓고 해야 한다.

도넛을 팔려면 손님에게 그 도넛이 얼마나 맛있는지 알려야 한다. 회피형이 자신의 '엄마'가 되주기를 원한다면 그에게 '엄마란 좋은 것'이라는 것을 먼저 보여줘야 한다. 엄마의 필요성을 알게 해준다는 것은 곧 '따뜻함'을 보여주는 것이다. 비난받지 않고 구속받지 않으면서 편안하게 놀 수 있도록 지지하고 보호해주는 따뜻함 말이다. 회피형과 좋은 관계를 유지하기 위해 저항형이 반드시 알아야 할 것은 '내가 하고자 하는 일보다 상대방이 하려는 일을 지지해주는 일'이 더 가치 있다는 사실이다.

회피형은 안전하다고 느끼는 만큼 저항형에게 더 가까이 접근하고, 회피형의 접근은 저항형의 불안과 분노를 진정시키는 효과가 있다. 저항형의 기본 욕구가 회피형에게 받아들여지지 않았을 때는 '청소가 안 됐다', '음식이 맛없다', '돈을 아껴 쓰지 않는다', '옷차림이 촌스럽다' 등 지적이 많지만, 저항형의 애착 욕구를 회피형이 반영해주고 채워주면 설령 방이 지저분해도 아무 문제가 되지 않는다. 왜냐하면 그 때문에 자기가 원하는 것이 좌절되는 것은 아니니까 중요하게 여겨지지 않아서 눈에 띄어도 눈에 띈 것이 아니게 된다. 그러니 회피형은 저항형이 말하는 하나하나를 다 해줘야 한다고 미리 겁먹을 필요는 없다. 근본적인 욕구가 뭔지를 이해하고 반응해주면 그에 비례해서 사소한 불만은 차차 줄어든다.

또한 회피형은 끊임없이 기대하고 좌절하고 분노하는 메커니즘을 가진 저항형을 위해 자기 감정을 읽고 분명한 의사 표시를 해줘야 한다. 먼저 상대방의 욕구에 공감해주되 그때그때 상황에서 줄 수 있는 것과 줄 수 없는 것을 솔직하게 전달해서 그가 얻을 수 있는 것의 한계를 인식시켜주는 행동이 필요하다. 못 주겠으면 못 준다고 거절을 확실하게 했더라면 당장은 서운해도 저항형이 그 일에 기대를 접었을 것이다. 거절하는 어려움을 감당하지 않으려는 회피형이 분명하게 말하지 않고 여지를 두니 저항형도 혹시나 하는 기대에 욕구를 접지 못해 계속 눈치를 살피느라 힘이 드는 것이다. 축소 회피형의 적극적 개입은 저항형을 안정되게 만들고 과도한 욕구를 자제할 수 있도록 도와주는 역할을 한다. 원하는 것이 끝도 없다는 생각에 질려서 아무것도 안 해주고 싶다고 말하는 건 해주고 싶지 않은 마음의 명분이다. '이렇게 불평불만이 많고 자기중심적인 너를 내가 가까이하고 싶겠냐'라고 비웃으며 거부한 것은 결코 저항형의 행동 때문이 아니다. 회피형의 태도 때문에 저항형의 분노가 더욱 자극받고 있었음을 역학적으로 인정해야 문제가 풀린다.

10

축소 저항형과 확대 회피형 커플

버림받는 것에 대한 두려움

축소 회피형과 확대 저항형은 기질과 성향이 반대여서 겉으로 보이는 분위기가 완전히 다르다. 하지만 그들을 움직이는 내면 구조에 뭔가 일맥상통한 원리가 있음을 발견할 때 나는 종종 놀라곤 한다. 둘은 마치 동전의 양면 같다. 각각의 모습은 앞면과 뒷면으로 같지 않지만, 마주 붙여보면 그 모양이 일치한다. 축소 저항형과 확대 회피형도 마찬가지다. 축소 회피형과 축소 저항형이 축소형이라는 공통점이 있지만 다르고, 축소 회피형과 확대 회피형이 회피형으로서의 특성을 공유하지만 다른 것은 이들이 같은 동전이 아니기 때문이다.

이 두 커플의 근본적인 차이점은 무엇일까? 축소 회피형, 확대 저항형 커플은 개인의 구조가 그렇듯 관계에서도 단순하고 직선적이다. '내가 원하는 것을 다 말할 테니 너도 원하는 것을 말해'라는 식이다. 일방적인 양보나 헌신의 경향이 강해 포용적이지만 부딪치면 갈등을 해소할 여지가 좁으므로 문제가 심각하다. 반면 축소 저항형, 확대 회피형 커플은 인식과 반응 구조가 복잡하고 우회적이다. 그래서 갈등을 피하고 해결하는 데 유리한 측면이 있다. 이들은 세계를 자신의 상상대로 조작하는 것에 최적화되었다. 자기가 해석하고 싶은 대로 인식하는 자의적 경향이 강하다는 뜻이다. 그러므로 사실관계가 중요한 게 아니라 자신이 사실이라고 믿는 바가 더 중요해지는 구조다. 자기가 보고 들은 것을 과장되게 확신하는 확대 회피형과, 자신의 것을 상대에게 투영하여 상대의 것으로 만들어놓고 다시 그것을 관찰함으로써 자기 것을 보는 축소 저항형의 구조가 닮았다.

이들은 상대방이 정말 원하는 것을 알고 싶어 하지 않는다. 상대의 진실을 알아버리면 마음이 불편해지기 때문이다. 이들에게 진실을 논하는 것은 금기시되어 있다. 이들의 가장 크고 절실한 문제는 자신이 상대방의 의도를 모른다는 사실을 알지 못한다는 점이다. 자신은 상대방이 무엇을 말하는지 안다고 생각하고, 자기가 해석한 바에 의지해서 주고 싶은 것을 준다. 상대방의 요구를 모른 척하는 것에 익숙하고, 상대방의 방해를 심각하게 여기지 않으니 생각보다 서로에게 상처받지 않는 것처럼 보인다. 내 의견을 기탄없이 말하자면, 진화적 관점에서 볼 때 축소 회피형과 확대 저항형이 기본형이고 축소 저항형과 확대 회피형은 이것에서 특화된 형태로 적응되었다. 그래서 더 기만적이다.

축소 저항형은 대체로 섬세하고 신중하며 소심하다. 모든 사람이 자신에게 우호적이기를 바라고 주변 환경이 여유롭고 안락하기를 희망한다. 저항형의 불안감에 축소형의 끈기, 집중력이 결합하면 자기 분야에서 큰 성과를 거두는 원동력이 된다. 뛰어난 감수성으로 감정이입 능력이 발달해서 다른 사람을 돌보는 데 유리한 측면이 있으며, 특히 예술적인 방면에서 독특한 매력을 발산하기도 한다. 하지만 예민함은 정서적 측면에서 볼 때 상처받기 쉽다는 취약점을 제공한다. 예민하기 때문에 상대방의 사소한 태도에도 영향을 받아 감정의 변화가 민감하게 일어난다. 그래서 자신조차도 자신을 잘 다루기가 힘들다. 원하는 대로 인생이 풀리면 기분이 좋아 천국에 있는 듯하다가도 조금이라도 기대를 벗어나면 짜증스럽고 기분이 처참해진다. 이럴 땐 모두가 자기를 싫어하는 것 같다.

풍부한 상상력 때문에 하나의 작은 사건에서 시작된 생각이 곁가지를 쳐나가 어느새 자신을 지배하는 거대한 공룡이 돼 있다. 실패하거나 어려운 일이 닥치면 당황하고 후회하고 자책한다. 자신의 행동을 냉정하게 성찰해서 상황을 타개할 방법을 찾기보다 꼬리에 꼬리를 무는 생각으로 지칠 때까지 자신을 몰아가고서야 포기하고 체념한다. 또는 반대급부로 '모든 일은 어떻게든 잘 해결될 것'이라는 지나친 낙관론을 펴기도 한다. 누군가 자기를 대신해서 상황을 해결해놓을 거라는 막연한 기대 때문인지 모르겠으나 미래에 대한 몽상에 치중하는 안이한 태도를 보이기도 한다. 이들이 가진 예민한 감각과 자기중심적 경향은 자기 감정 상태에 몰두하게 만들고, 그들은 이것에서 자기 정체성을 확인하며 자기애를 느낀다.

내가 원하는 걸 맞혀봐

기본적으로 저항형은 자신이 원하는 것을 엄마가 해줬으면 좋겠다는 기대를 갖는다. 그런데 그 기대가 이루어지려면 자신이 원하는 것이 무엇인지가 상대에게 전달돼야 한다. 축소 회피형은 자신에게 불리하고 불편한 상황에 처하면 관계를 무시하는 마음으로 고통을 견디거나 회피할 수 있지만, 축소 저항형은 그럴 수 없다. 원하는 마음을 포기할 수 없는 것이 그들의 현실이다. 원하는 것을 얻기 위해 상대가 자신에게 주목하도록 만들 수 있고 다양하고 강력한 수단을 강구할 수 있는 확대 저항형에 비해 축소 저항형은 자기 생각과 감정, 욕구를 있는 그대로 드러내는 데 어려움을 느낀다.

자기 의사 표시를 미루는 축소 저항형의 우회적이고 암시적인 태도가 상대방에게는 '내가 뭘 원하는지 한번 맞혀봐'라고 술래잡기를 시키는 것으로 느껴진다. 할 것처럼 말하다가 다시 안 할 것처럼 번복하고, 할 듯 말 듯 뭉그적거리는 태도에 확대형은 화가 난다. 자기를 갖고 논다는 생각밖에 안 든다. 축소 저항형이 원하는 바를 바로 말하지 못하고 에둘러 표현하는 것은 자기가 원하는 것을 드러냈을 때 상대가 어떤 반응을 보일지, 그로 인해 자신이 버려지는 건 아닐지 두려운 마음이 너무 크기 때문이다. 때로는 유치하게 구는 자신을 자신조차 받아들이기 힘든 것이 축소 저항형의 괴로움이다. 이 고통은 상대적으로 감성적인 면이 더 발달한 여성에게 더 크게 다가온다.

특히 의존성이 강한 축소 저항형 여자는 애써 노력하지 않아도 자신은 무조건 사랑받아야 할 특별한 존재라는 환상을 갖고 있다. 그래서 배우자인 확대 회피형 남자가 불만이 있어서 화를 내도 배우자가 원하는 것을 자신이 해주지 않아서 화를 낸다고 생각하지 않고 이유 없이 짜증을 낸다고 생각한다. 배우자의 투정이 '내가 들어줘야 할 요구'로 들리지 않는다. '내가 엄마 말 좀 안 듣는다고 엄마가 날 미워할 수 있겠어?'와 같은 생각이 깊이 잠재돼 있어, 자신의 어떤 태도 때문에 상대방이 화를 낸다는 걸 수긍할 수 없다. 설령 부부 관계에서 명백히 자기 잘못이라 해도 '너는 네 멋대로 하면서 내가 이거 하나 잘못했다고 사과하라고 따지는 거야'라는 억울한 생각이 든다. 무의식에서는 '내가 받아야 할 것밖에 없다'는 생각으로 꽉 차 있기 때문에, 받아야 할 것을 못 받은 걸 생각하면 이까짓 잘못은 아무것도 아니라고 여겨진다.

축소 저항형 입장에서 확대 회피형은 자신을 돌봐줘야 할 엄마다. 두 사람이 서로를 돌봐야 할 동등한 책임을 진 존재라는 생각이 안 든다. 그러면서도 배우자가 자신을 의논 상대로 취급하지 않고 통보하듯 말하면 '왜 나와 상의하지 않고 무시하느냐'라고 불평한다. 이성적으로는 '내가 받기를 원하는 것처럼 너도 원할 것이다'라는 말을 이해하지만, 감정적으로는 받아들여지지 않는다. 이런 말은 듣기만 해도 어색하다. 축소 저항형의 무의식엔 '엄마가 나를 업어줘야 내가 어떻게 엄마를 업어요? 난 어린애잖아요'라고 말하

252

는 아이가 있다. 상대방도 자기에게 요구할 수 있고 자신도 상대방의 필요를 충족해줘야 하는 사람이라는 관계 개념이 아니다.

축소 저항형을 보면 진화생물학에서 거론되는 유형성숙幼形成熟의 유전적 특징이 가장 많이 남아 있는 유형이라는 인상을 받는다. 순수하고 따뜻하며 놀기를 좋아하지만 한편 영악하고 변덕스러운 유아적 특성을 가지고 있다. 외모적으로 볼 때 확대 회피형 여자가 대체로 큰 골격에 넓은 얼굴을 가져 당찬 느낌을 준다면, 축소 저항형 여자는 작고 여린 몸집에 보호 본능을 유발하는 예쁜 얼굴이 많다. 확대 회피형 여자는 전문 영역에서 경력을 쌓거나 여러 가지 체험을 하는 것을 좋아하고, 공간을 꾸미고 아이들을 번듯하게 키우는 등 주변 자원을 통해 자신을 돋보이게 하려는 경향이 있다. 반면 축소 저항형 여자는 유행을 좇아 헤어스타일을 바꾸고 옷을 사는 등 감각적인 문화생활을 즐기고, 자신을 꾸며서 매력적으로 보이게 하는 일에 정성을 기울인다. 그러면서 자기 몸 하나 건사하는 것도 힘들다고 투덜거린다.

투영이라는 왜곡된 방어기제

정신분석 창시자인 프로이트는 인간이 내적·외적 자극으로 인한 불안으로부터 자아를 보호하기 위해 마련한 심리적 장치들을 '방어기제'라고 명명하고, 그중 하나인 '투영'을 '자신의 자아에 내재해 있으나 받아들일 수 없는 충동이나 생각을 외부 세계로 돌려

옮기는 과정'이라고 설명했다. 투영을 인터넷에서 검색해보면 '자신의 흥미와 욕망들이 다른 사람에게 속한 것처럼 지각되거나 자신의 심리적 경험이 실제 현실인 것처럼 지각되는 현상'이라고 나온다. 프로이트의 이론처럼 우리에게는 자신 안에 있지만 스스로 알지 못하거나 인정하고 싶지 않은 부정적 생각과 감정을 타인에게 투영함으로써 자신이 져야 할 심리적 부담을 외면하고 싶은 욕구가 있다. 자기에게 있는 문제를 외부 대상에게 돌림으로써 제 안의 문제를 무시할 수 있다.

축소 저항형은 자신이 감당할 좌절감과 무력감을 최소화하기 위해 '투영'이라는 전략을 선택한다. 사랑받고 싶은 자신의 욕구를 대상에게 투영하여 '엄마는 날 사랑하고 싶어 하는 사람'으로 만든다. '엄마는 나를 예뻐하는 사람이니 만약 내가 엄마에게 사랑을 요구하지 않는다면 그건 엄마의 마음을 무시하고 거부해서 상처 주는 일이야'라고 생각한다. 그렇게 약속돼 있는데 왜 엄마가 어느 때는 잘해주고 어느 때는 쌀쌀맞게 구는지 이해할 수 없다.

누구나 살아가는 과정에서 투영이라는 장치를 쓰지만 특히 축소 저항형이 투영한다고 말하는 이유는 이것이 그들의 인식 구조에서 많은 부분을 차지하기 때문이다. 투영이라는 방어기제를 이해하지 않으면 그들의 행동을 해석하기가 불가능하다. 그들 또한 이 왜곡된 인식 구조 때문에 진정 자신이 무엇을 원하는지, 무엇이 불만인지를 찾지 못한다는 데 그들이 겪는 어려움의 근원이 있다.

투영이라는 방어기제를 이해하기 위해 몇 가지 예를 들어보겠다.

아내가 남편에게 저녁에 들어올 때 감을 사 오라고 말했다. 그런데 남편이 배를 사 가지고 들어와서는 칭찬을 기다리는 아이의 표정으로 서 있다.

"지난번에 보니까 당신이 배를 잘 먹더라고."

감을 기다리던 아내는 어이가 없다. 한편 남편은 자신이 배를 좋아한다는 것을 보호자가 기억해줬으면 좋겠다는 무의식적 욕구를 가지고 있다. 그래서 이 욕구를 아내에게 투영함으로써 아내가 지난번 배를 맛있게 먹은 것으로 기억하고, 이를 분명한 현실로 인식한다.

또 다른 예로, 부부 동반 모임에서 돌아온 남편이 친구가 자기에게 쌀쌀맞게 군다고 투덜거린다. 아내 생각에는 늘 하던 대로였지 특별히 다를 것이 없어 보였는데 말이다. 이유를 물으니 지난번 친구가 돈을 꿔달라고 부탁했는데 사정이 여의치 않아 거절했더니 그 녀석이 아직 그 일로 화가 안 풀린 것 같다고 말한다. 사실 불만을 갖고 멀리 대한 것은 친구가 아니다. 친구를 못마땅하게 생각하는 것은 남편 자신이다. 저는 도와준 적도 없으면서 어려울 때마다 손 벌려 자신을 부담스럽게 만드는 친구에 대한 불만이 자신의 감정이라고 인정하기가 너무 겁난다. 부탁을 거절한 것 때문에 친구가 미워할 거라는 두려움과, 자신의 분노를 친구에게 들킬까 불안한 마음이 도리어 친구가 자신을 못마땅하게 대하는 것으로 보이게 한다.

투영의 함정

축소 저항형은 자신의 무의식을 상대방의 것으로 뒤집어씌운다. 이런 구조가 반복되니까 오늘 '너는 그럴 것이다'라고 추측한 내용이 내일이 되면 '너는 그렇다'라는 사실로 기억돼버린다. 객관적 사실로서의 대상이 아니라 자신의 상상력이 만든 대상을 '너'라고 바라보며 산다. 그러니 상대방에게는 엉뚱한 소리로 들릴 수밖에 없다. 나아가 자기 안에서 인정받지 못하고 표현되지 못한 부정적 감정을 상대방에게 교묘히 전가하고 자극함으로써 상대가 동요하도록 도발한다. 이를테면 화난 자기 마음을 배우자가 화내는 것으로 믿어 "거봐, 당신 지금 화났잖아"라고 몰아붙이면 처음에는 화나지 않았던 상대방도 결국은 어처구니없는 공격에 화가 나고 만다. 화내는 상대방을 보며 그때야 자신의 것으로 인정되지 못하고 억압됐던 감정이 일시적으로 실현되는 느낌을 갖는다.

또 상대방에게 보이기를 바라는 자신의 모습을 상대방이 자신에게 기대하는 모습이라고 생각하고, 그 기대에 부응하고 싶은 마음은 마치 그것이 본래 자기 생각이고 욕구인 양 착각하게 만든다. 그래서 상대하는 사람에 맞추어 카멜레온처럼 모습을 바꾸다 보니 자기 정체성에 혼란이 온다. 열 명을 상대하고 있으면 상대하는 열 명이 모두 자신을 즐겁게 하거나 괴롭게 하는 사람이 된다. 자신을 두렵거나 짜증 나게 하는 것도 상대방이고, 자신을 즐겁게 하는 것도 상대방이다. 자신의 즐거움과 괴로움의 책임이 모두 상대방에게 있다. 타인에 의해 자신의 희로애락이 결정되니 결정권이 없는 그들은 스스로 기분 나쁜 상태를 처리할 수가 없게 된다. 원망과 무력감과 자책에서 빠져나오지 못하고 그저 외부 상황이 자신에게 유리하도록 바뀌기만을 바라게 되니, 마치 자기 것을 잃어버리고 사는 사람 같다. '괴롭다', '힘들다' 하면서도 '저 사람이 나를 어떻게 해줘야 내가 좋아진다'라는 생각의 구조에서 벗어나지 못하기 때문에 한시도 편안하기가 어렵다.

상대방의 태도를 살피고 그에 맞춰 반응하지 않을 수 없는 것이 축소 저항형이다. 그가 하는 말은 오직 '너에게 나의 말이 어떻게 들릴까'를 염두에 두고 만들어내는 이야기라고 봐도 무방하다. 상대방에게 좋은 인상을 주기 위해 쉼 없이 반응을 살피며 얘기하는 모습이 마치 어른의 꾸지람은 피하고 칭찬을 받기 위해 임기응변으로 대처하는 어른 아이를 보는 듯하다. 그러다 보니 불편한 상황에서는 본의 아니게 입만 열면 거짓말을 하기도 한다. 이것은 오직 상대방과 잘 지내고 싶은 마음에서 나온 반응이고, 근본적으로는 의존할 대상을 잃어버릴까 두려워하는 마음에서 비롯되었다.

나를 지키면서 관계하는 법

탐색 욕구가 강한 확대 회피형 남자와 자기 가족끼리 시간을 보내고 싶은 축소 저항형 여자는 보조를 맞추는 것이 힘들지만, 축소 저항형 남자와 확대 회피형 여자는 서로에게 지지 않을 만큼 힘의 균형이 맞아서 좋은 그림을 보여줄 수 있다. 자기 놀이터에서 각자 노는 것을 서로가 크게 방해하지 않으니 잘 지낸다고 말할 수 있다. 확대 회피형 여자는 친구처럼 지내는 이 분위기에 큰 불만이 없을지 모르나 축소 저항형 남자의 입장은 조금 다르다. 축소 저항형이 돌봐주기를 바라는 마음에서 하는 행동도 탐색 회로가 발달한 확대 회피형 관점에서는 탐색 활동으로 보인다. 그가 잘 놀고 있는 것으로 보이는 것은 그래야 자신이 배우자를 돌봐줄 필요가 줄어들기 때문이다. 축소 저항형 남자는 배우자에게 무엇이 불만인지를 직접적으로 말하지 않는다. 아무리 속으로 부글부글 끓어도 다른 일에 빗대어 불만을 드러내지 막상 확대 회피형 여자를 대하면 오래된 습관처럼 비위를 맞추고 잘한다고 칭찬하고 배려하는 행동을 한다. 속마음을 털어놓을 때 축소 저항형에게서 듣는 말은 "저 사람은 나한테는 신경도 안 써요"라는 투정이다. 각자 자기 일로 바쁜 것이 겉으로는 형태가 같아 보여도 본질은 다르다는 것을 확대 회피형은 알아야 한다.

이 커플은 어떻게든 한 영역에서 둘만 노는 기회를 자주 만드는 노력이 필요하다. 그래야 둘 사이에 무엇이 문제인지 발견할 수 있고, 상대방에게 요구하고 상대방의 요구에 응하는 연습을 할 수 있다. 예를 들어 남편이 TV를 보고 아내는 독서하는 상황을 가정해보자. 처음에는 자기가 하는 일을 함께 해줘야 자기를 좋아하는 것이라고 인식하는 축소 저항형에 맞춰 아내가 함께 TV를 볼 수 있다. 이 시도가 의미 있는 노력인 것은 분명하지만, 관심 없는 일을 계속하는 데는 한계가 있다. 확대 회피형인 친구는 남편과 잘 지내기 위해서 남편이 즐겨보는 이종격투기를 같이 보기 시작했는데, 점점 그 스포츠에 매력을 느껴 나중에는 남편보다 자기가 더 열심히 보고 있더라고 말했다. 곁에 있는 사람에 대한 호감도가 올라가면 함께 하는 일도 좋아지는 것은 맞다. 그러나 이것은 자신이 재미있지 않으면 도저히 같이 할 수 없는 확대 회피형으로서 선택한

궁여지책이기에 이 흥미가 오래가지는 않는다.

여기서 중요한 것은 꼭 TV를 함께 봐야 하는 게 아니다. '내가 필요로 할 때 저 사람은 곧바로 응해준다'라는 신뢰감을 주는 것이 관건이다. 즉, 남편이 TV를 보다가 갑자기 부침개가 먹고 싶을 수도 있고 스킨십을 원할 수도 있는데, 원하는 것이 생겼을 때 그 욕구가 아내의 일을 방해하는 것이 아니라는 생각이 들게 해야 한다는 뜻이다. 이럴 때 아내가 갑자기 심부름을 시킨다고 짜증 난 표정을 짓거나, "여기까지 조금만 더 읽고 이따가 해줄게요"라고 미루거나, "밤도 늦었는데 왜 밀가루 먹으려고 그래? 대신 과일 줄까?"라고 마음대로 요구 사항을 바꾸면, 남편은 존재를 무시당한 기분을 느낀다. 그래서 짜증을 내면 회피형은 어김없이 '나만큼 잘하는 사람이 어디 있다고 그런 것쯤 이해 못 하고 불평이냐?'라고 비난한다. 축소 저항형은 '내가 원하는 것을 말할 수 없다'라는 불안감 때문에 배우자가 다른 일 하고 있는 것이 불만이지, '언제든 내가 원하는 것을 말했을 때 저 사람은 응해준다'라는 신뢰만 있다면 배우자가 무얼 하고 있든 상관없다.

모두에게 사랑받을 필요는 없다

축소 저항형은 상대방이 자기를 좋아해주는가에 모든 관심의 초점이 맞춰져 있다. 무슨 얘기를 들어도 '저 사람이 나를 좋아하는가, 아닌가'라는 판단으로 귀결된다. 자기가 해놓은 일이나 잘하는 일을 얘기할 때는 칭찬을 기대하는 마음으로 자랑스럽게 얘기하지만, 아직 안 해놓은 일이나 못하는 일을 상대가 언급하면 자기가 잘했는지, 잘못했는지를 확인하려는 태도라고 생각된다. 확인이란 자신을 믿어주고 사랑해주는 사람의 행위가 아니어서 금세 긴장하고 불안해한다. '이렇게 한번 해봐'라는 조언은 곧 지금 자신이 뭔가를 잘못하고 있다는 비난으로 들린다. "이건 이제 네가 해"라는 말은 '이제 너에게 무엇을 줄 마음이 없다'라는 말로 들려 '저 사람은 나를 안 좋아하는구나'라는 판단으로 연결돼, 자신을 지적하고 나무라고 힘들게 한다고 원망한다.

그는 자기를 좋아한다는 반응을 보여줘야 사랑받는다는 느낌 때문에 안정감을 갖고 이성적인 회로가 열린다. 그것이 충족되지 않으면 오직 친밀감에 대한 욕구에 집착하여 다른 어떤 말도 귀에 들어오지 않는다. 정서가 안정돼야 상황에 대한 이해가 생기고 자신 아닌 상대방 입장에서 보는 여유가 생긴다. 축소 저항형의 감정을 인정해주기만 하면 확대형이 알려주지 않아도 자기가 무엇을 했어야 하는지 스스로 다 알아내고 찾는다.

축소 저항형은 자신이 스스로에게 의지할 수 있다는 것을 믿기 어려워한다. 실제로 그가 자신을 건사할 능력이 없어서가 아니라 의존하려는 충동 때문에 자신이 스스로에게 의지하는 것을 미루는 것이다. 상대방의 관심을 유발하고 붙잡아두려는 생존 전략 때문에 자신을 마치 돌봄이 필요한 환자나 아이처럼 연약하고 무기력한 상태로 만들곤 한다. 그러나 스스로 인지하는 것보다 자신이 훨씬 강인하고 자제력이 있음을 믿어야 한다. 민감성이라는 훌륭한 자원을 다루고 활용하기 위해서 이성 능력을 향상시키는 방법을 계발해야 한다. 일기나 가계부를 쓰는 일도 좋다. 꾸준히 하루하루를 정리하는 실천은 스스로를 돌볼 수 있다는 자신감을 갖게 한다. 자신을 사랑한다는 것은 자신을 있는 그대로 보는 것에서 출발한다. 자신의 한계와 가능성을 직시하고 그것을 인정하고 받아들이는 것에서 모든 변화가 시작된다.

축소 저항형 여자에게 시어머니의 전화가 걸려온다. 매실 따는 일을 도와달라고 한다. 그렇잖아도 자주 찾아뵙지 않아 자기를 안 좋게 생각할까 걱정스럽던 차에 걸려온 전화다. 이런 일이라도 도와드려야 그나마 떳떳한 기분이 들 것 같아 내키지 않지만 시골에 내려간다. 집으로 간 그녀에게 시어머니가 "어디 매실 팔 데 없니?" 묻는다. 그녀는 스트레스를 받으면서도 "없지만 팔아볼게요"라고 대답한다. 이번에도 친정 언니에게 전화해 주변 사람들 중 매실 살 사람이 있는지 알아봐달라고 부탁해야 한다. 오라는데 안 갈 수도 없고, 간다고 더 예뻐해주시는 것 같지도 않아 이래저래 속상하다. 마음 같아서는 내가 어떻게 행동하든 잘잘못을 따지지 않고 인정하고 대우해주면 좋겠는데, 그렇지 않은 현실이 야속하다.

그녀의 바람대로 '다른 사람이 시비를 떠나 나를 인정해주는 것이 가능할까요?'라고 묻는다면 그 대답은 '아니요'라고 하겠다. 왜일까? 모두에게 '나'는 남이니까. 남의 일이니까 그들은 우리 자신을 인정해주느냐, 마느냐를 깊이 생각하지 않는다. 그만큼 남에게 관심이 없다. 그저 자기 기분, 자기 기준 따라 그때그때 이해하기도 하고 섭섭해하기도 한다. 가서 매실을 따주면 좋아하고 안 따주면 미워할 거라고 생각하는 건 본인 생각이다. 때로는 따주고도 다른 사소한 일로 원망을 듣고, 안 따주고도 아무렇지 않은 일로 넘어가기도 한다. 누군가를 비난하고 안 하고는 전적으로 타인의 입장이니 우리가 알 길이 없다. 자신이 알 수 없는 일, 자기 영역 밖의 일로 전전긍긍하는 것은 우리 자신에게 아무런 도움이 되지 않는다.

세상 사람들이 자신을 인정해주길 바라는 욕구 자체가 잘못된 것이 아니고 또한 남들이 자신을 인정해주지 않는 것도 당연한 것이라면, 여기서 우리는 어떤 해결책을 찾을 수 있을까?

이것은 관계에서 벌어진 일이다. 해결의 실마리는 여기에 있다. 모든 문제는 관계에서 발생한다. 만약 시어머니와의 관계가 편했다면 매실 따러 가는 것이 머리 무거운 일이 아니었을 것이다. 보고 싶은 마음에 매실 따러 가서 일하고 놀다가 오면 된다. 만약 친정엄마 전화였다면 거절해도 얼마든지 이해해줄 거란 믿음이 있으니 좀 더 자유로이 선택했을 것이다. 관계가 그렇지 않으니 따러 가야 한다는 의무만 느껴져 더욱 가기 싫은 일이 됐다. 도와달라고 부탁한 시어머니도 그럴 수 있는 일이고, 그 요구가 불편한 것도 정당한 감정이다. 결코 나쁜 사람이어서가 아니다. 친밀하지 않고 불편한 관계라면 그와 함께 하는 일에 능동적으로 반응하기가 싫은 게 인지상정이다.

'사람들은 나를 인정해주지 않는다'라는 사실을 전제로 깔고 들어가야 한다. 시어머니를 상대로 '가도 괜찮고 안 가도 괜찮다'고 이해해주길 바라는 것은 관계를 무시한 바람이다. 그럴 수 없다는 걸 인정해야 한다. 모든 사람에게 사랑받고 모든 사람과 잘 지내는 것은 불가능할뿐더러 그럴 필요도 없는 일이다. 마음을 알아주고 기대어 쉬게 해주는 안식처는 '엄마' 한 사람이면 된다. 그 이미지로 충분하다. 다른 모든 사람에게 사랑받고 싶다면 그들 모두에게 잘 보이기 위해 애써야 하고, 그들 모두를 향해 자신의 방어기제를 해제해야 된다는 얘기가 되므로 현실적으로 불가능하다. 되지 않을 일을 바라고 애쓰면서 속상해하는 것은 에너지 낭비. 얻을 수 없는 것을 다 얻으려 하면 아무것도 자기 것이 안 된다. 구해야 할 것과 버려야 할 것을 구분하는 지혜가 우리 모두에게 절실히 필요하다.

세상에서 유일하게 옳고 그름을 떠나 우리를 있는 그대로 인정해주는 존재가 있다. 바로 엄마다. 그런데 엄마가 그 역할을 해주지 않으면, 우리는 애착이 불안정한 사람이 된다. 그래서 세상 모든 사람에게 엄마와 동일한 지위를 부여하고, 모든 사람으로부터 인정받고 싶은 욕구가 생겨버린다. 모두를 만족시킬 필요가 없는데 사랑받고 싶은 마음에 애쓰다 보니 결국 '잘해줬는데 상처만 받았다'라고 하소연하게 된다.

우리는 모두 자신의 구조 안에서 '되는 일'을 한다. 확대 회피형은 확대 회피형으로서, 축소 저항형은 축소 저항형으로서 자신의 생존 전략에 입각한 행동을 취한다. 그래놓고 자신이 행한 것은 상대방을 위해 애쓴 '배려'라 생각하고, 그것에 마땅히 호응해주지 않는 상대방을 '이기적이다' 비난한다. 이것은 오해다. 서로 다른 입장에서 각자가 어느 대목을 중시하느냐가 다르고, 또 그것을 어떻게 해석하느냐가 달라서 빚어진 결과다.

관계는 상호작용이다. '내가 잘하면 좋아해주겠지'라는 기대는 갖지 않는 게 좋다. 우리가 자신의 관점에서 '내가 잘하고 있다', '잘하려고 애쓴다'고 생각한다 해서 상대방도 반드시 그렇게 봐주는 건 아니다. 우리가 애써도 상대방이 좋아하지 않을 수 있고, 상대방이 애써도 우리가 원하는 것이 아니면 전혀 인식하지 못한다. 인식하지 못하므로 고마워하거나 보상하지 않을 테니 그때는 그 사람도 우리에게서 상처받았다고 말한다. 모든 사람에게 사랑받으려고 하지 마라. 모두에게 사랑받으려고 하면 상처받을 수밖에 없다. 자기 감정을 분명히 알아주고 스스로 하고 싶은 일을 지지하고 그런 자신을 인정해주면 된다. 그것이 '나를 지키면서 관계하는 법'이다. 당신을 인정해주지 않는 사람의 평가는 무시해라. 그것은 그 사람의 일이다. 모든 사람이 당신의 존재 가치를 평가하도록 권위를 줄 필요는 없다.

주도적이고 성취욕이 강한 확대 회피형

확대 회피형의 대표적인 특징은 '자기 주도성'이다. 여기서 주도적이라 함은 꼭 대중 앞에 나서서 리드를 하고 자기 의사대로만 일을 결정한다는 뜻은 아니다. 자신이 하는 어떤 행위에서건 주체적으로 한다는 느낌을 가질 때 의미 부여가 되고 의욕이 나온다는 의미다. 이를테면 새로 개봉한 영화가 있어서 보려고 마음먹었는데

264

먼저 본 주변 사람이 시시하다고 말해도 확대 회피형에게 그것은 참고 사항일 뿐이다. 자신이 직접 먹어보고 가보고 경험해봐야 이해가 가고 수긍이 가지 남의 말에 의지하는 것은 내키지 않는 일이다. 그런 이유로 자신이 영화를 봐야 할 명분을 챙기고, 상대방의 영화 감상을 들어주지 않을 명분도 된다.

확대 회피형에게 가장 중요한 것은 '지금 내가 하고 싶은 일을 내 뜻대로 하고 있는가'다. 애착 욕구보다는 탐색 욕구가 발달했기에 새롭고 자극적인 것에 호기심이 쉽게 일어나고 그것에서 재미를 추구한다. 자기 능력을 시험하고 싶어 하는 그들의 강한 도전 정신은 삶을 개척하는 원동력이 된다. 가능한 한 무언가를 끊임없이 실행하며 발전하기를 원한다. 그러므로 대부분의 조건을 자신의 필요와 계획하에 통제하려고 한다. 자신이 결정한 것에 주변 사람들이 적극적으로 협조해주기를 원한다. 특히 사회적 본능이 발달한 사람들은 많은 사람이 자신을 '훌륭하다', '멋지다'라고 인정해주고 영향력 있는 사람으로 평가해서 대접해주기를 바라는 마음이 간절하다. 그런 만큼 자신의 존재가 주변 사람들에게 힘이 되길 바란다. 스스로 모범을 보여야 한다는 생각에 책임감 있게 행동하려고 노력하고, 그 책임감 때문에 더러 자신이 희생을 감수하는 상황에 빠지기도 한다.

세상은 넓고 할 일은 많아

자기 주도적 삶의 방식은 확대 회피형의 가장 뛰어난 강점임과 동시에 관계에서 약점으로 작용하는 이중적 측면이 있다. 예를 들어 어떤 친구가 "난 팥빙수를 안 좋아해"라고 말하면 '아, 너는 팥빙수를 안 좋아하는구나. 그럴 수 있지'라고 그 사람의 입장을 이해한 것처럼 말한다. 스스로도 이해한 것으로 생각한다. 그런데 그 사람을 이해했다면 그것을 감안해주면서 만나야 하건만 결과는 그렇지 않다. 다음에 팥빙수 먹을 일이 있을 때 그 사람은 안 부른다. 왜? 그가 안 좋아한다고 말했으니까. 같은 경우 확대 저항형이었다면 그 사람을 불러서 같이 놀되 팥빙수 대신 떡이라도 먹겠느냐고 제안했을 것이다. 그 사람과 같이 놀려면 자기가 팥빙수를 양보하고 떡을 먹을 용의가 있기 때문이다.

하지만 확대 회피형은 그럴 수 없다. 자신은 팥빙수가 먹고 싶은데 그 사람이 안 좋아한다니 팥빙수를 먹고 싶은 자신으로서는 그와 함께하기가 불편하다. 그 사람의 기호를 인정해주자니 자신이 먹고 싶은 것을 포기해야 한다. 확대 회피형은 자신의 이익에 반하는 상황을 받아들이기가 어렵다. 상대방의 얘기를 듣고 "알았어"라고 대답한 것은 '네 의견이 어떤지 내가 접수했으니 참작해서 결정할게'라는 의미지, '너 때문에 내 주도권을 버리면서까지 배려하겠다'는 말은 아니다. 물론 팥빙수를 좋아하지 않는 그 사람이 자신에게 주는 다른 보상이 크고 가치 있을 때는 팥빙수를 포기하는 일이 그다지 어렵지 않다. 확대 회피형은 사람을 파악하는 능력이 뛰어나다. 사람을 상대하고 관리하는 데 자신이 있기 때문에, 당장 비위에 안 맞아 거슬리는 사람일지라도 그가 필요하다면 얼마든지 눈 감고 넘어갈 수 있다.

확대 회피형은 근본적으로 아쉬울 게 없다. 그들은 관계를 위해 자기 것을 버린다는 게 무슨 의미인지를 경험해보지 않았다. 항상 사람들 속에 있는 확대 회피형의 모습을 보면 그들이 사람을 좋아하는 것 같다. 남이 보기에도 그렇고 자신이 생각하기로도 그렇다. 하지만 진실은 보이는 것과 다르다. 그들이 사람에게 관심을 갖는 것은 그 사람에 관한 정보를 알아둠으로써 언제 어떤 '놀이'를 같이 할 수 있을까에 대한 관점이지 그 사람과 친밀함을 공유하기 위한 행동이 아니다. 대개 사람이란 일과 묶여 있게 마련이어서, 같은 '장난감'을 가지고 놀 때 그 사람이 필요하다고 느끼고 그래서 친하다 여긴다. '사람'은 자기가 좋아하는 일을 할 수 있도록 해주는 존재이기에 고맙고 소중하다. 그러므로 하고 싶은 대로 하지 못하는 상황에 대한 분노가 크지, 그 사람의 의미가 크지 않다. 주변에 마땅한 사람이 없다 해도 괜찮다. 혼자 할 놀이가 얼마든지 있으니까.

확대 회피형은 자기 삶에 필요한 것들을 찾아내고 획득하는 데 강한 의지를 보인다. 큰 비용을 들이지 않고도 원하는 것을 얻을 수 있는 전략들을 갖고 있다. 만약 내키지 않는 일이지만 꼭 해야 할 상황이라면 자신의 부정적 감정을 억압하고 상황을 긍정적으로 해석하도록 의식을 조작해서라도 일을 해낸다. 또 당연히 익히고 갖출 필요가 있는 기능들을 익히지 않음으로써 자신이 해야 할 일인데도 할 줄 모른다고 뻗대어 다른 사람의 수고를 유도하는 방법도 쓴다. 이 전략에는 자신이 치러야 할 불편과 고충도 따르지만 여하튼 하기 싫은 일에서 자연스럽게 빠져나가는 계책으로는 유효하다. 그는 손해 보지 않고 사는 방법을 잘 안다. 무시당했거나 억울한 일을 당했다고 느끼면 대놓고 항의하지 못할 애매한 상황이더라도 어떤 식으로든 대응 조치한다. 다시는 상대가 자신을 무시하지 못하게 하겠다는 의지의 표현이다.

다른 유형의 사람들이 하고 싶지 않은 일임에도 못한다고 말하기 힘들어서, 적당히 빠져나갈 요령이 없어서, 하지 않았을 때 들을 비난을 감당하기 어려워서, 무조건 타인과 잘 지내기 위해서 등 갖가지 이유로 어쩔 수 없이 하느라 힘들고 괴롭다는 사실을 확대 회피형은 이해하기 어렵다. 만약 다른 사람들이 이렇게 사는 것을 안다면 확대 회피형은 대번에 "왜 그렇게 바보같이 살아요?"라고 반문할 것이다.

자기 마음이 내키는 일만 한다는 것이 다른 사람 입장에서는 얄밉지만 확대 회피형에게는 너무도 당연한 일이기에 이것을 잘못이라고 인정할 수가 없다. 마치 달리기 시합에서 1등을 한 사람에게 2, 3등, 꼴등이 "야, 너 혼자 얌체같이 1등 하냐?"라고 비난하는 것과 같다. 이는 꼴등의 심정을 헤아려 일부러 늦게 뛰라고 강요하는 억지 논리밖에 안 된다. "그럼 너도 요령껏 뛰어서 1등 해라. 그러면 될 것을 왜 나한테 욕심부린다고 비난하느냐?"라고 따지고 싶다.

주변 사람들이 확대 회피형에 대해 뭐라 딱 꼬집어 지적할 수는 없지만 가끔 이용당하는 것 같고 끌려가는 것 같고 무시당하는 것 같은 기분에 빠지는 이유를 그들은 짐작조차 할 수 없다. 도리어 융통성 없고 너그럽지 못한 상대에게 화를 낸다. 자신의 구조가 다른 사람들의 수고로움, 권리, 이익을 착취하는 구조라는 것을 꿈에도 모른다. 모르기 때문에 속 좋은 얼굴로 사람들을 대하면서 즐겁게 살 수 있다.

성공에 대한 집착

확대 회피형은 자기 인생이 성공적이라고 평가받기를 원한다. 그래서 허세를 부리고 잘난 척을 해야 하는 게 그들이다. 내일 굶어 죽는 한이 있어도 당장 오늘은 있는 척 밥값을 내고, 모르는 것이 있어도 아는 척 맞장구치고, 배우자와 싸워 속상해도 아이들과 즐겁게 외식하는 사진을 SNS에 올리면서 행복한 척 과시한다. 한 번뿐인 인생 폼 나게 살다 죽고 싶지 구질구질하고 지질한 모습 보이며 체면 구기고 살 수는 없다. 스스로 잘났다는 느낌을 갖지 않으면 살 수 없다는 데 확대 회피형의 아픔이 있다.

확대 회피형은 자신을 자의적으로 해석하고 과장되게 평가한다. 가령 자기가 1, 2, 3을 계획했다가 1만 성공하고 2, 3은 이루어지지 않았어도 이것을 실패라고 인정하지 않는다. 안 된 2, 3에 대해서는 그럴 수밖에 없었던 조건을 들어 합리화하거나 스스로 포기한 것으로 치고 잊는다. 그래야 후회하거나 자책하지 않을 수 있다. 대신 뜻대로 된 1에 큰 의미를 부여하면서 '잘된 거야. 이만하면 성공적이지. 저것을 잃은 대신 이것을 얻었잖아. 이것도 다행이고 고맙다'라는 긍정적 평가를 한다. 되도록이면 상황의 무겁고 어두운 면을 보지 않으려고 한다. 그러면서 현실적으로 어떤 결과물을 획득했는지가 더 중요하다. 자신이 획득한 자원이 제공하는 안정된 삶이 곧 성공과 인정이며 이것이 행복이라는 공식으로 적용되기 때문이다. 목표, 승리, 성취를 위해서라면 합의된 규칙을 어겨서라도 얻고 싶기에 수단 방법을 가리지 않는 비정함을 보일 수 있는 구조다. 그만큼 이들에겐 성공이 절실하다.

확대 회피형은 성공하고 싶고 인정받고 싶은 욕구는 큰데 반해 원하는 결과를 성취하기 위해 사소한 준비들을 점검하고 반복적인 과정을 견뎌야 하는 인내력은 취약하다. 총기, 순발력, 융통성이 발달한 이들은 언제든 필요할 때 노력하면 웬만한 결과물을 내놓을 수 있기 때문에 한 가지 일에 전력하지 않고 그럴듯하게 보일 만큼만 애쓴다. 문제는 자신이 70만큼의 힘을 쏟았으면서도 사람들에게는 90으로 보이기를 원한다는 데 있다. 자신이 희망하는 평가는 90이지만 실제로는 70밖에 보여주지 않았기 때문에 당연히 그 간격으로 인한 불일치가 생긴다. 이 결과가 불만족스럽다. 자신이 생각하는 이상화된 자신과 남에게 보이는 실제 자신의 차이를 받아들이기가 어렵다.

그렇다면 확대 회피형은 왜 그토록 성공과 승리에 집착할까? 더 많이 가져야 하고 더 많이 인정받아야 하고, 적절한 목표 달성에도 불구하고 만족하지 않고 더 나아가고 싶은 욕구에 시달린다면 이것은 본인의 의지가 아니라 상처 때문이다. 제대로 해내지 못할 때, 주목받지 못한다고 느낄 때, 이를 실패라 생각하여 더 잘하려고 애쓰는 것은 근본적으로 보호받지 못했다는 회피형의 무의식적 수치심에서 기인한 것이다. 그의 무의식에서 '성공하지 못함'은 곧 '버려짐'을 의미한다. 실패하고 부족한 모습을 보이는 것은 그야말로 치욕이다. 실패하면 환영받지 못하고 거절당할 거라 여긴다. 해야 할 일을 미루거나 관계에 소홀한 점이 있다는 것은 인정하지만 그 것 때문에 잘못했다고 사과해야 한다면 자신이 뭔가 부족한 사람, 실패자라는 낙인이 찍히는 것 같아 상상하는 것만으로도 끔찍하다. 이것은 혼자라는 절망감과 수치심을 자극한다. 이 감정과 맞닥 뜨리면 그동안 자신에 대해 스스로 만들어온 이미지가 한꺼번에 무너져 내리는 느낌을 받는다. 더는 자신 있게 살 수가 없다. 확대 회피형이 가장 두려워하는 것은 이것이다.

그래서 부풀려진 자신감과 근거 없는 확신과 자의적 자부심을 끌어모아 인정과 칭찬을 받으려고 고군분투한다. 저항형이 엄마의 사랑을 확인하는 것으로 안정감을 가지려는 것과 마찬가지로, 회 피형은 자신이 하는 일, 역할에서 인정받는 것으로 자신이 세상에 살아 있을 가치가 있는 존재라는 사실을 확인하려 한다. 자기 존재 를 증명해줄 엄마가 없기 때문이다. 이 때문에 종종 자신이 가진 것 보다 다른 사람이 가진 것, 자신이 이룬 것보다 다른 사람이 이룬 것이 더 커 보여 불필요한 경쟁심을 느끼며 은근한 질투에 시달린 다. 그만큼 자신이 패배자라는 열등감을 느낄 우려에 민감하고, 자 기 위치를 확보하려는 욕구가 절실하다는 얘기다. 자신에 대한 과 장된 평가는 낮은 자존감을 가리기 위한 몸부림이기도 하다. 특정 대상을 이상화하는 경향도 의지할 만한 존재를 찾고 그 존재와의 유대감을 통해 자기 욕구가 실현되는 대리 경험을 갖고픈 의도일 지 모른다. 대체로 과대평가는 보호자가 없다는 공허함의 고통을 줄여준다.

높은 이상이 만든 단단한 가면

확대 회피형의 삶은 그 자체로 연출이다. 축소 저항형이 혼자 있을 때가 아니면 상대방의 기대를 살피는 마음에서 벗어나기 어렵듯, 확대 회피형은 남들이 자기 삶을 어떻게 볼 것인가를 의식하는 마음에서 벗어나지 못한다. 그러다 보니 되고자 하는 이상적인 모습과 그것에 부합하려는 욕구 속에 있는 실제 자신의 모습을 구분하지 못한 채 살아간다. 애착이 안정된 사람의 모습을 이론대로 상상할 때 그것과 가장 닮아 보이는 것이 확대 회피형의 모습이다. 그런데 여기에 함정이 있다. 닮아 보인다는 특징 때문에 자신을 달리 볼 여지가 없다.

확대 회피형인 지인이 어느 날 이렇게 고백했다. "확대 회피형이 가면을 쓰고 산다는 말이 무슨 말인지는 이제 알겠는데, 그 가면이 내 얼굴에 너무 밀착돼 있어서 도저히 떼어낼 수가 없네요."

그들이 얼마나 기만적인가를 지적한다는 것은 거의 불가능하다. 너무도 치밀하고 은밀해서 자기 자신도 속기 때문이다.

그녀는 해야 할 일을 미루거나 깜박 잊고 하지 않는 경향이 있었다. 사업하는 남편이 거래처에 송금 좀 해달라는 부탁 전화를 해도 카페에서 친구와 얘기하는 데 정신이 팔려 하루에도 몇 번씩 독촉 전화를 받곤 했다. 또 가족이 모여 식사를 할 때면 항상 식구 숫자보다 한 그릇 모자라게 국을 펐다. 왜 그랬느냐고 물었더니 사람 수대로 국을 퍼놓으면 꼭 누군가 한 사람이 안 먹어서 버리게 되니까 아예 처음부터 한 그릇을 적게 푼다고 한다. 먹고 싶으면 자기

들이 빈 그릇을 가져다 나눠 먹더란다. 매번 누군가 한 사람은 국 그릇을 차지하지 못해 남에게 아쉬운 소리를 해야 하니 가족들이 수차례 불평했는데 왜 그렇게 안 고쳐지는지 자신도 모르겠다고 했다.

불평을 들으면서도 그녀의 행동이 고쳐지지 않은 건, 그게 확대 회피형의 분노 표출 방식이기 때문이다. 이런 행동의 이면에는 상대방의 요구에 선선히 응해주기 싫은 무의식적인 분노가 깔려 있다. '내가 그렇게 호락호락 너희가 원하는 걸 다 들어줄 줄 아느냐'라는 일종의 오기이고 시위다. 이런 간접적 분노 표출 방식을 '수동 공격'이라고 한다. 자신을 화나게 한 사건에 직접적으로 분노하지 않고 이해한 듯 넘어가놓고는 그 화를 우회적인 방법으로 표출한다. 타인의 욕구를 충족해주지 않고 외면하여 그로 인해 괴로워하는 상대를 봄으로써 자신의 내재된 분노가 반사적으로 위로받는다. 또한 상대에게 영향력을 행사하는 자신의 지배적 위치를 확인하는 것으로 우월감을 느끼려는 심리도 있다.

이런 형태로 화를 내고 있는 중이기에 실망하고 짜증 내는 상대방의 심정이 제대로 들릴 리 없고 공감될 리 없다. 말하자면 이것은 안 고쳐지는 게 아니라 '당장 고치고 싶지 않은' 영역이다. 자신에게 주기 싫은 마음이 있다는 것을 모르기 때문에 '사람들이 나만큼만 잘하고 살면 좋겠다', '나나 되니 이런 꼴 보면서 맞춰주고 산다'라고 자신 있게 말한다.

확대 회피형은 자신의 필요와 맞아떨어져 친하게 지내는 동안에는 그 관계에 누구보다 적극적이고 호의적인 태도를 보이지만, 상황이 자기 뜻대로 되지 않아 배신감, 열등감, 질투심을 느끼면 친절과 물질적 지원을 거두고 수동 공격을 한다. 그러면서 자신이 상대방에게 화내고 있다는 사실에 눈감는다. 화를 내고 있다고 인정하지 않음으로써 스스로 비난받을 행동을 한다고 생각하지 않을 수 있다. 이는 공격 대상인 상대방으로부터 직접적인 비난과 반격을 받지 않을 수 있는 묘책이다. 이 공격 형태는 너무도 교묘히 위장된 것이어서 주변인이 보면 별문제가 아닌데 공격받은 당사자만 피해를 입고 상처받는다. 문제가 드러나 항의한다면 바로 사과하면 되고, 모르고 넘어가면 미안한 마음이 있으니 다음에 또 잘해주면 된다. 가장 가까이에 있는 사람들, 가령 배우자나 가족으로부터 '가식적이다', '위선적이다'라는 지적을 듣지만 본인에게는 이 말이 와닿지 않으므로 개의치 않는다.

공감 능력의 결여

유능하고 적극적이기에 가장 협조적일 것으로 기대되는 확대 회피형이 아이러니하게도 가까운 관계에서는 가장 '제멋대로'다. 불안하다고 걱정하는 배우자에게 "왜 그걸 아직도 정리 못 하고 끙끙 앓고 있어?"라고 지적한다. 머리 싸매고 걱정해봐야 달라질 것 없으니 복잡하게 붙들고 있지 말고 빨리 털어버리라고 말한다. 세상은 넓고 할 일은 많은데 해결되지 않을 그깟 문제에 신경 쓰느라 재미있는 일들을 놓치는 것은 대단히 비효율적으로 보이기 때문이다. 또 자기가 해야 할 일을 제때 안 함으로써, 자기와 함께 있는 사람을 배려하지 않음으로써, 혹은 함부로 남의 자원을 이용하고 다

룸으로써 상대방이 느끼고 감당할 감정적 피해가 있다는 사실에 무관심하다. '그거 좀 했다고 무슨 큰일이야?'라며 상대방이 느낀 감정을 대수롭지 않게 취급해버린다. 따라서 상대방은 소소한 것에 집착하는 우스운 사람이 돼버린다. 배우자의 간절한 애착 욕구를 예민하고 하찮은 징징거림으로 만들어버린다. 이렇듯 협력적인 것처럼 보이는 확대 회피형을 비협력적이라고 말하는 근거는 바로 '공감 능력의 결여'에 있다.

학자들은 안정된 애착을 형성하는 데 필요한 가장 중요한 요건으로 양육자의 민감한 반응성을 꼽았고, 결정적인 것은 양육의 '양'이 아니라 '질'이라는 사실을 강조한다. 그러므로 안정된 정서, 안전한 관계를 만들기 위해서는 무엇보다 상대방의 감정을 읽고 받아주는 공감 능력이 있어야 상대방의 필요에 적절히 반응해줄 수 있다는 말이 된다. 그런데 확대 회피형은 결정적으로 상대가 필요로 할 때 곁에 있어주지 않는다. 이것이 관계에서 확대 회피형이 상대방에게 주는 가장 큰 가해 행위다.

공감 능력이 떨어진다는 표현을 듣는 것이 기분 나쁠 수 있지만, 가장 독립적이고 자율적인 유형으로서 자신이 하고자 하는 일에 방해받지 않으려면 부득이한 일이다. 우리는 모두 상대방의 경험에서 격리된 상태일 수밖에 없는 한계를 가졌다. 다른 사람의 감정에 공감한다는 것은 그 사람의 입장, 사정을 헤아리려는 마음을 전제로 한다. 타인의 힘든 사정을 알게 되면 그 사람을 위해 양보하고 배려하지 않을 수 없다. 그러면 자신이 하고자 했던 바를 뜻대로 하기 어렵게 된다. 남의 사정을 봐주다가는 제 이익을 확실하게 챙기는 데 방해를 받는다. 확대 회피형은 공감 능력이 떨어지기 때문에 자기 일을 가장 많이 할 수 있고 그래서 많은 성과를 내기에 유리했다. 그러므로 공감의 문제는 이렇게 접근해볼 필요가 있다.

'나는 왜 단조로운 일상을 지루해하고 계속해서 새로운 경험에 호기심을 가질까?'

'나는 왜 능력을 자랑하고 존재를 인정받고 싶어 하나?'

이런 관점에서 돌아볼 때 '그렇게 많은 일이 나에게 행복을 주었는가'라는 질문에 스스로 답해야 한다.

우리의 에너지는 한정돼 있기 때문에 어디에 우선적으로 힘을 쏟을지를 정하지 않으면 안 된다. 닥치는 대로 쓰면 정작 써야 할 곳에 쓰지 못한다. 자신이 소중히 다뤄야 할 것에 역량을 집중할 필요가 있다. 지나친 호기심은 자신에게 필요한, 자신이 해야 할 더 중요한 것을 놓치게 만든다. 가족이 자신을 필요로 할 때 응해줄 수 있도록 물리적인 시간과 마음의 여백을 할애해야 한다.

확대 회피형은 억울하다. 그들은 엄마로부터 온전한 보호를 받지 못했다. 그래서 혼자 노는 방법을 선택했고, 확대형이다 보니 하고 싶은 대로 해야 속이 편하다. 탐색이라도 마음대로 해야 '내가 존재한다'라는 느낌을 확인하고 즐겁다. 그건 어쩔 수 없는 선택이었다. 그런데 이제 와서 상대방을 배려하지 않는다고 비난하고, 일방적인 태도 때문에 상대방이 상처받았으니 사과해야 한다고 말하면 당황스럽다. 십분 양보해서 그 말을 수긍할 수는 있지만 진심으로 잘못했다 인정하고 머리를 수그리기는 너무 억울하다.

그들은 타인이 하고 싶은 대로 하도록 지지해주지 않으면 자기 편이 아니라는 생각이 든다. 자신이 하고자 하는 바를 따라주는 것이 곧 자신의 존재를 인정해주고 사랑해주는 것이다. 자신의 주도적인 태도를 잘못이라고 말하면, 상대와 무엇을 하려고 할 때마다 제약받는다는 느낌을 받아 그 사람을 멀리하게 된다.

이런 확대 회피형이 축소 저항형 눈에는 '자기 하고 싶은 대로 다 하고 사는 사람'으로 보인다. 하지만 확대 회피형은 그렇게 생각지 않는다. "나는 원하는 도전을 다 해보고 살았다"라고 술회하는 확대 회피형조차도 본인의 성격상 그렇게 하지 않고는 배길 수 없는 속성 때문에 많은 일을 벌인 것뿐, 가까운 사람의 진정한 지지와 인정을 받지 못해 '정말 하고 싶은 것은 못했다'라는 아쉬움과 불만을 갖고 있었다. 확대 회피형에게 해줄 수 있는 가장 큰 선물은 '너에게 무슨 일이 생길 때 항상 네 옆에 내가 있어'라는 신뢰감이다. 또한 그들이 주도하는 탐색 활동을 지지하는 태도가 중요하다.

강한 자신감과 자긍심으로 사는 확대 회피형으로서, 자신이 가진 많은 기득권을 부정하고 가해자로서의 모습, 상처받은 어린아이의 모습을 인정하기란 쉬운 일이 아니다. 아무 문제 없다고 자부했던 만큼 자기애를 버리기가 어렵다. 이것은 크나큰 위험이며 도전이다. 그래서 확대 회피형을 비춰 보여주고 지지해줄 보호자의 도움이 절실하다. 확대 회피형도 자신을 다독여주면서 붙잡아줄 의지할 만한 대상을 찾는다. 보호와 지지를 받는 존재라는 안정감을 갖길 원한다. "위험해, 그건 불이야. 뒤로 물러서"라고 말하는 엄마의 제지가 구속, 간섭이 아니라 자신을 위한 따뜻한 염려라고 인식할 수 있는 경험이 쌓여야 한다. 거기서 얻어진 안정된 마음 상태로 일을 도모해야 인정받기 위해 무리하게 시도하거나 불필요한 경쟁심에 시달리지 않고 '이 일은 위험하니 이 상황에서 멈춰야겠다'라는 제동 장치가 작동할 것이다. 나아갈 때를 맞아 나아가고 멈춰야 할 때를 알아 멈출 수 있다면 자기 속도를 스스로 조절하는 것이니, 더 안전하고 지속적으로 나아갈 수 있다.

PART 4

행복해져라, 이왕이면 함께

: 안전한 관계를 완성하는 길 :

11

치유에서 성장으로

사과, 마음을 얻는 가장 용기 있는 선택

상처는 작은 일에서 큰일까지 우리 일상에 두루 관여한다. 상처를 극복하지 못하면 자신의 욕구는 물론 가족의 욕구도 지켜주지 못한다. 그러므로 상처 치유는 자신뿐 아니라 주변 사람을 위한 일이기도 하다. 돌봐야 할 대상이 있기 때문에 그 사람을 위해서 자신을 바꾸고 자신을 버릴 힘도 나온다. 이것이 치유이고 성장이다.

있는 그대로 인정하기

상처 치유는 상호 간의 배려를 통해 이루어진다. 예를 들어 "당신이 내 말을 틀렸다면서 설득하려 할 때 나는 무시당하는 기분이 들어"라고 말하면 대개는 이 말을 인정하지 않고 "내가 뭘 무시했다고 그래?"라고 맞대응한다. 하지만 어쨌든 그 사람은 상대방의 말투, 표정, 태도에서 무시당한 기분을 느꼈다. 무시당했다고 말하는 사람을 이상한 사람 취급할 것이 아니라 일단 그 말을 들은 그대로 반영해줘야 한다. "아, 당신은 내가 당신에게 틀렸다 말하고 계속해서 내 말을 하니까 무시당하는 기분이 들었다는 거구나", "그래, 그렇겠네. 당신 말은 틀렸다 하면서 내 말을 다시 들어보라고 주장하면 그런 기분이 들겠어. 나라도 무시당하는 기분이 들겠다"라고 인정해주면 무시당했다는 생각에 불쾌했던 감정이 누그러진다. 타인의 상처를 인정해주는 거다. '무시당했다'라는 그 사람의 느낌이 맞는지 틀린지 헤아려 따질 것이 아니라 있는 그대로 반영해주는 거다. 그래야 '이런 경우에 저 사람은 이런 기분을 느끼는구나'라는 사실을 비로소 깨닫는다.

이 순간 기억해야 할 것은 상대방의 상처와 자신의 상처를 섞어서는 안 된다는 거다. 배우자가 자신의 아픔을 털어놓는다면 그것은 마치 네 살짜리 아이가 자기 상처를 꺼내 보이며 위로받기를 기다리는 것과 같다. 이 순간만큼은 엄마의 마음으로 감정이입해서 그 사람의 상처를 받아줘야 한다. 여기에 자신의 상처를 연결해서 "난 뭐 억울한 것 없는 줄 아냐? 당신이 잘했으면 내가 이런 말 하지도 않지. 당신은 왜 내가 말도 못하게 막아?"라고 하면 두 사람은 동시에 네 살짜리 아이가 된다. 억울한 마음을 참지 못해 서로가 자기 것을 내놓으라고만 하면 결국 두 사람 다 아무것도 얻지 못한다.

'내게도 상처가 있고 입장이 있어. 내 마음을 알아주지 않으니 서

운하고 속상해. 하지만 지금은 네가 아프다고 하니 너를 위해 잠시 양보할게.'

이런 마음이 인내다. 상대방이 문제를 제시할 때 자기 문제를 잠시 보류하는 마음이 필요하다. 이 과정을 이겨내면 인정받은 상대방은 만족을 느끼고 꽁꽁 얼어붙어 있었던 상처가 녹아내린다. 그리고 다음 기회에 "당신이 힘들다고 말한 그때 나는 이런 생각, 이런 감정이 들었다"라고 자신의 억울한 마음을 털어놓으면 상대도 그 얘기에 귀 기울여줄 것이다.

무시라고 느낀 것은 그의 상처 때문이다. 그에게는 이런 상황을 무시라고 해석할 만한 기질적·성향적인 토대가 있기 때문이니 일단 그것을 있는 그대로 인정해준다. 그래야 자기 감정이 정당하다고 인정받은 그 사람이 마음의 짐 하나를 더는 기분이 들고, 자신을 인정해주는 상대방에 대해 안전감과 친밀감을 경험한다. 그렇게 그 사람의 치유는 시작된다. 치유는 '나의 불안정한 애착이 너에게 상처를 줄 수도 있겠구나. 네가 그것으로 상처받고 있구나'를 인식하는 것에서 출발한다. 이것이 첫 번째 단계다.

'나'를 객관적으로 인식하기

두 번째 단계는 자신의 기질과 애착 성향에 대한 인식이다. 만약 'A'라는 자기 행동 때문에 상대방과 갈등이 일어났다고 할 때, 그 문제를 풀려면 먼저 갈등의 도화선이 된 행동 A가 관찰돼야 한다. 관찰하는 태도, 성찰하는 태도는 상처에 접근하는 의식적인 노력의 시작이다. 에고ego에서 한 걸음 떨어져 자신을 관찰하면 자신을 객관적으로 보는 것이 가능해진다. 객관이라는 것이 따로 있다는 뜻은 아니다. 당신도 당신의 행동을 주관적으로 해석하고, 그걸 보는 타인도 그의 주관대로 당신 행동을 해석할 것이다. 자신의 행동을 객관적으로 보라는 것은 오직 주관적으로 보기만 하는 관점을 옮겨 다른 사람의 입장, 관점에서는 어떻게 보일지를 생각해본다는 의미다.

　사람에게는 저마다 일정한 사유와 감정과 행동의 패턴이 있다. 이번엔 사과, 이번엔 배라는 '재료'가 바뀔 뿐, 무슨 일이 그 구조 속으로 들어가면 그 방식으로 요리돼서 같은 스타일의 음식을 내놓는다. 즉, A 구조를 가진 사람은 늘 A 때문에 힘들어하고, B 구조는 B 문제로 자주 분노한다. 그런 관점을 근거로 자신의 행동과 사유가 어느 단계에서 어떻게 흐르는지 관찰하고 여기서 반복적인 패턴을 찾아낸다. 이후 대화를 통해 수정하고 보완하는 식으로 자신과 상대방에 대한 '사용 설명서'를 만들어가면 '이 일을 어떻게 처리할 것인가'를 판단할 때마다 요긴하게 쓸 수 있다. 이런 식으로 관계에서 문제를 일으킨 행동 A는 무엇에서 나왔는지를 살펴본다. '나는 어떤 조건을 가지고 있기에 A라는 행동을 했는가'를 아는 거다. 자신의 기질과 애착 성향의 특성을 얼마나 알고 있느냐가 이 단계에서 크게 도움 된다.

사과하기

　세 번째 단계는 '사과'다. '내 생각을 관철하려는 마음에 거듭 주장하면서 목소리를 높였고, 그로 인해 저 사람이 무력감과 무시당한 기분을 느꼈다'라는 반성을 했으면 그 내용에 대해 사과해야 한다. 무시당해서 불쾌했다는 자기 감정을 인정받은 자체로도 상대방은 마음이 풀리겠지만, 나아가 사과를 들으면 '같은 일이 다시 반복되지 않도록 노력할 것'이라는 암묵적인 약속을 받은 것과 같아 안도감을 느낀다. 여기까지가 완전한 상처 치유 단계다. 자신의 상처를 타인이 인정하고 공감해줌으로써 마음이 치유되는 과정이다. 치유된 마음에는 반드시 새살이 돋는다.

사과는 누구에게나 어려운 일이다. 자신의 행동이 본의 아니게 상대방에게 피해를 주면 미안한 마음이 들어도 그 문제를 직접 거론하는 것이 껄끄럽다. '앞으로 주의할 테니 그만 넘어가줬으면' 싶다. 상처를 준 사람 입장에서는 자신이 그런 실수를 했다는 사실을 상기하는 것 자체가 괴롭기 때문이다. 그러나 미안한 마음이 들었다고 해서 그것을 '시인하는 행위'라고 치면 곤란하다. 부모라고 해도 아이에게 잘못한 일이 있으면 분명히 사과해야 아이가 상처받지 않는다.

대개 축소 회피형들은 사과할 일을 애초에 만들지 않으려는 강박에 언행을 자제한다. 심지어 자신이 사과받아야 할 상황도 거북하고 당황스러워 피한다. 확대 회피형이라면 명백한 잘못이 아닌 이상 잘못이 아니라고 우기는 심리가 강하다. 저항형은 자신의 행동으로 인해 상대방이 불쾌하다 감지되면 이 상황을 무마하기 위해 다른 친밀한 행위를 시도한다. 하지만 이 행위는 상처받은 상대방을 위해서가 아니라 미움받을지 모른다는 불안감에서 비롯된 것이기 때문에 위로받지 못한 상대방은 화가 풀리지 않는다. 그럼 다

288

시 자신이 상대방 비위를 맞추기 위해 쩔쩔맸다는 사실에 저항감이 올라오고, 관계를 회복하고자 노력한 자신의 노고가 받아들여지지 않았음에 분노한다.

상대방 입장이 이해되면 진심이 아닌 듯 꺼림칙해도 일단 사과를 시도해야 한다. 보통은 미안하다고 하면서도 자꾸 '나한테도 사정이 있었다'는 변명이 섞여 들어간다. 그럴듯한 변명으로 대충 분위기가 무마된 것 같아도 외로움과 두려움으로 상처받았던 상대방의 아픔은 그대로 방치된 채 남아 있다. 그래서 언제고 갈등 상황이 오면 마치 엊그제 일처럼 도마 위에 올린다. 무의식에는 타협이 없다. 10년 전 일인데도 또 꺼내 말하는 건 일부러 골탕 먹이려는 속셈이 아니다. 마음속에서 아직 그 일에 대한 충분하고 진실한 사과를 받지 못했기에 처리가 안 된 사건으로 남아 기회만 되면 다시 떠오르는 거다.

우리는 자신이 피해자라는 생각만 크지 가해자라는 인식이 부족하다. 자신은 피해자니까 부당한 대우가 억울하고 위로받아야 하고 지지받아야 한다는 생각에 머문다. 스스로 가해자일 수도 있다 인정해도 '그럴 수도 있겠지. 내가 불만 있는데 너라고 없겠냐'라는 정도로 모호하게 인지한다. 자신 또한 가해자라는 인식을 갖는 것이 중요한 이유는, 스스로를 피해자라 두둔하기만 해서는 관계 속에서, 세상 속에서 자신이 어떻게 처신하는지 객관적으로 볼 수 없다. 그렇기 때문에 자신에게 무엇이 부족하고 무엇이 이익이 되는지 찾지 못한다는 얘기도 된다. 자신이 피해자라는 입장을 뛰어넘어 가해자이기도 하다는 인식을 갖기 시작하면 관점이 변한다. '생각과 감정이 나오는 패러다임'을 근본적으로 바꿀 수 있다. 똑같은 상황을 다르게 해석해볼 여지가 생기고, 타인의 입장을 포용할 여유가 생긴다.

좋은 관계를 맺기 위해서는 '우리는 서로에게 가해자'라는 의식의 전환이 필요하다. 여기서 내가 '가해자'라고 표현한 것은 자기 상처로 인해 상대의 상처를 돌보지 못하고 방치 혹은 가중시켰음을 직시하라는 뜻이지, 가해자니까 죄책감을 느끼라는 의미가 아니다. 이랬을 때 사과는 '이제부터는 더 이상 네게 상처 주지 않고, 이미 있는 상처의 기억도 지울 수 있도록 도와줄게'라는 의지의 표현이 된다.

사과는 상당히 큰 심리적 부담을 주는 일이다. 같은 일이 생길 때마다 상대방에게 사과하면 그 부담을 덜 느끼고 싶어 잘못된 습관을 고칠 확률이 높아진다. 사과에는 자존심보다 안전한 관계를 택함으로써 상대와 잘 지내고, 또 그것으로 더 큰 이익을 얻겠다는 의지가 담겨 있다. 그러므로 마음에서 우러난 진실된 사과를 들으면 그 사람은 상대방을 '계속 주고받아도 되는' 안전한 관계로 인식한다.

끝까지 직시하라

관계 치유 공부를 하는 중 내가 가장 힘들었던 때는 스스로 회피형이라는 사실을 실감하는 순간들이었다. 이것을 모르고 살 때는 적당히 활기차고 충분히 감사하면서 성실하게 살 수 있었다. 그런데 남편과의 관계에서 필요한 때 적절한 반응을 해주지 못하는 축소 회피형임을 인정해야 하는 상황에 맞닥뜨리면 부끄러움과 절망감에 삶의 의욕이 고갈되었다. 애써 부풀려놓은 풍선에서 공기가 싹 빠져나가 빈 고무주머니만 볼썽사납게 뒹구는 꼴 같았다.

'그래서? 내가 회피형이면 어쩔 건데? 아무리 노력해도 안 되는 걸 나더러 어쩌라고.'

더는 감출 것도, 숨을 곳도 없다는 생각에 수치심이 분노로 바뀌었다. 자포자기 상태였다.

'내 정체를 다 들켜버렸으니 말인데, 난 당신과 친하게 지내고 싶지도 않고 당신을 받아들이지도 않을 사람이야. 그러니 당신도 그런 줄 알고 나한테 아무 기대 마. 더는 나한테 잘해주지도 마.'

생각이 여기까지 이르면 또 서러워 마음이 아팠다. 주지 못하는 상태를 비관하고 원망한 것이지 사랑받고 싶지 않은 마음은 아니었던 모양이다. 인생의 패배자, 낙오자가 됐다는 절망감이 바닥을 쳤다. 공들여 꾸며서 걸친 옷이 벗겨져버렸으니 창피해서 집 밖으로 나갈 수가 없었다. 남편 볼 낯도 없었다. 더욱이 내가 나를 어떻게 대해야 할지 몰라 당황스러웠다. 이렇게 절제되지 않고 막 나가는 나를 경험해보지 않았기 때문이다. 아마도 이런 고비가 작게는 수십 번, 크게는 몇 번 있었던 것 같다. 정말이지 너무 부끄럽고 처참해서 얼굴을 땅에 파묻고 들어가버리고 싶었다.

치유를 위해서는 이 단계가 가장 중요하다. 이때의 절망적인 기분을 참고 감당하며 가능한 한 철저히 괴로워해야 한다. 이 감정을 견디지 못하면 금세 여기서 탈출하려는 의식적 개입이 작동해 그럴듯한 생각을 지어서 상황을 빠져나간다. 이것은 극복이 아니라 외면이고 도망이다. 이 순간은 괴롭지만 귀중한 기회다. 언어로 표현되기 이전, 즉 기억 회로에 개념적인 형태로 경험이 저장되기 전의 비언어적이고 무의식적인 상태로 내려가는 것이기 때문에, 이때 어린 자신이 느꼈을 절망감에 머물면서 함께 느끼고 연민하는 마음을 가져보는 것이 좋다. 그렇다고 이 감정적 상태를 즐기라는 것은 아니다. 말하자면 의식의 통제를 풀어 맘껏 흩뜨려놓되 감정이 짓는 놀이에 빠져 허우적댈 것이 아니라 순수하고 올곧게 일어나는 감정과 생각의 길을 따라 읽어가는 거다.

학자들은 말한다. 영유아기에는 기억과 관련된 해마나 전두엽의 기능이 제대로 발달하지 않았고 아직 언어를 습득하기 이전이어서 그때의 정서적 기억은 의식 속에 언어의 형태로 저장되지 않고 몸에 기억돼 있다고. 그러므로 상처를 치유한다는 것은 바로 그 무의식에 내재된 부정적 정서의 기억들을 의식의 영역으로 끌어내서 언어로 표현하고 그것을 인정받는 방식으로 해소하는 작업이다. 나는 그 작업이 가능하도록 도와주는 구체적인 방법으로 반영하기 대화법을 소개했고, '감정 읽기'의 중요성을 강조했다. 의식적 조작이 미치지 않는 천연의 상태를 만나려면 몸이 말하는 언어, 즉 감정을 읽어야 한다. 이 감정적 풍랑을 거부하며 통제된 의식의 세계에 머물려고 발버둥 치기에 불안정한 정서를 치유하지 못하고 살았다. 내면에 잠겨 있는 어린 시절의 상처를 직면해야만 진정으로 안전해진다. 자신을 바로 보고 바로 안다는 것은 이를 두고 하는 말이다.

네 잘못이 아니야

아는 사람이 제과점을 개업했다기에 인사차 놀러 갔다. 마침 오전 시간이라 쿠키 구울 준비를 하고 있었다. 잠시 후 그 사람이 오븐에서 쿠키를 꺼냈는데 시간이 오버됐는지 바닥이 살짝 탔다. 괜히 내가 와서 구경하고 말 시키니까 세심하게 신경을 기울이지 못해 탄 것 같아 '오지 말걸 그랬나'라는 생각이 들었다. 쿠키 탄 것이 내 잘못인 것처럼 여겨져 그곳에 있는 내가 부끄러웠다. 망친 쿠키 때문에 혹시 그가 나를 원망하고 미워하면 어쩌나 불안해진 마음이 멀리서 응원하러 온 나의 선의와 행위를 스스로 부정하게 만들었다.

매일같이 전화하던 친구에게서 며칠째 연락이 안 오면 '나 때문인가?'라는 생각이 든다.

'지난번 마지막으로 만났을 때 내가 무슨 실수라도 했나? 아니면 그새 내가 싫증 났나?'

세상이 내게 우호적이거나 우호적이지 않은 것은 꼭 내가 잘해서 혹은 잘하지 못해서가 아니라는 것을 알지만, 그럼에도 사랑받고 싶은 마음은 '내 탓인가'라고 자책하게 만든다는 사실이 참 서글펐다.

어린아이들은 부모가 싸우는 것을 보면 이 분란이 자기 때문이라고 생각한다고 한다. 그래서 부모의 비위를 건드리지 않으려고 눈치를 살핀다. 왜 그럴까? 아이에게 부모는 자신을 먹이고 입히고 보호해주는 사람이다. 아이는 자신이 의지해야 할 대상이 부모라는 것을 본능적으로 안다. 그런데 의지 대상인 부모에게 문제가 있어서 자신이 불완전한 부모에게 의지해야 한다면 이것은 너무도 큰 불안감의 근거가 된다. 아이에게 그것은 있을 수 없는 일이다. 즉, 부모에게 문제가 있다면 더 이상 자신은 의지할 수 없다는 결론에 도달하게 되므로 분명 부모가 아닌 자신에게 부족함이 있을 거라는 자책의 길을 택하게 된다. 그래야 울음을 터뜨려 관심을 돌리게 하든 예쁜 짓을 하든 얌전히 풀 죽어 있든 뭐라도 할 게 아닌가. 자기 탓을 해야 미움을 안 받을 것 같아서 갖게 된 태도이니, 결국 자책도 살기 위해 택한 방책이다.

우리는 양육 과정에서 부모가 장려한 행동을 하면 칭찬받고 부모가 금지한 행동을 하면 꾸중을 들으며 자랐다. 훈육은 자신에게서 태어난 새로운 생명이 안전하게 적응하도록 돕는 장치다. 자연스러운 본능이며 부모로서의 의무이기에 자녀의 잘못을 나무라는 것은 지극히 일반적이고 당연한 일로 여겨진다. 그러므로 잘한 일에 대해 칭찬받으면 자신이 가치 있는 사람으로 느껴지고, 잘못한 일에 비난과 창피를 당하면 무가치한 사람이라고 느껴지는 조건적 자존감을 형성하면서, 부모의 칭찬과 비난이라는 잣대가 행동의 판단 기준이 된다. 부모나 사회로부터 자주 듣던 지적이 의식에 주입되면 그것이 자신의 관점이고 규칙인 양 내재화되어 이후 익숙한 생각으로 떠오른다. 따라서 '부모가 나를 대했던 방식'은 '내가 나를 대하는 방식'으로 자리 잡는다.

나의 경우를 예로 들자면 친구에게 커피를 사 오라 시키는 남편의 요구를 비웃는 것으로 나는 남편을 버렸다. 먹고 싶은 남편의 마음을 인정해주지도, 거부당한 서운함을 공감해주지도 못했다. 둘 사이의 분위기가 썰렁해지면 나는 조용히 책상으로 가서 책을 편다. 원래 계획대로라면 러닝머신에서 운동할 시간이지만 차마 소리 내며 뛸 배짱이 안 돼 나의 욕구를 접고 숨는다. '내가 하란 건 안 하면서 너 하고 싶은 일은 하네'라는 비난을 들을 것 같아 두렵기 때문이다. 마치 친구 집에 놀러 가기로 했다가 부모님이 싸우는 걸 보고 말 걸기 무서워 약속을 취소하고 집에 조용히 있는 아이의 심정 같다.

　나는 수도 없이 이와 같은 패턴을 반복했다. 만약 공감해주지 못한 나에게 잘못이 있다고 생각했으면 반성하고 다른 일로라도 남편에게 잘해줘야 할 텐데 막상 그러지는 못했다. 이성적으로는 남편에게 공감해주지 못한 나의 잘못을 인정하지만 무의식에서는 나의 잘못이 인정되지 않아 억울하기 때문이다. 본질적으로 자신을 나무라고 싶은 사람은 없다. 사람은 어떤 목적을 위해서 사는 목적적 존재가 아니다. 사람의 일생이란 생존과 번식의 원리에 따르는 일이다. 살아 있는 존재로서 살게끔 돼 있으니까 사는 거다. 살아야 하는 존재니까 살아지게끔 뭔가를 하는 것인데, 거기서 자기가 자신을 부정하고 탓하고 버린다는 것은 맞지 않다. 우리는 어떤 상황에서든 자신이 할 수 있는 최선을 다한다. 더 좋은 방법이 있고 더 잘할 수 있었는데 일부러 안 한 것이 아니다. 그럼에도 일이 실패로 끝나면 '그때 그렇게 했어야 하는데'라고 말한다. 그것은 성공하지 못했음에 대한 아쉬움의 표시이자 더 나은 결과를 위해 반성하는 차원에서 하는 말이지 자기 탓을 하는 게 아니다.

남편 말에 공감이 안 되는 것이 나로서는 정당한데 저 사람이 그걸 부당하게 받아들이니, 그 순간 나는 미안해해야 할 상황에 놓인 게 화가 났다. 그래서 공감해주지 못한 나를 스스로 질책하면서 운동을 금지하는 벌을 준 것이다. 그리고 다시, 타인으로 인해 '부끄러운 나', '벌 받는 나', '욕구를 부정당한 나'가 됐다는 사실에 분노했다. 상대방 때문에 초라하고 서글픈 상태에 빠졌다는 원망이 치솟았다. 이처럼 자책은 상대방에게 화를 내는 것이나 마찬가지다. "네 탓이야", "네가 잘했어야지"라고 공격하는 것이 직접적인 형태로 자신의 입장을 방어하는 모습이라면, '네가 내게 상처를 줘서 나는 그 생채기를 안고 이렇게 아파한다'라는 자책의 형태로 상대방에게 상처 주는 행위도 간접적으로 하는 방어다.

반성하되 자책하지 않기

우리는 자신이 저지른 잘못에 대해 책임을 느끼고 반성하는 태도를 배운다. 반성은 삶을 발전적으로 이끄는 데 필요한 바람직한 자질이다. 하지만 자신의 부족함이나 잘못을 스스로 돌아보는 반성과, 자기를 부정하고 책망하는 자책은 같지 않다. 반성은 성찰적 태도에서 하는 것으로, 여기에는 행위에 대한 책임을 묻는 감정이 개입되지 않는다. 그러나 자기 감정, 생각, 욕구, 행위를 부정하면서 자책하는 것은 세상의 관점에서 '네가 이러니까 사랑받지 못하는 것 아니냐'라는 비난의 의미가 깃들어 있다.

즉, 자신의 기질적 특성과 애착 성향으로서는 당연히 그럴 수 있는 일이라고 인정해주는 태도가 아니라 스스로 자신의 입장을 모른 체하면서 무조건 잘못했다고 뭇매를 때리는 태도다. 결론적으로 자책은 내부에서 일어나는 자연스러운 감정이 아니라 잘못을 인정하고 반성하라는 외부의 강요를 통해 만들어진 감정이다. 비난의 화살로부터 자신을 방어하기 위해 만든 고육지책이다.

회피형은 '내가 엄마에게 웃어주지 않고 밀어내니까 엄마도 나를 따뜻하게 보호해주지 않는 거야. 엄마를 외롭게 한 건 내 탓이야'라는 무의식적 자책감을 갖고 있다. 저항형은 '내가 엄마를 자주 귀찮게 해서 엄마가 힘들어한다. 엄마를 지치게 만드는 나는 못된 아이야'라는 자책감을 갖고 있다. 저항형도 회피형도 엄마를 지치게 하거나 엄마를 밀어낼 의도가 있었던 것은 아니다. 그저 자신을 지키기 위한 생존 본능으로 각자의 반응 방식을 선택한 것이다.

자책하지 마라. 자책만큼 우리를 병들게 하는 것은 없다. 자책은 스스로의 마음을 상처 내는 것이다. 그 상처는 모든 의욕을 꺾어 주저앉힌다. 그리고 결정적으로, 자존감을 해친다. 자책하는 습관은 자신을 더 작아지게 한다. 그러면 타인을 위해 무엇을 해줄 수가 없다. 타인와의 관계 개선을 위해 무언가를 시도해볼 자신감이 떨어져서 어떤 대안도 찾지 못하고, 따라서 어떤 변화도 기약할 수가 없게 된다. 타인은커녕 스스로도 돌볼 수 없다.

자책은 얼핏 보기에는 반성과 닮아 있지만, 본질적인 해결을 피하려는 방어적 태도다. '어째서 나는 이것이 어렵고 안 될까'라는 고민에 생각이 뻗쳐 상대의 아픔에 더는 마음이 가지 않는다. 공감받지 못해 속상해하는 상대를 위로하기보다는 공감해주지 못한 자신의 아픔을 달래는 보호본능이 더 우선한다. 결국 언제나 '이기적인 나'로 돌아온다. 마치 자해공갈단의 수법 같다.

우리는 이제 부모를 벗어나야 한다. 그들이 우리를 대했던 방식을 답습하여 재연하는 습관에서 벗어나야 한다. 부모에게서 대물림된, 내면에서 당신을 꾸짖는 남의 목소리를 버리고 당신의 목소리를 새로 만들어야 한다. 당신 자신을 다루는 방식을 변화시켜야 한다. 당신의 생각, 감정, 욕구를 지지하고 지켜주는 마음을 가져야 한다. 행복은 거기서 시작된다.

마음을 치유한다는 것

나를 분석하기 시작하고 몇 달간, 나는 완전히 혼돈 그 자체였다. 내가 알고 있던 나를 스스로 의심해야 되는 상황 때문에 도대체 무엇이 '나'이고, 무엇이 '나라고 착각하는 나'인지 도무지 갈피를 잡을 수가 없었다. 아침에 눈을 뜨는 순간부터 생각의 첫발을 어디로 디뎌야 할지 몰라 서성였다. 한 발만 삐끗 잘못 내디뎌도 천 길 낭떠러지로 떨어진다는 두려움이 엄습했다. 나는 오직 하나의 목적과 당위성에 집중했다. 뿌연 안개 속 저 멀리서 희미하게 깜박이는, 보였다 안 보였다 사람을 애태우는 불빛. 그 불빛은 엄마, 의지처, 안전 기지에 대한 이미지였다. 남편의 지지와 격려에 힘입어 그 빛의 근원을 향해 한 발, 한 발 걸어갔다.

나를 흔든 것도 남편이지만 나를 붙잡아준 것도 남편이다. 에고를 깨고 방어기제라는 무기들을 내려놓음으로써 취약한 상태에 놓인 나를 남편은 안전하다고 느끼게 해주려고 애썼다. '나를 위해 네 벽을 허물어줘. 나는 너와 함께하고 싶어'라는 남편의 요구를 받아들이기 위해 나선 여정이었는데, 그 길이 곧 '가짜 나'를 버리고 '살아 있는 나'로 태어나게 하는 여행이 되었다. 남편의 상처를 이해하려고 노력하는 과정에서 뜻밖에도 나의 기질과 상처를 알게 됐다. 그의 입장이 돼서 그가 어떤 느낌이었을지를 느껴보기 위해 '나'라는 입장을 잠시 떠나보니 비로소 내 모습이 보였다. 상대방의 고통을 안타까워하고 이해하려는 마음이 내 감정을 알고 내 고통을 이해하는 마음과 별개가 아니었다. '같이 놀자'는 친밀함의 요구를 '내놓으라'는 강요나 간섭으로 인식한 것은 나였다. 이 회로를 바꿔야 했다. 어쩌면 이것은 자극을 인식하는 마음 장치의 잘못이었다. 왜곡된 시스템을 고쳐 새로운 마음 장치를 개설해야 했다.

무의식에는 눈이 없다

인간이 자극에 반응하는 시스템은 크게 두 가지 경로를 통해 진행된다. 먼저 시상하부와 편도체가 관여하는 자율신경계에서 즉각적이고 무의식적인 생존 반응을 한다. 또 하나는 대뇌피질로 전달된 전기신호에 의해 전두엽에서 분석하고 판단하여 운동신경에 적절한 명령을 내린다. 이 두 체계는 각각 다른 기능을 담당하지만 또한 유기적으로 연결된 피드백을 통해 서로의 역할을 보완한다. 무의식적이라 함은 의식이 관장하는 범주 밖에서 벌어지는 일을 모두 일컫는다. 예컨대 심장이 뛰고 소화기관이 움직이고 체내 pH 농도를 조절하고 자세를 잡는 등 생존 유지를 위한 필수 기능은 우리가 인식할 수 있는 범주의 것이 아니다. 산길을 가다가 발밑에서 움직이는 것을 보고 놀라 피한다거나 날아오는 물체를 감지하고 눈꺼풀이 감기는 등 위험에 대한 즉각적인 신체 반응을 담당하는 기능 또한 의식적인 변별력의 지배를 받지 않고 실행된다. 이는 지각된 정보를 판단·추론·종합하여 불필요한 반응은 자제하고 적절한 조치를 취하도록 명령하는 전두엽의 역할이 발달하기 이전부터 가동되고 있는 시스템이다.

'무의식에는 눈이 없다'라는 표현이 있다. 무의식은 시간과 공간을 구분하는 의식의 특성을 갖추지 못했음을 비유하는 말이다. 만약 어떤 사람이 눈을 부릅뜨고 소리 지르면서 얘기할 때, 의식은 '지금 이 사람은 다른 사람 때문에 화났다는 얘기를 내게 전달하고 있어. 그러므로 나는 안전해'라고 판단하지만 무의식은 '이것은 위험 상황이니 경계를 늦추지 마'라고 경고한다. 그래서 화내는 사람을 마주하는 동안에는 어깨에 힘이 들어가고 호흡은 불규칙해진다. 분위기를 빨리 전환하려는 의도로 상대방을 진정시키려고 애쓰거나, 그게 여의치 않은 경우 그 자리를 떠나고 싶은 충동을 느낀다. 시장에서 어떤 상인이 억지를 부리며 큰 소리를 치고 공격적인 태도를 보이면 무의식에서는 초등학교 때 무서운 선생님이 자신에게 윽박지르던 기억과 맞닿아 공포심과 분노가 솟구친다. 무의식에는 과거의 일과 현재의 일이 다른 조건임을 분별하는 감각이 발달돼 있지 않다. 평온할 때는 이성적인 힘을 빌려 합리적인 판단을 하지만, 급작스러운 위급 상황에 맞닥뜨리면 마치 어린아이가 된

듯 감정적으로 대응하게 되는 이유가 그것이다.

이와 같이 인간이란 개체의 생물학적 구조를 보건대, 우리의 이성이 감정에 얼마나 큰 영향력을 미치는가 생각해보면 대단히 회의적이다. 무의식적 영역과 의식적 영역이 맡은 역할과 한계를 제대로 이해하면 비로소 '의식적 역량을 얼마만큼 끌어올려 활용할 수 있는가'에 집중할 수 있다. 우리가 '자유의지'라고 이름 붙일 수 있는 부분이 있다면 바로 이것이다. 감정과 이성은 독립적인 것이 아니다. 상호 의존과 상호 보완의 원리로 작용하며 우리 삶을 안전하고 즐거운 것으로 만드는 근간이다. 의식과 무의식, 이성과 감정의 역할이 얼마나 조화롭게 상호작용하느냐에 그 존재의 안전성이 달려 있다. 감정과 동떨어진 박제된 이성이 아니라 감정을 읽는 이성, 감정의 파동에 잠식된 이성이 아니라 감정을 조절하는 이성. 그 역할을 계발하는 것이 이성의 가치를 가장 빛내는 일이다.

상처 치유를 한다는 것은 바로 이 부분을 공략하는 것이다. 의식하지 못했을 때는 무의식에 새겨진 감정적 상처의 전횡專橫에 무방비로 끌려가지만, 이것들을 분석하고 이해하고 받아들이는 이성의 힘을 기르면 무의식의 범주에 방치돼 있던 것들을 제어하고 전환하고 극복하는 것이 가능해진다는 원리다. 처음에 양치질을 익힐 때는 낯설고 귀찮게 느끼지만 반복적인 훈련으로 익숙해지면 매번 의도적인 노력을 하지 않아도 거의 무의식적으로 식후에 양치질을 하고 싶어진다. 습관으로 익숙해진 뒤에는 더 이상 어색하거나 번거로운 일이 아니어서, 안 하는 것보다 하는 것이 더 자연스럽고 편안하다.

좋은 건강 습관으로 몸의 건강을 지키듯, 마음을 건강하게 기르는 습관도 중요하다. 커피 사 오라고 전화하라는 남편의 말에 내가 살짝 웃었을 때, 나는 웃었다는 것을 자각하지 못했고 더욱이 그것이 비웃는 마음이었다는 것을 알아차리지 못했다. 이것은 '회피'라는 심리 구조에서 보인 무의식적인 반응이었다. 하지만 알아차리는 훈련을 하자 이것은 더 이상 무의식의 범주에 있지 않고 의식의 범주로 들어왔다. 생명 유지를 위한 생리적 반응은 물론이고 일차 감정을 비롯한 대부분의 기본적인 감정들은 무의식적인 영역에서 계속 일어나겠지만, 훈련을 하면 적지 않은 부분들이 의식의 범주로 포섭되어 조절 가능한 것도 사실이다.

생각의 회로를 바꾸는 일

도대체 상처가 치유된다는 건 어떤 의미일까? 과거에 느꼈던 억울하고 슬프고 화나고 힘들었던 일의 자취가 없어진다는 걸까?

막상 해보니 과거라는 사실이 지워지는 건 아니었다. 경험은 기억 속에 그대로 존재한다. 하지만 그 경험에서 발생한 부정적 감정이란 당시의 상황을 해석한 인식의 문제였기 때문에 현재의 관점에서 어떻게 재해석하느냐에 새로운 감정이 자리 잡을 수 있다. 즉, 과거 나의 인식이란 나의 기질과 애착 성향에 근거한 해석이었기 때문에 그때 나에게는 정당한 해석이었다. 하지만 남편와의 관계 치유를 통해 안전감이 향상되었고, 남편을 이해하려고 노력하는 과정에서 변화가 생겼기 때문에 지금 나의 관점은 과거의 그것과 같지 않다. 상황을 다르게 받아들일 안목이 생겼다는 뜻이다. 바로 이것이 과거의 부정적 정서를 치유하고 그 자리에 새로운 긍정적 정서의 역사를 써나가는 작업이다. 마치 테이프에 새 노래를 녹음하는 것과 같다. 그러면 지난 일에 대한 서술 기억은 별 의미가 없다. 중요한 것은 지금 현재이기 때문이다. 현재의 인식 패턴이 중요하고 현재의 감정이 중요해서 더 이상 과거의 것에 끌려다닐 근거가 사라진다.

그런 의미에서 상처 치유는 시냅스 회로의 새로운 개설이라고 말할 수 있다. 시냅스는 자극과 반응의 신경 전달 체계로서 우리가 무엇을 보고 듣고 느끼고 생각하고 욕망하든 반드시 이 길을 통한다. 그러므로 새로운 생각의 길, 새로운 감정의 길을 만드는 작업은 기존의 시냅스 연결 패턴을 바꾸어 새로운 시스템을 만드는 일이다. 즉, 자주 쓰던 뉴런 연결망은 끊고 자주 쓰지 않던 뉴런 연결망은 형성, 강화해 시냅스 배선을 새로 하는 것이다. 다른 마음의 길을 만들고 다른 행동의 결과물을 만들어낼 수 있다. 이런 원리로 '자아'라고 불리는 개인의 특성도 조금씩 바뀐다.

어린 시절 엄마의 사랑 속에서 자연스럽게 애착이 안정된 사람으로 자랐다면 좋았겠지만, 그 기회를 지나쳐 성인이 되었다면 의도적으로 안정된 친밀감을 만들기 위해 노력할 수밖에 없다. 노력한다는 것은 '내가 저 사람을 위해서 무엇을 해야 할 것인가' 고민하는 시도, 해주려고 애쓰는 과정, 해줬을 때 뿌듯함을 느끼고 자기 존재감이 생기는 과정을 말한다. 부정적 정서의 경험, 즉 상처는 그냥 사라지는 게 아니다. 무의식은 이성적으로 이해하고 정리했다고 해서 쉽게 바뀌지 않는다. 사람들이 기질과 애착 성향에 대한 설명을 들으면 그것을 안 것만으로도 배우자와 아이들을 이해하는 데 큰 도움이 됐다고 만족하면서도 막상 배우자와 부딪치면 마음에서 배우자가 받아들여지지 않는다고 말하는 것은 이 때문이다. 방어하지 않아도 위험하지 않다고 실감하는 경험이 쌓이고 쌓여야 우리의 무의식에 새겨진 방어 경보 시스템이 누그러진다.

부부가 상처 치유를 시작할 때 가장 먼저 혜택을 보는 쪽은 자녀들이다. '아, 내 행동이 아이들에게 이렇게 상처가 되겠구나'를 인식하는 순간 흠칫 놀라며 기존에 했던 방식을 점검하게 되고 부모 노릇을 제대로 하려는 의도적 노력을 하게 된다. 그전에는 대화랄 것도 없이 일방적인 잔소리를 하기 일쑤였는데, 아이와 반영하기 대화법을 염두에 두면서 대화하다 보니 아이가 점점 자기 생각을 분명하게 드러내기 시작하고, 자기 문제를 스스로 고민하는 태도를 보인다고 말한다. 이럴 때 아이들은 시든 꽃이 살아나듯 피어나 발랄해지고 자율적이 된다. 그 효과가 어른보다 빠르고 정확하게 나타난다. 대화가 통하면 친밀감이 생기는 것은 물론 부모 입장에서는 아이를 다루기가 훨씬 쉬워진다. 간섭하고 닦달하느라 애쓰지 않아도 되니까 자신을 돌볼 여유도 생긴다.

그런데 왜 아이들에게는 비교적 쉬운데 배우자에게는 기다려주고 허용하는 것이 어려울까? 배우자를 돌본다는 건 본능적인 프로그램에는 없는 일이기 때문이다. 자식을 키우는 것은 자신의 생물학적 이익에 부합하는 일이라서 받아들이는 마음을 일으키기 위해 특별히 애쓰지 않아도 된다. 생명을 길러낸다는 것이 엄청난 수고로움을 요구하는 일이기는 하지만 다행히 우리의 유전적 본능에는 이 과업을 원활히 수행하기 위한 감정 체계가 준비돼 있다. 소위 '모성애', '내리사랑' 등으로 불리는 감정 체계는 자식을 돌보는 마음이 지속적으로 활성화되도록 돕는다.

하지만 배우자는 양육의 책임을 함께 감당하는 동반자이고, 동시에 언제든 헤어지면 남이 될 수 있는 사람이다. '내가 저 사람의 행복을 위해서 특별한 수고를 들여야 하는가'에 강한 의구심이 들지 않을 수 없다. 아이는 사랑을 주고 돌봐야 할 존재로 인식되지만 배우자는 자신에게 사랑을 줘야 할 존재, 즉 부모와 같은 존재로 인식된다. 그러므로 먼저 베푸는 것이 억울하고 받지 못하면 원망과 분노가 생긴다. 이 대목에서 의식의 반전이 일어나야 한다. 상대가 자신에게 보호자이듯 자신 또한 상대를 지켜줄 보호자라고 인식해야 한다.

자식을 돌보는 것과 배우자를 돌보는 것에는 관계의 특성상 근본적인 차이가 있다. 자식은 자신이 돌봄을 베풀어야 할 대상이다. 그런 자식에게 의지하는 마음을 내고 돌봄을 기대하는 것은 독립해 자기 가족을 꾸려야 할 자식에게 부당한 짐을 지워주는 일이다. 우리 문화권에서는 부모가 자식 인생에 개입하고 배우자에게서 채우지 못한 사랑을 자식에게 요구하는 것을 자연스럽게 받아들이는 경향이 있지만, 외국의 심리학자들은 이런 상황에 대해 '아동학대'라는 용어까지 쓰면서 우려할 일로 지적한다. 자신이 의지하고 돌봄을 기대할 애착 대상은 자식이 아니라 자신의 부모이며, 부모가 안 된다면 배우자에게 그 기회가 넘어와야 한다. 즉, 자신의 정서적 상처를 치유해줄 사람은 자식이 아니라 배우자라는 말이다.

대개 부모들은 이 공부를 '아이들과의 관계 개선'에 활용하는 데 관심을 뒀지만, 나는 그보다 배우자와의 관계 개선에 집중하기를 권했다. 왜냐하면 배우자와의 관계를 두고 상처 치유를 하면 자녀 양육에서 발생하는 문제들 상당 부분이 자연스럽게 해결되기 때문이다. 반대로 오직 자녀 교육만을 목표로 두고 접근하는 시각으로는 상처 치유나 내면의 성장으로 이어지기가 힘들다. '자식을 위한다'라는 말은 곧 '나를 위한다'라는 말과 크게 다르지 않다. 배우자와의 관계 회복을 위해 특별한 노력을 기울이지 않으면 달라질 것은 없다. 아무리 열심히 뛰어봐도 과거의 패러다임 안에 갇혀 있으니 이제껏 살아왔던 고정관념의 틀에서 벗어나지 않는다.

착한 마음이 별게 아니다. '내가 먼저 인내하고 내가 먼저 배려하고 내가 먼저 헌신한다'라는 마음을 낸다면 그게 바로 착한 마음이다. 그리고 착한 마음은 상대방의 착한 마음을 이끌어낸다. 이것이 이심전심으로 마음이 움직이는 원리이고 진리다.

날마다 조금씩 성장하는 중

가까운 사이에 일어나는 갈등은 대개 아주 사소한 문제로 불거진다.

"난 반바지 입고 외출하고 싶은데 아내가 자꾸 잔소리해요."

"나는 머리를 짧게 자르고 싶은데 남편이 반대해요."

하고 싶은 대로 하자니 갈등을 빚고, 하고 싶은 일을 포기하자니 화가 난다. 옷이나 머리 스타일 같은 고유의 취향조차 존중해주지 않는 상대방에게 불만을 느끼지만 그 불만을 계속 안고 있자니 피로감이 쌓인다. 갈등의 해소법이 도무지 안 보이니 그저 사소한 문제로 치부하며 외면할 뿐이다.

어느 날 인터넷 쇼핑으로 수건을 구매하려고 검색했다. 예전의 나였다면 남편과 관련된 일이면 나중에 딴소리 듣지 않으려고 무조건 그에게 물어서 결정하고, 수건 구매 같은 사소한 일은 내가 알아서 결정했을 것이다. 나는 두툼한 수건을 좋아하는데, 남편에게 물으니 그는 얇은 수건을 선호한다고 했다. 괜히 물어봤군 싶었다. 이번엔 남편 취향을 존중한다 마음먹고 조금 얇은 수건을 장바구니에 담았다. 그런데 막상 주문하고 보니 찝찝한 마음이 가시지를 않아, 몇 번이나 인터넷을 들락거리다 결국 주문을 취소해버렸다.

가볍고 산뜻하고 개성 있는 것을 선호하는 그의 취향과 크고 안정감 있고 좋은 품질을 선호하는 나의 취향은 오랜 경험을 통해 축적된 결과물이다. 그러므로 양보한다는 것이 결코 쉬운 일이 아니다. 일을 처리하는 방식도 남편과 나는 정반대다. 그는 짧고 강하게 일에 집중하지만 오래 지속하지 않아 긴장과 이완에 신축적이다. 재미있겠다 싶은 일이어야 달려들 마음이 나고 흥미가 떨어지면 급격히 열정이 식는 확대 저항형의 성향과, 재미보다는 의미에 충실하며 진지하고 일관된 성질을 선호하는 축소 회피형의 차이를 말해주는 듯하다.

자기 취향을 갑자기 바꾸려 하면 누구나 무의식적으로 위험하다는 느낌을 받는다. 아무리 짧은 순간이라도 자신을 버리고 남의 입장이 되는 경험은 고통스러운 일이다. 그래서 혼란스럽고 어색하고 거북하다. 미지의 경험이 주는 불안감과, 그것이 자신에게 만족감을 줄지 보장할 수 없다는 두려움 때문이다. 사람들이 행복을 원한다 말하면서도 새로운 변화를 선뜻 시도하지 못하고 머뭇거리는 것도 마찬가지 이유다. 우리의 본능은 '얻을 수 있는 것'보다 '잃을 수 있는 것'에 더 민감한 관심을 둔다. 불안정 애착으로 인한 상처가 관계의 친밀함을 방해하고 자신을 고통스럽게 하는 건 사실이지만, 한편으로 우리는 지금껏 그 구조대로 반응하며 살아남았다. 따라서 이제껏 살아온 방식대로 살면 최소한 이보다 더 나쁜 상황에 빠지지는 않을 거라는 계산을 앞세우게 된다. 불편해도 현재의 구조를 유지하는 것이 불확실한 것에 투자하는 것보다 더 안전하다는 판단 때문이다.

'내적 작동 모델'이라 불리는 자기 시스템을 뭔가가 분열시킬 우려가 있다고 느껴지면 사람은 더 바짝 신경 써서 자신의 구조를 고집하려고 저항한다. 자기 정체성을 유지하려는 무의식적 저항감은 이 구조를 부분적으로라도 수정하길 원치 않는다. 자신의 '자아'로 여겨지는 심리 구조를 익숙한 방식대로 유지하는 것이 자신에게 안전하다고 판단될 것이기 때문이다. 즉, 회피형에게 애착을 받아들이라고 요구하거나 저항형에게 애착에서 한발 물러서라고 요구하는 것은 한 개체에게 자신이 선택한 생존 전략 시스템을 바꾸라는 압력으로 들린다. 나는 상처 치유를 함께 공부하던 친구들에게서 이 같은 현상을 여러 번 목격했다. 그 사람의 본질적인 상처를 건드리면 위기감을 느낀 개체는 자기 구조를 공고히 하려는 방어 본능으로 '이제껏 해왔던, 그래서 하지 말라는 짓'을 일시적으로 더 열심히 하거나, '나는 그런 사람이 아니다. 너의 말이 틀렸다'라는 것을 증명하려는 듯 뜻밖의 시도를 감행했다.

이때 필요한 것이 안전감이다. 불안한 마음을 인정하고 공감해주는 마음이 필요하다. 괜찮다고, 잘될 거라고, 불편해하는 마음은 당신의 진심이 아니라고. '내가 지키려는 그것은 내 방어기제니까 버려도 안전하다'라고 믿는 마음이다. 이런 자기암시가 지속적으로 힘을 갖기 위해서는 그것이 확신으로 자리 잡을 수 있게 도와줄 사람이 필요하다. 그것이 배우자의 역할이다. 이 일을 함께 하면서 그 결과에 책임을 묻지 않을 사람과의 협력이 절실하다. 배우자가 아닌 남은 우리와 이해관계가 충돌하지 않기 때문에 힘내라, 잘될 거다, 대단하다 격려하고 칭찬해주는 것이 수월하지만, 궁극적으로 이들이 우리의 욕구를 해결해주는 것은 아니다.

결과에 대한 두려움을 극복하려면 동기가 있어야 한다. 이때 동기는 바로 '너를 위해서'라는 명분이다. 수건 쇼핑의 경우처럼 변화를 시도했지만 실패하면 다시 다른 사안에서 시도하면 된다. 그렇게 하면서 수없이 같은 고민과 다짐이 쌓이면 조금씩 달라진다. '너를 위해' 얇은 수건을 구입하려는 마음을 내다 보면 어느 순간 얇은 수건에 매력을 느낄 수도 있다. 산을 좋아하는 사람이 애인이 좋아하는 바다를 따라다니다 보니 자신도 바다의 매력을 경험하게 되는 것과 같다. 우리의 세계는 이렇게 관계를 통해 확장된다. '나와 다른 너의 것들'을 인정하고 받아들이는 연습을 통해 다른 세계에 대한 이해가 늘고, 세상에서 즐거움을 취할 수 있는 범주를 늘려갈 수 있다. 참을 수 없는 일, 하기 싫은 일이 더 참을 만해지고 할 만해진다. 나중에는 상대방이 하고자 하는 일이 자신에게 불안이나 피해를 주지 않고, 자신이 하고자 하는 일이 상대에게 싫지 않은 것이 된다. 이것이 곧 서로에게 '길들여진다'는 의미다.

대개 상대방의 욕구를 지지해주지 않을 때는 그걸 인정할 수 없는 특별한 신념 때문이 아니라 상대가 자기 욕구를 인정해주지 않았다는 분노에서 비롯된 앙갚음인 경우가 많다. 또한 우리가 하고 싶어 하는 일들 중에는 상처로 인해 왜곡된 심리가 취향이나 개성, 취미, 스타일이라는 이름에 반영되어 추구되는 것들이 많다. 자신의 반복적인 행동 패턴이 무의식에 새겨진 상처에서 비롯되었음을 깨닫고 그것이 인정과 공감을 받으면 불필요한 말과 행동이 눈에 띄게 줄어든다. 삶이 단순해지고 세계가 편안해진다. 더는 방어하기 위해 긴장하지 않아도 되고, 불안감에 남의 눈치를 살피지 않아도 된다.

관계가 안정되면 남편이 반바지를 입어도 거슬리지 않고 아내가 머리를 잘라도 충분히 예쁘다. 더 이상 자신의 취향이나 선택이 타당하다는 것을 증명하기 위해 많은 부연 설명을 갖다 붙이지 않아도 된다. 아이의 진학 문제나 이사 문제조차 점점 양보할 수 있고 감당할 수 있는 일로 다가온다. 어떤 어려움이 닥치더라도 자신의 불안과 두려움을 모른 체하지 않고 함께해줄 보호자가 있다는 믿음만 생긴다면 현실적인 조건은 그런대로 받아들일 만해진다.

2보 전진 1보 후퇴

우리 부부는 상처 치유 과정에서 '2보 전진 1보 후퇴'라는 공식을 경험했다. 확대형이 축소형을 배려해서 자신의 기질대로 내지르지 않고 조심하다 보면 그 노력에 비례해 쌓이는 스트레스가 있다. 축소형이 확대형의 보폭에 맞춰 의도적으로 기운을 끌어모아 뛰다 보면 문득문득 한계를 느끼고 지치기 일쑤다. 저항형이 요구를 자제하고 혼자 알아서 놀려고 하면 저항감에 압도되거나 무기력을 느낀다. 회피형이 따로 놀지 않고 배우자와 함께하려고 하면 지구의 중력을 거스르는 것처럼 버거워 도망가고 싶어진다. 이런 어려움을 무릅쓰고 좋은 결과를 위해 애쓰다 보면 노력에 상응하는 보상을 맛본다. 잘되면 잘되는 만큼 계속 잘 지내고 싶은 욕심이 난다. 의도적인 노력은 희열과 더불어 긴장감을 동반하고 이것이 쌓이면 반드시 한 번씩 스트레스가 폭발한다. 그럴 때면 기다렸다는 듯 다 집어치우고 익숙한 본래 모습으로 돌아가고 싶다. 아니, 이미 상황은 처음으로 돌아가 있는 듯하다.

안전감을 점수로 환산해서 1에서 2가 되고 2에서 3으로 진척되더니 7, 8, 9로 나아가는 느낌이 들 때는 '이 공부가 곧 끝나 나도 애착이 안정된 사람으로 살 수 있겠다'는 생각이 들었다. 그런 기대감에 안도할 즈음이면 반드시 새로운 사건이 불거져 서로의 차이를 좁히지 못하고 다시 원점인 1로 돌아왔다. 희망에 부풀었던 만큼 예전과 다름없는 서로의 모습에 실망감이 크다. 이대로 한없이 추락해 도저히 일어서지 못할 것 같은 절망감을 느꼈다. 의욕을 재충전하여 나아가는 것이 힘들지만 그렇다고 돌아갈 수도 없는 진퇴양난의 처지에 몰렸다. 돌아갈 길은 이미 잃어버렸다. 왜냐면 예전에 느껴보지 못했던 인생의 단맛을 보았으니 그 맛을 버릴 수는 없기 때문이다. 하는 수 없이 며칠 감정을 추스르면서 현재 우리가 극복한 만큼을 우리의 현주소로 확인하고 그것을 있는 그대로 인정하기로 했다. 시행착오를 거치면서 무엇을 몰랐고 무엇이 부족했는지 점검하고 다시 반영하기 대화부터 차근차근 연습하기로 마음먹었다.

앞서 나는 자신의 특성을 똑바로 알고 상대에게 피해를 끼친 부분이 인정되면 사과해야 한다고 말했다. 사과를 받은 사람은 콧노래가 절로 나오지만 사과한 사람은 기분이 그리 좋지 않다. 몹시 뒤숭숭하다. 뭔가 근사한 일을 한 것 같긴 한데 아직 이것을 뿌듯함으로 인식하기는 낯설다. 이때 느끼는 자신의 부정적 감정은 본인이 공감해주는 것으로 넘어갈 수밖에 없다.

진심으로 사과하기 시작하면 상대방도 그 진정성을 느끼고 대화할 마음 자세를 보인다. 상대방의 달라진 태도를 확인하면서 다음에 같은 일이 생기면 다시 사과할 용기가 생긴다. 그러면 상대방도 이에 맞춰 자신의 잘못을 인정하고 사과한다. 관계는 그렇게 서서히 변해간다.

정서가 불안정한 상태일수록 사과하는 일을 결사적으로 피한다. 먼저 사과하면 자존감이 떨어질 것 같고 우습게 보일까 걱정된다. 억울함에 분노가 쌓일 것 같다. 그렇지만 실제로 해보면 그렇지 않다. 잘못을 인정하는 어려운 일을 해냈다는 뿌듯함이 밀려온다. 자신의 행동을 스스로 감당할 힘이 생기는 순간이다. 이것이야말로 '자기 자신을 이기는 자가 최후의 승자가 된다'라는 말을 몸소 증명하는 일이니, 이것이 성장이고 성숙이다. 상대방의 상처 치유와 자신의 성장은 이렇게 맞물려 있다.

상처를 드러내서 상대방으로부터 위로와 인정을 받으면 자신은 그 상처에서 벗어나는 치유가 되고, 상대방은 뿌듯한 성장의 기쁨을 경험함으로써 두 사람의 관계가 2보 전진한다. 이 결과에 만족하면 또 다른 상처가 '여기 나도 있어요. 이것도 알아줘요'라고 머리를 내밀고 일어난다. 그것이 무의식의 기능이고 임무다. 염치없이 계속 요구한다. 그러면 또 다른 상처의 등장으로 우리는 비난과 원망의 늪을 헤매면서 축적해둔 안전감이 무너져 내린다. 1보 후퇴다. 비유하자면 에스컬레이터를 타고 오르듯 무리 없이 올라가는 게 아니라 단계마다 발부리가 계단 벽에 부딪치는 충격을 받으면서 한 단계씩 올라갔다. 그러니까 같은 1인 것 같아도 되돌아온 1은 1이 아니라 11이었고 2는 12였으며 다시 21, 31, 41로 나아갔다. 마주한 사건의 내용으로 보면 지난번에 나눈 얘기를 또 하고 있는 것 같지만 실제로는 갈등의 초점이 같지 않다. 우리는 겉껍질에서 1이라는 생각과 감정과 욕구를 읽으면 그 밑에 2라는 다른 감정과 욕구가 있었다는 걸 발견하게 되고, 그것을 알고서야 다시 3이라는 진짜 감정이 도사리고 있다는 사실에 도착한다. 즉, 관계가 안전하지 않으면 대부분의 에너지는 자신을 방어하는 데만 쓰이므로 자신과 상황을 관찰하는 것이 불가능하지만, 이미 확보된 안전감이 있으면 그것을 바탕으로 똑같은 사안을 더 깊이 들여다본다.

위기는 항상 새로운 기회를 만들어주었다. 더는 나아가지 못할 것 같은 위기를 느낄 때, 지난번에는 안 보였던 문제가 왜 계속 터져 나오는지 도대체 정신을 차릴 수가 없다고 절규할 때, 지친 자신을 위로하고 견디면서 포기하지만 않으면 이것이 곧 기회가 된다. 나는 이 과정을 백신주사를 맞는 것과 같다고 느꼈다. 서로의 구조에 대해 내밀히 알면 아는 만큼 힘들다. 힘든 것이 싫고 겁나서 다시는 더 알고 싶지 않다면, 살던 대로 살면 된다. 안다는 것은 그것을 책임지기 위해 자신의 행동을 바꿔야 하는 부담이 따르는 일이다. 그러나 이 고통을 받아들이고 이겨내겠다는 의지를 가지면 며칠 몸살을 앓고 나서 몸이 거뜬하고 기분이 상쾌해지듯 달라진 시선으로 상대방을 볼 수 있게 된다. 잦은 후퇴에 지쳐 '우리는 안 돼'라는 자괴감이 밀려올지도 모른다. 하지만 나아가고 물러서기를 수없이 반복하는 사이, 우리 부부는 더 안전해지고 더 성장하고 있었다.

12

행복에 이르는 가장 분명한 길

사랑이 뭐냐고 물으신다면

내가 남편에게 "사랑해"라고 말하는 순간을 떠올려보니 '당신이 참 좋다'라는 느낌을 받을 때였다. 또 남편이 내게 "당신 사랑해"라고 얘기하면 '저 사람이 나를 예뻐해주니 내가 하는 일을 다 좋게 봐주겠구나. 난 하고 싶은 대로 행동해도 되겠어'라는 허용과 지지의 메시지를 받은 듯했다. 즉, '당신이 좋다'라는 느낌은 '당신은 내가 원하는 것을 지지해준다'라는 믿음에서 오는 것이었다. 그래서 우리는 사랑한다고 말하는 것을 '내가 너를 필요로 하니까 너는 계속해서 나를 편들어주고 돌봐줄 거지?'라는 확신을 갖고 싶은 마음이라고 결론 내렸다.

저항형은 사랑한다는 말이 비교적 쉽게 나온다. 하는 것도, 듣는 것도 좋아한다. 타인의 관심과 돌봄을 항상 필요로 하기 때문이다. 구체적이고 실제적인 삶을 사는 그들에게 사랑은 명백한 것이다. 섹스를 하면 사랑이고 안 하면 사랑하지 않는 것이다. 옷을 사주고 힘든 일을 도와주면 사랑이고 안 해주면 사랑하지 않는 것이다. 저항형은 언제나 자기만 아쉬워하고 징징댄다는 걸 안다. 자기가 엄마를 필요로 한다는 것을 인정받아야 하는데 인정받지 못해 화가 난다. 엄마를 필요로 한다는 게 때로는 부끄럽고, 빨리 이런 구조에서 벗어나야겠다는 생각에 몰리다 보면 짜증이 난다.

반면 회피형은 손잡고 입 맞추고 지지고 볶는 일상적인 부딪침에서 생생한 연애 감정을 느끼기보다는 관념적이고 비현실적인 낭만을 꿈꾸며 이런 이미지에 몰입하는 경향이 있다. 자신이 '관계'를 필요로 한다는 것을 인정하는 것이 어렵기 때문에 사랑한다 말하는 것에 인색하다. 애써 사랑한다는 말을 하려고 시도해도 '난 너 없이도 살 수 있는데'라는 무의식에 가로막혀 선뜻 입 밖으로 내기가 어색하다. 그래서 감정 표현이 서툰 회피형 남자들은 자기를 사랑하느냐고 묻는 연인 혹은 아내의 질문에 "그걸 꼭 말로 해야 알아?"라는 대답으로 슬쩍 피해간다. "진짜 소중한 것은 말로 하는 것에 있지 않아"라는 그럴듯한 변명을 덧붙이기도 한다.

회피형과 저항형의 사랑

어느 축소 회피형 여자 이야기다.

그녀에게는 올해 초등학교에 입학한 딸이 있는데, 아이가 학교에 갈 때마다 엄마랑 헤어지기 싫다고 울었다. 아침 시간에 두 아이를 태워 학교에 데려다주느라 바쁜 엄마는 아이가 울든 말든 대충 윽박질러서 학교에 들여보냈었다. 그런데 상처 치유 공부를 하면서 아이가 저항형이라는 것을 파악하고 나니, 떨어지기 싫어하는 아이의 마음이 보이기 시작했다. 그래서 차에서 잠시 데리고 있으면서 우는 아이를 안아 달래주었다. 솔직히 처음에 아이를 안아줄 때는 '내키지 않지만 너 때문에 어쩔 수 없이 내가 이러고 있다'라는 마음이었다. '나는 내 엄마한테 매달리지 못했는데 넌 이렇게 징징대는구나'라는 시기의 마음도 있었다. 그러다 이제껏 자신이 아이의 요구를 보지 않으려고 밀쳐내느라 피곤했음을 알았다. 칭얼대는 아이가 자기를 힘들게 한다고 화냈음을 발견했다. 아이를 핑계로 마음을 열고 보니, 뜻밖에도 자신이 스스로를 억압하고 가두고 있었다는 사실을 깨달았다. 아이의 마음을 인정해주고 나니까 제 마음도 비로소 편안해짐을 느꼈다.

회피형 입장에서 저항형을 이해할 수 있으려면 '저 사람은 언제나 나를 필요로 한다'는 사실을 받아들여야 한다. 학교 가기 싫다고 울던 그 아이는 엄마를 필요로 했는데 엄마는 아이를 필요로 하지 않았다. 만약 엄마의 태도에서 자신을 필요로 한다는 느낌을 받았다면 아이는 조금 더 쉽게 위로받고 등교할 수 있었을 것이다. 왜냐하면 굳이 자신이 매달리지 않아도 엄마가 자신을 다시 찾을 거라는 무의식적 신뢰가 있기 때문이다. 아직 그런 마음을 엄마에게서 느껴보지 못했기 때문에 아이는 학교에 들어갈 때마다 불안해서 엄마를 놓지 못했던 것이다.

축소 회피형은 이럴 때 참담하다. "나는 필요치 않은데 어떡해요?"

그렇다. 필요를 느낀다는 실감이 안 나는데 어쩌겠는가. 그렇다면 필요는 어떻게 생길까? 스스로 즐거움을 인식할 때 생긴다. 예를 들어 짜장면을 먹었더니 맛있으면 '아, 맛있구나. 다음에 또 먹어야지' 생각한다. 짜장면을 좋아하게 된 자신의 욕구를 스스로 채워주고 싶어진다. 그럼 다음에 자발적으로 짜장면을 시켜 먹는다. 왜? 자신이 즐거움을 느꼈으니까. 이것이 필요다.

만약 엄마가 아이와 가위바위보 놀이를 하면서 즐거움을 느꼈다면, 그 행위를 함께했던 사람을 다음에 또 찾게 될 것이다. 이것이 사랑이다. 경험에서 느낀 감정은 순간적이고 일회적인 것이어서 남아 있지 않지만 이것에 '사랑'이라는 이름을 붙이고 인식함으로써 지속적이고 변함없는 가치가 된다.

우리는 친한 관계, 좋은 관계를 갖기 원한다. '친하다'는 뜻은 무엇인가? 상대방이 필요로 하는 것을 주고 자신이 필요로 하는 것을 상대방으로부터 받으면 친한 관계라 할 수 있다. '내 말 들어주고 내 마음 알아주는 친구가 있으면 좋겠다'라는 생각은 자신이 필요로 하는 것이 무엇인지 누군가 알아주기를 바라는 마음이다. 그런데 동성 친구는 좋아하는 일을 함께 해주고, '힘들다', '어렵다'라는 하소연을 들어주는 식으로 도움 줄 수 있지만 궁극적인 측면에서 생존 욕구를 해소해줄 수 없다는 한계가 있다. 즉, '내 마음을 알아줬으면 좋겠다'라는 생각을 일으킨 생존 욕구는 자기 유전자를 남기고 싶은 번식 욕구와 연결되기 때문에 본질적으로 동성이 아닌 이성을 통해서만 얻어진다. 그래서 친하다고 하면 함께 짝짓기 하는 부부가 가장 친한 사이일 수밖에 없다.

그렇다면 부부간의 친밀감은 어떻게 획득될까? 어린아이와 엄마의 모습을 상상해보면 짐작할 수 있다. 모유를 먹이는 동안에는 따뜻한 젖가슴의 온기로 아이를 감싸주고 똥을 싸면 불쾌한 기저귀를 갈아주고 또 부드러운 손길로 어루만져 목욕을 시켜준다. 서로를 필요로 하고 서로의 필요에 응하는 사랑의 표현으로는 신체 접촉만 한 게 없다. 몸은 우리의 감정을 있는 그대로 전달하는 가장 정직한 소통 수단이기 때문이다. 그러므로 가장 쉽고 분명하고 효과적인 수단은 직접적인 신체 접촉, 즉 스킨십이다. 사랑한다 말하기를 좋아하는 저항형은 신체 접촉도 자연스럽다. 일반적으로 회피형이 스킨십을 꺼리는 것은 앞서 지적했듯 '너를 필요로 한다'는 사실에 거부감을 가진다는 증거다. 이것은 개인의 의지나 취향이 아니라 유전적 토대에서 비롯되고 형성된 습성이다.

섹스라는 곤란한 문제에 대하여

나는 섹스를 싫어했다. 그러잖아도 피곤한 세상인데 왜 이런 더럽고 냄새나는 일까지 하면서 살아야 하는가 생각하면 산다는 게 더욱 비참했다. 어서 빨리 늙어서 더 이상 섹스를 할 수 없게 되기를 바라자니 시간이 너무 많이 남았고, 차라리 내가 많이 아파 중환

자실에 입원해 있으면 좋겠다는 상상으로 괴로움을 달랬다. 매일 밤 '어떻게 하면 오늘도 섹스를 안 하고 넘길까' 궁리하느라 긴장하며 살았던 것 같다. 그랬던 내가 남편과 반영, 인정, 공감하는 대화를 연습하면서 그가 나의 기질을 배려해주고 내 상처를 인정해주는 태도를 보이자 그를 받아들이는 마음이 열리기 시작했다. 남편과 진정한 짝이 되어 친하게 지내려면 어떻게든 이 문제를 해결해야 한다는 생각이 들었다.

남편은 아침잠에서 깨면 일단 나와 사랑을 나누는 것으로 하루를 시작하려 한다. 아무런 애무도 없이 내가 일어나 주방으로 가기라도 하면 오래도록 잠자리에서 일어나지 않고 뭉그적거리거나 마지못해 일어나 이불을 개놓고도 뾰로통한 얼굴로 앉아 있다. 일어날 시간이 되면 일어나서 하루를 시작하는 것이 당연한 나의 구조에서는 남편의 태도가 무엇을 말하는 것인지 짐작조차 할 수 없었다. 애착 성향을 공부하면서 그것이 불안한 마음을 위로받고 싶고, 사랑받고 있다는 느낌을 확인하고 싶은 욕구라는 것을 알았지만, 그럼에도 그것이 내 욕구는 아니기에 이해하기 힘들기는 마찬가지였다. 애써 이해하려고 노력하다가도 '관둬. 나도 더 이상은 못 해. 사람이 가끔은 빼먹고 소홀할 수도 있지, 어떻게 맨날 잘해주길 바라고 자기만 생각해? 나도 좀 살고 보자' 싶었다.

남편과 친밀하게 잘 지내는 길을 찾는 것이 나를 위해 유익하다는 건 분명한데, 이 목적을 달성하기 위해 내가 어떤 마음을 가져야 할 것인가를 오래도록 고민해야 했다. 섹스하기 싫은 내 입장을 고집하면 당장은 편하지만 서운한 남편은 내게 친절하지도, 나에게 집중하지도 않을 테니 이건 내가 손해 보는 일이었다. 마치 한 덩이의 떡을 두고 내가 먹으면 남편이 굶고 남편이 먹으면 내가 굶어서 도저히 두 사람의 욕구가 양립할 수 없는 것으로 생각되었다. 아침마다 내 마음대로 일어나지 못하고 상대의 욕구를 먼저 수용해줘야 한다는 것은 분명 고역이지만, 내 괴로움에만 집착해서는 달라질 게 없다는 것도 알고 있었다.

내 몸이 나만의 몸이 아니라 남편과 관계된, 남편에게 의지되어 있는, 그래서 남편을 위한 몸이기도 하다는 사실을 나는 받아들였다. 마치 아이와 엄마는 서로에게 의지되어 있는 존재이기에 아이가 엄마의 몸을 만질 때 매번 엄마에게 요청하고 허락을 구하지 않는 것처럼, 언제든 남편이 원할 때는 나를 만지고 원해도 된다고 허용해주었다. 나의 괴로움을 극복하고 남편의 욕구를 진심으로 인정함으로써 그에게 만족감을 주는 것은 내가 그에게 자발적으로 주는 것이니 이타적인 행위다. 동시에 관계의 안전함을 보장해주므로 나도 받는 것이 있다는 점에서 이기적 행위가 된다. 여기에 이기와 이타가 상충되지 않고 만나는 접점이 있다.

연결된다는 기쁨

남편의 몸을 기꺼이 받아들이기로 결심한 뒤로도 그는 또 하나의 불만을 갖고 있었다. 매번 자기가 원한다고 말해야 움직이고, 내가 먼저 섹스를 원할 때는 없다는 것이 불만이었다. 그에게 채워지지 않은 것은 성관계의 횟수가 아니라 자신의 욕구, 즉 자기 존재가 받아들여지는 느낌이라는 것을 알지 못했다. 남편이 내게 원했던 것은 자기가 먼저 원하고 그것에 응해주는 수동적 태도가 아니라, 나도 그만큼 섹스를 원하고 좋아한다는 태도를 보여주는 것이었다.

상처가 치유되고 남편을 편안하게 생각한 이후로 그와의 섹스가 한결 편안해졌다. 처음에는 남편이 내 눈을 쳐다보며 사랑한다고 말하는 로맨틱한 순간조차 이 말이 무슨 의미인지 실감 나지 않아 몹시 당황스러웠다. 하지만 그 마음을 받아들이려고 의식적으로 노력하고, 느껴지지 않으면 이해라도 하려고 노력했다. 생각으로 지은 집 속에 붕 떠서 살 것이 아니라 실재하는 땅에 발붙이고 살려면 어떻게든 이것을 받아들여야 한다고 다짐하고 또 다짐했다. 남편의 얼굴을 찬찬히 뜯어보며 '사람 얼굴이 이렇게 생겼구나' 하고 신기해할 때, 이제껏 눈은 뜨고 있었으나 실제로는 보지 않았다는 사실을 알았다. 애착 이론을 연구하는 학자들이 만 6세 전후의 아이들을 대상으로 사람을 그리게 하는 실험을 했는데, 회피 애착을 보인 아이들은 얼굴에 눈 또는 코, 입이 없거나 손이 없는 사람을 그리는 경향을 보였다고 한다.

나는 마치 엄마 얼굴을 처음으로 보는 어린아이처럼, 눈앞에 있는 이 사람을 관찰하고 이 사람의 냄새를 맡고 이 사람의 체온을 감지하며 이것들을 기억으로 저장하는 일을 되풀이했다.

그리고 생각한다.

'이건 현실이다. 이건 내 거야. 내 경험이다.'

이 느낌에 집중하고 온전히 받아들이면서 좋은 기분을 꽉 붙잡는다. 남편의 다정한 말과 부드러운 손길을 통해 고스란히 전해지는 사랑의 맛과 냄새와 소리와 촉감을 음미한다. 비로소 다섯 가지 감각이 살아난다. 그가 나를 아끼고 사랑한다는 느낌이 온몸으로 스며들어 퍼진다. 그의 몸이 나의 몸으로 들어올 때 나는 그를 몸과 마음으로 받아들인다.

그를 받아들이는 나를 느끼면서 생각한다.

'이것이 행복이다. 살아 있다는 느낌이다. 이것이 친밀함이고 연결감이고 안전함이다.'

엄마를 인식하는 만큼이 곧 '나'를 인식하는 것이다. 엄마와 '나'가 연결됨으로써 세상과 '나'가 연결된다. 오래오래 남편과 사랑을 나누면서 나는 그가 나와 함께해준다는 신뢰를 경험하고 정서적 안정과 유대감을 가졌다. 순전히 나의 행복을 위해서 그가 필요하다는 사실을 받아들였을 뿐인데, 결과적으로 이 선택은 나에게 큰 이익으로 돌아왔다.

사랑을 아낌없이 주고받는 일

내가 적극적으로 성관계를 원하는 태도를 보이자 남편은 자기 욕구를 인정받았다는 느낌을 받았다. 그것은 곧 자기 존재가 나에게 받아들여지는 느낌이라고 했다. 받아들여졌다는 생각에 마음이 편안해지니까 행동도 마음에서 일어나는 대로 편하게 했다. 자고 싶으면 자고, 먹고 싶으면 먹고, TV를 보고 싶으면 TV를 보고, 청소를 안 하고 싶으면 하지 않았다. 무엇을 해도 즐겁고 행복하다는 느낌이었다. 그리고 당당해졌다. 이를테면 우리는 농사가 많지 않은 데다 늦게 자고 늦게 일어나는 타입이라 농사만 짓는 마을 사람들과는 생활 패턴이 다르다. 그래서 남편은 어쩌다 아침에 잠옷 차림으로 마당에 있는 화장실을 갈 때, 위쪽 밭에서 일하는 사람이 '저것들은 이 시간에 일어나는가'라고 흉볼까 봐 마음이 불편했다고 한다. 하지만 이제 '그들은 그들의 생활이 있고 우리에겐 우리 생활이 있는 거니 굳이 그런 시선을 의식해 불편해할 일이 아니다'라는 마음이 들었다. '모두에게 잘 보이고 싶은 저항형의 마음'에서 벗어난 것이다.

남편은 이 모든 변화가 가능하게 도와준 내가 고맙고 사랑스럽다고 한다.

"고마워. 사랑해. 당신은 나를 행복하게 만드는 사람이야. 당신은 나의 유일한 여자야. 당신이 안전하게 느끼도록 내가 당신의 생각과 감정을 지지하고 지켜줄게. 당신은 멋진 여자야."

이 말은 들어도 들어도 싫증 나지 않는다. 관계에 대한 확신을 갖게 해서 나를 안심시킨다. 이제 나는 그에게 행복을 주는 유일한 사람이 되었다. 내가 남편을 행복하게 해주는 사람이라는 사실에 자랑스러움을 느낀다. 사랑은 이렇듯 사람을 더 가치 있는 존재로 만든다.

스스로 자랑스럽고 가치 있다는 뿌듯함은 '이 사람을 더 행복하게 해줘야겠다. 이 사람이 행복해하는 것은 곧 나의 행복이다'라는 다짐과 약속의 마음을 더욱 자리 잡게 한다. 왜냐하면 그는 내 감정, 생각, 욕구를 인정해서 긍정적으로 반응해주는 사람이고, 내가 지금 여기 존재함을 증명해주는 사람이며, 내가 살아 있음을 기쁘게 해주는 사람이니까. 함께 사랑함으로써 서로를 가치 있는 존재로 만드는 관계란 얼마나 근사한가. 사랑을 가슴에 품은 나는 가슴이 벅차도록 아름답다.

나 역시 남편에게 말한다. "당신 때문에 내가 행복해."

내가 사랑을 줄 수 있는 대상, 내 사랑을 받아줄 남편이 있다는 건 나에게 행복이고 고마운 일이다.

욕구를 맞추는 연습

남자가 성관계를 원하는 것은 크게 두 가지 의미로 해석할 수 있다.

첫째는 자신의 유전자를 널리 퍼뜨림으로써 자기 존재의 영속성을 도모하려는 번식 욕구다. 그리고 여기에는 암컷 몸을 통하지 않고는 후세에 자기 유전자를 남길 수 없는 수컷 입장에서 '내 유전자가 제대로 전달됐는지' 알 수 없다는 본능적인 불안감이 내포되어 있다. '저 여자가 내 아이를 낳아 키우는가'를 의심할 수밖에 없는 수컷 입장에서 자신의 여자를 계속 차지함으로써 '내 것'이라는 확신을 갖고, 자신의 여자에게 다른 남자가 기웃거리지 못하도록 미연에 방지하는 노력을 통해 배타적으로 자기 영역을 지키려는 무의식적 충동이 있다. 이것은 자신의 자원이 잘 쓰이고 있는지, 자신이 충분히 유의미한 노동을 하고 있는지 알고 싶은, 즉 자기 행동의 정당성과 존립 이유를 확인하고 싶은 욕구로도 해석될 수 있다.

둘째는 안전과 친밀감을 원하는 보편타당한 인간의 욕구다. 엄마에게 보호받고 있다는 안전감을 느끼고 싶을 때, 엄마와 연결돼 있다는 유대감과 친밀감을 느끼고 싶을 때 마치 엄마의 품을 파고 드는 아이처럼 남자는 여자의 몸을 찾아 들어온다. 이는 엄마의 따뜻함과 편안함을 느끼고 싶은 욕구의 연장선으로서 이미 커버린 성인의 몸을 조건으로 하여 여자와 성관계하려는 욕구로 발현된 것이다.

왜 남자는 아이를 낳고 기르는 데 충실한 여자와 달리 자신의 성적 욕망에 충실하고자 하는지를 이해하는 것이 안전하고 즐거운 부부 관계를 위해 필요하다고 생각한다. 이것은 유성생식으로 만들어진 난자, 정자라는 생식세포의 크기와 특성의 차이가 빚은 현상이다. 또한 여자가 크고 따뜻한 집만 원하는 것이 아니라는 점을 남자에게 말하고 싶다. 여자가 남자에게 정서적인 대화를 원하는 것은 거의 불가능에 가까운 요구일지 모른다. 마찬가지로 남자가 여자에게 자신이 원할 때마다 성관계에 응해주기를 바라는 것도 무리한 요구다. 하지만 대화를 통해 '네가 원하는 것을 줄 테니 너도 내가 원하는 것을 줘'라는 공감대를 형성하고, 자신이 원하는 것과 상대가 원하는 것을 맞춰나가며 신뢰를 쌓는 것은 전혀 불가능한 일이 아니다. 안전하고 싶고 사랑받고 싶어 하는 건 누구나 마찬가지기 때문이다. 사랑받고 싶은 남자는 여자의 물질적 욕구 못지않게 중요한 정서적 욕구를 채워줄 수 있어야 한다. 자신의 행복을 위해서는 성관계만을 원할 것이 아니라 '사랑받는 방법', '사랑하는 방법'을 배워야 한다.

사랑한다는 것은 상대방이 원하는 것은 해주고 상대방이 싫어하는 것은 안 하는 것이다. 그리고 잘한 일에만 칭찬해주는 것이 아니라 잘못하고 부족하고 실수했을 때도 변함없이 '네 편을 들어주는 것'이다. 그러면 상대방은 '저 사람이 나를 사랑한다. 나를 배려하고 있다'라는 느낌을 받는다.

관계 치유 공부를 함께한 지인이 언젠가 말했다. "사랑하는 마음이 있어야 상대방을 자주 바라보게 된다고 생각했어요. 그런데 보광 님 말을 듣고서 남편을 자주 관찰하다 보니 사랑하는 마음이 생기더라고요."

사랑할 줄 아는 사람이 본디 있는 게 아니다. 사랑이 무엇인지를 생각하고 배우며 노력으로 만들어가는 것이다. 부부간의 성관계는 '놀이'가 아니라 삶의 기본이다. 삶이 지속되려면 반드시 요구되는 기본 욕구다.

'나'도 있고 '너'도 있는 세계

남편과 상처 치유를 해보자며 공부를 시작한 지 7년이 지났다. 도대체 상처 치유라는 게 끝이 있는 건지, 가능하기는 한 일인지, 주변에 경험한 사람은 없고 길을 알려주는 사람도 없으니 막막했다. 남편과 나는 오로지 서로에게 의지해 기약 없는 길을 열심히 달려왔다. 내가 이 지난한 과정을 견딜 수 있게 한 동력은, 지금까지 살아온 세상과는 다른 세상을 살고 싶은 마음이었다.

나는 평생 인생이 가벼웠던 적이 없다. 늘 진지하고 심각하고 가라앉아 있었다. 동시에 내 인생을 살고 있지 않은 것 같은 붕 뜬 느낌이 항상 나를 짓눌렀다. '이것이 삶이다'라고 정의 내릴 만한 무언가를 찾아야만 편안하게 쉴 수 있을 것 같았다. 하지만 '삶이란 무엇인가'에 답 내리기를 망설이는 동안 내 삶은 그냥 그대로 계속되고 있었다.

나는 사랑받는 사람이고 싶고 또한 스스로를 사랑하는 사람이고 싶었다. 그러나 현실은 그렇지 못했다. 학창 시절 친구와 놀고 싶어 친구 집 앞까지 가서도 무작정 불러낼 용기가 없어 망설이다 돌아오곤 했고, 그런 나에게 실망했다. 짜증 낸 남편이 미안하다고 사과하면서 앞으로는 짜증 내지 않겠다고 약속하는데, 그 사과를 당당하게 받을 수 없어 짜증 내도 된다고 남편을 두둔한 사람이 나다. 나는 사람들과 친해지고 싶어서 그들에게 호의를 보였건만 왜 사람들은 이런 내 마음을 몰라줄까 속상했다. 이것은 내가 무엇을 시도해보기도 전에 먼저 나서서 설치는 남편 때문이라고 원망했었는데, 실은 내가 남들에게 나를 온전히 드러내 보이지 않았기 때문이라고 남편이 지적하자 충격받았다. 그런 모습이 마치 운동복 안에 비단옷을 입은 사람처럼 자기만의 세계를 따로 갖고 있는 거리감을 주었다고 한다.

또한 나는 나의 권리와 이익을 위해 적극적으로 대응하지 못했다. 나에게 부당하게 행동하는 대상을 향해 대항할 힘이 없어 상대방에게 향해야 할 분노를 나에게로 돌렸다. 스스로를 지키지 못하는 못난 나를 벌주었다. 그것은 방치였다. 진정 나를 아끼고 돌보고 도와주는 방법을 몰랐기에 그저 주어진 시간을 촘촘히 채우는 것으로 인생을 꾸렸다. 변화무쌍한 현실에 능동적으로 대처하지 못한다는 자각이 주는 좌절감을 외면하기 위해 변함없이 유지되는 것, 비난의 여지가 없는 완벽한 것, 계산적이지 않은 순수한 것이 있기를 바랐다. '이것은 시시한 거야. 분명 어딘가 더 멋진 것이 있을 거야'라고 자위하면서 마땅찮은 현실이 주는 불충분에 실망하지 않을 수 있었다. 그러면서도 나를 알아주는 사람을 찾아 마음을 기웃거렸고, 나와 놀아주지 않는 세상을 원망하고 비웃었다.

아동을 대상으로 한 실험에서 관찰된 바에 따르면, 애착이 안정된 아이는 자신이 어려움에 처했을 때 누군가 도와줄 사람이 있다는 신뢰감을 갖고 있다. 상대방이 자기 요구를 들어줄 것이라는 안정된 기대를 갖고 있다는 뜻이다. 사람들이 자기 말을 들어주기를 바라지만 들어줄지, 안 들어줄지 몰라 불안한 마음에 눈치 보는 저항형과, 안 들어줄 수 있음을 미리 각오함으로써 거절당하는 고통을 무시하려는 회피형의 태도와는 다르다. 이들이 갖는 '안정된 기대'란 상대방이 당장 자기 요구를 들어주느냐, 마느냐를 가리키는 것은 아니다. 이것은 스스로 안정된 심리 상태를 유지하기 위해 만들어진 이미지다.

만약 아이가 엄마에게 놀아달라고 요구했을 때 엄마가 '지금은 바쁘니까 이따 놀아주겠다'라고 거절하면 애착이 안정된 아이는 이 거절에 대해 '그럴 수 있다'라고 생각하고 믿고 기다린다. 바쁠 때 놀아달라고 하면 귀찮을 수 있다는 엄마의 입장을 이해하고, 엄마와 놀고 싶었는데 놀지 못해 슬픈 자기 감정도 분명히 인식한다.

엄마가 지금 놀아주지 않는다 해서 자신이 '놀아줄 가치가 없는 존재'가 되는 게 아니고, 엄마가 '함께 있을 의미가 없는 존재'가 되는 것도 아니다. 애착이 안정된 아이는 이 상황을 일회적인 상황으로 인식하고 받아들임으로써 엄마와 자신의 안정된 관계를 해치지 않는다. 잠시 혼자 놀고 있다가 엄마가 돌아오면 웃는 얼굴로 엄마를 맞이하기 때문에 엄마로부터 긍정적인 돌봄을 이끌어냄으로써 더 많은 것을 차지할 수 있다.

자신과 타인의 입장을 두루 이해하는 '성찰적 사고'는 안정적인 심리 상태를 유지하는 데 도움을 준다. 불안정 애착은 '엄마가 무조건적인 사랑을 줬어야 하는데 안 줘서 내가 불안정한 삶을 산다'라고 문제의 원인을 엄마에게 돌리는 구조다. 반면 안정 애착은 '엄마의 보살핌이 필요하다는 사실을 인정하는 내 역할'과 '엄마의 보살핌을 잘 받는 내 역할'이 동시에 고려되는 구조다. 엄마의 소홀함을 거절이라고 인식하여 상처받는 구조가 아니라 그 상황 속에서 '엄마의 입장'과 '나의 입장'이 서로 다를 수 있다는 상호 주관성을 받아들이는 구조다. 이것이 가장 건강하고 행복하게 살아남을 수 있는 최적의 생존 전략이다. 이것이 '너'만 있고 '나'는 없는 저항형이나 '나'만 있고 '너'는 없는 회피형이 아닌, '나'도 있고 '너'도 있는 안정된 애착의 이상적인 구조다.

속이지 않는 마음의 힘

애착이 안정된 사람에게 엄마는 안전 기지다. 탐색 놀이를 하다가 문득 불안하고 두렵고 놀라고 힘들 때 급히 돌아와 위로를 받는 곳이다. 처음에는 직접적인 신체 접촉을 통해 안전감을 확인하며 안전 기지로서의 존재를 느끼지만 차차 신뢰감이 마음속에 자리 잡으면 이것은 하나의 이미지, 즉 표상으로 자리 잡아 엄마와 함께 있지 않아도 가슴이 따뜻하고 든든해서 의지가 되고 기쁨이 된다. 부부가 함께 상처 치유 과정을 이겨내는 것도 '나에게 엄마가 있다'라는, '나를 무조건적으로 인정하고 지지하고 도와주는 보호자가 있다'라는 표상을 만들어내는 작업이다. 즉, '배우자가 모든 순간에 나를 도와준다'는 사실관계가 아니라 그럴 것이라는 믿음을 갖는 것이다.

이미지는 단순히 생각으로 만들어내는 것이 아니다. 경험 속에서 실제 감정이 일어나고, 그 감정에 의미를 부여하는 인식 작용이 더해져서 점차 사실적인 느낌으로 형성된다. 지난 시절 나는 사람들을 만나 맛있는 것 먹고 재미있게 웃고 떠들면서도 그 기쁨이 온전히 나의 것으로 느껴지지 않았다. 꼭 내 것으로 하고 싶을 만큼 좋지도 않았다. 무언가를 하다가도 문득문득 그것을 하고 있는 '내 모습'으로 인식되지 '나'는 아니었다. 그러다 상처 치유를 하면서 비로소 진정한 '나'를 만났다. '좋다'라는 생각에, '기쁜' 감정에 그대로 몰입되니까 이렇게 좋은 것이라면 '내 것'으로 하고 싶어졌다. 그것을 즐기는 '나'가 있다는 느낌을 부여잡았다.

'나'가 없을 때는 속상함에 꺼둘리면서도 그것에서 빨리 헤어날 줄을 몰랐는데, '나'가 생기자 소중한 나를 계속해서 우울이나 짜증 속에 내버려두고 싶지 않았다. 어떻게든 감정을 전환해서 '속상한 나'를 '즐거운 나'로 돌려놓아야 할 것 같은 당위성이 느껴졌다. 그 마음이 스스로를 돕고 돌보는 마음이라 생각한다. 때로 남편과의 갈등으로 속상하고 화날 때가 있었지만, 그런 순간에도 마음 깊은 곳에 자리 잡은 남편을 사랑하는 마음은 손상되지 않음을 알 수 있었다. 또한 나를 사랑하는 그의 마음이 변함없다는 믿음이 지속됨을 느꼈다. 그 빛의 기운이 꺼지지 않았기에 어떻게 하면 이 문제를 해결해서 다시 안전하고 즐거운 상태로 되돌릴까 하는 의지가 촉발됐을 것이다.

그러나 상처 치유가 되면 내가 더 많은 사람과 친하게 지내고 착한 사람이나 훌륭한 사람이 될 거라는 기대는 잘못된 이해였다. 마치 공맹의 가르침이 그랬고 종교적 교리가 그렇듯, '안정 애착'이라는 목표가 생기니까 '이래야 하나 보다'라는 또 하나의 틀을 가졌으며 나도 모르게 그 모습에 묶임을 알았다. 이제 '안정 애착'이라는 합격점을 받고 안 받고는 내게 중요한 일이 아니다. 나는 지금 이 모습으로도 충분히 사랑받고 있으며 스스로 사랑스러운 사람이라는 생각이 자라나고 있기 때문이다. 요즘은 거울을 보다가 깜짝 놀란다. 어쩌면 이렇게 예뻐 보이느냐고 남편에게 달려가 자랑한다. 이것이 솔직한 심정이다. 남편의 다리를 베고 누워 있으면 마치 엄마 품에 안긴 아이가 된 듯 편안하다. 남편이 가만히 머리를 쓰다듬거나 등을 만져주면 평화롭고 따뜻한 기운을 느낀다. '나는 사랑받는 사람이다'라는 행복감이 있으면 더 이상 다른 무엇이 될 생각이 없어진다. 그렇게 인정받고 받아들여진 내가 세상을 만나고 나는 그저 나로 살면 된다.

예전에는 남편이 〈개그콘서트〉를 보면서 웃는 걸 보면 '도대체

저 유치한 게 뭐 그리 우스울까' 하고 비웃었다. 그랬던 내가 지금 은 남편 옆에 붙어 재미있게 그 프로그램을 본다. 음악 프로에서 빠른 템포의 곡이 나오면 주저 없이 어깨춤을 추고 엉덩이를 들썩이며 따라 부른다. 신나는 음악에 쉽게 동화된다. 언젠가 앞서 달리는 트럭 꽁무니에 묶인 빨간 비닐 끈이 바람에 날려 리본처럼 너풀거리는데 그 모습이 어찌나 우습던지 한참을 웃었다.

이렇게 마음 편히 웃을 수 있는 건 '나를 지켜주는 보호자가 있다'는 든든함 때문이다. 매일 아침잠에서 깨면 나에게 눈을 맞추며 사랑한다고 말하는 사람이 있고, 내가 사랑한다고 말할 사람이 있어 행복하다. 하고 싶은 일을 하면서 능력을 키워갈 수 있어 행복하다. 남편이 정말 기분 좋다고 말하는 때는 내가 무언가를 즐기면서 좋아할 때다. 내가 진심으로 행복한 느낌에 빠져 있을 때 그는 그것을 바로 알아차린다. 행복한 나의 표정과 몸짓이 그에게도 편안함을 주어 그를 행복감에 젖게 하는 것 같다. 이것이 속이지 않는 마음의 힘일 것이다. 나 역시 그를 행복하게 해주고 싶은 마음이 날 때 가슴이 따뜻해지고 벅차오른다. 행복감은 이렇게 전염되고 공유되는 성질이 있다.

지금 이대로 충분한 삶

남편과의 관계는 이제 충분히 안전해졌다. 하지만 그 후 2년 동안 그 과정을 정리하는 책을 쓰면서도 숙제를 끝내지 못한 기분의 정체는 해결하지 못했다. 최근에야 '이것이 내 삶'이라고 확신하지 못하는 마음의 정체를 발견했다. 내 삶이라고 인정하는 순간 보고 듣고 느끼는 모든 것이 그 자체로 내 삶이지, 그것 말고 다른 더 거창하고 특별한 것이 있는 게 아니라는 사실을 받아들이길 두려워했음을 알았다. '아직 답을 내리지 못했다'고 말함으로써 평가를 유보할 수 있었고, 다른 시도를 하지 않기 위해 '나는 아직 모르겠다'라는 말이 필요했다는 생각이 든다. 내 인생이 없었던 게 아니라 내 인생이라고 인정하기를 거부한 거다. 볼품없는 자식을 내 자식이라고 인정하기가 껄끄러워 망설이는 부모의 심정이었다. 사랑받지 못한 나라고, 사랑스럽지 않은 나라고 스스로를 부끄러워했고, 그래서 내가 나를 사랑하지 않았다. 그런 마음이 내가 하는 생각, 행동, 내가 선택하고 만들어가는 삶을 지지해주지 않으니 살아 있음을 내 것이 아닌 듯 느끼며 살았던 것이다.

마침내 이것이 내 삶이라는 현실을 받아들인다. 어떤 사람이 봄을 찾아 집을 나서서 온 산을 헤매다 지쳐 집에 돌아왔더니 제 집 담장 안에 매화꽃이 피어 있더라고 한다. 꽃향기를 맡으니 하루 종일 찾아 헤매던 봄이 바로 그 꽃향기 속에 있음을 깨달았다는 그 얘기가 바로 내 이야기인 것 같다. 이 순간 즐거우면 그것이 행복이고 그것이 내 느낌이고 그것이 내 삶인데, 그것을 인정하기가 왜 그리 어려웠을까. 그동안 수행을 너무 어렵고 먼 데서 찾았다. 이렇게 코앞에 내가 사랑해야 할 사람이 있고 돌봐야 할 내 삶이 있다는 걸 모르고 지나쳤다. 지금 이것에 충실하지 못한 채 더 훌륭하고 영원한 답을 찾아 꿈속을 헤맸다.

'남편도 나도 이 집도 이 모든 조건들이 전에도 다 나에게 있는 것이었는데……'라는 생각에 이르자 "없는 것을 채우려 하지 말고 있는 것을 비우라"라는 고인의 말이 떠올랐다. 예전에도 있었던 것들인데 그때는 제대로 받아들이지 못했기에 내게 의미 있고 즐거운 것이 되지 못했다. 잔뜩 짊어지고 살았던 방어기제와 관념의 족쇄들을 버리고 나니 이렇게 가벼울 수가 없다. 이제 내 삶은 내가 책임진다. 더 이상 '모른다'는 말로 물러서지 않을 것이다. 내가 나를 위해 최선의 선택을 할 것을 믿고, 내가 나를 지켜주고 도와줄 것을 믿는다. 행복은 내가 만들어가는 것임을 알았기에 앞으로 내가 만들어갈 인생이 기대된다. '내 인생은 내 것'이라는 충족감을 즐기면서 삶의 주인공으로 살아가련다. 안전한 관계가 나에게 행복을 만들어주었다.

행복이라는 이름은 관념이라 추상적이다. 더 정확한 표현으로는 '즐거움을 느끼는 감정 상태'다. 자신의 생존과 번식이 안정적으로 지켜진다고 여겨질 때 자아는 편안함과 충족감을 느낀다. 그것이 행복이다. 실재하는 것은 매 순간 먹고 자고 사랑하고 보고 듣고 생각하고 느끼는 구체적인 행위들이다. 거기서 우리는 매 순간 다른 감정 상태를 느낀다. 밥 먹을 때 밥이 맛있고 먹는 것이 즐겁다고 느끼는 것, 잠자는 이 시간이 편안하다고 느끼는 것, 추운데 따뜻한 옷을 갖다 주면 고맙다고 느끼는 마음에 행복이 있다. 나의 감정, 생각, 욕구, 행위들이 부정당하지 않고 인정받을 때 느끼는 즐거움이 행복이다.

밥 먹을 때 '이것은 사소하고 하찮은 일이지, 뭐 이런 걸 갖고 즐겁다고 느껴?'라고 말하거나, '잠자는 것은 누구나 하는 일인데 이게 뭐가 대단해?'라면서 당연시하면 과연 행복이라는 것이 어디에 존재하겠는가. 지금 이 현실을 버리고 학교에 합격하면, 회사에 들어가면, 큰 집으로 옮기면, 어떤 조건이 충족되면 행복해질 거라고 미루면 행복은 멀리 있는 오아시스가 된다. 또 다른 사람에게는 있지만 자기한테는 없거나 부족한 유형무형의 자원이 있다면, 혹은 다른 사람에게는 쉬운 일인데 자기한테는 잘 안 되는 어려운 일이라면 때로 그것 때문에 집단에서 배제되고 타인에게 미움받거나 오해받는 상황이 생기더라도 그럴 수 있다고 받아들여야 한다. 그것을 모두 채워 넣어야 만족할 수 있고 행복할 수 있다 말한다면 행복할 사람이 아무도 없다.

행복에 대한 오해 중에 '행복은 뭔가 좋은 것' 또는 '긍정적으로 생각하는 것'이라는 관점이 있다. 가급적 부정적인 얘기는 감추고 피하면서 긍정적인 척하는 것은, '긍정적이지 않으면 불행한 것'이라는 공식에 사로잡혀 부정적인 것을 피하려는 심리적 충동이다. 행복은 긍정적으로 생각하려는 게 아니라 '있는 그대로의 즐거움'을 느끼는 것이다. 즐거우면 즐겁다고 느끼고 괴로우면 괴롭다고 느끼면 된다. 즐거운 일은 즐거운 줄 알면서 행해야 행복하고, 괴로운 일은 괴로운 줄을 알아야 '어떻게 하면 이 괴로움에서 벗어날까' 고민할 수 있다. 자신의 상태를 있는 그대로 파악하려는 관점이 전제돼야 인내와 끈기가 필요한지, 노력과 집중이 필요한지, 믿음과 도전이 필요한지를 아는 지혜가 계발된다.

또 자신이 즐거워하는 일을 하면 된다는 말을 듣고 '나는 무엇을 할 때 즐겁지?'라면서 하고 싶은 일, 좋아하는 일을 찾겠다는 생각으로 마음이 간다면 그것도 머리에 머리 하나를 더 얹는 격이다. 즐겁고 좋은 어떤 일이 따로 있는 게 아니다. 여행 가고, 쇼핑하고, 칭찬받을 일을 하는 것이 행복을 가져다주는 게 아니다. 즐거운 것, 좋아하는 것을 만들고 찾는 것 또한 때에 따라 고단한 일이다. 자신을 관찰하고 '지금 나는 즐거운가'를 알아차리는 마음만 깨어 있으면 된다. 그것을 알아차리는 마음으로 지금 당장 즐거운 그 일을 하면 된다. '한 번 좋으면 쭉 좋은 것이어야지'라거나 '항상 행복해야 한다'라는 고정관념에서도 놓여나야 편안하다.

반드시 행복하게 살 필요가 있을까 생각해보면 그렇지는 않은 것 같다. 살아 있다는 것만으로도 대단한 성공이다. 살아 있는 동안 괴로움이 덜하다면 더없이 좋은 일이다. 행복은 모든 사람의 희망이지만 행복이라는 관념이 꼭 도달해야 할 목표처럼, 남들에게 지기 싫은 욕심처럼 자신을 옥죄어서는 안 된다. 가장 좋은 상태는 행복을 잊고 사는 경계다. 배고플 때 밥 먹을 수 있고, 졸릴 때 잘 수 있고, 하고 싶은 일이 좌절되지 않은 때 우리는 행복을 얘기하지 않는다. 그냥 산다. 부족함을 느끼고 무언가를 구할 때는 그것의 중요성을 강조하며 추구하지만, 이미 자신의 것이 되고 보면 무엇을 일부러 내세우고 외칠 이유가 없다. 아는 사람에게는 쉽고 있는 사람에게는 당연해서 의식하지도 못하는 것이, 모르는 사람에게는 어렵고 없는 사람에게는 간절한 무엇이 된다.

아마도 우리 모두가 바라는 상태란, 행복을 말하지 않아도 지금 보고 듣고 말하고 행하는 일에서 살아 있음을 느끼며 즐거워하는 상태일 것이다. 비가 오면 비가 오는 줄 알고 바람이 불면 바람 부는 줄 알면서 그 조건을 받아들이고 견디고 적응하고 즐기는 삶이라면 그것으로 괜찮지 않을까.